知の存在と創造性

知の存在と創造性

村上勝三著

知泉書館

凡例

デカルト（R. Descartes）

AT.: *Œuvres de Descartes*, publiées par Charles Adam & Paul Tannery, Nouvelle présentation, Vrin 1964-1973.

E.: R. Descartes, *Les textes des « Meditationes »*, Édition et annotation par Tokoro, Takefumi, Chuo University Press, 1994.

BG.: René Descartes, *Tutte le Letterere* 1619 - 1650, A cura di Giulia Belgioioso, Bompiani 2005.

ライプニッツ（G. W. Leibniz）

A.: Gottfried Wilhelm Leibniz, *Sämtliche Schriften und Briefe*, Deutsche Akademie der Wissenschaften. Darmstadt-Berlin : Akademie Verlag (1923-).

GP.: Gottfried Wilhelm LEIBNIZ, *Die philosophischen Schriften von Gottfried Wilhelm Leibniz*, éd. par C.J. Gerhardt, Olms 1961.

村上勝三

『観念と存在』：『観念と存在　デカルト研究１』知泉書館、二〇〇四年。

『数学あるいは存在の重み』：『数学あるいは存在の重み　デカルト研究２』知泉書館、二〇〇五年。

『新デカルト的省察』：『新デカルト的省察』知泉書館、二〇〇六年。

『感覚する人とその物理学』：『感覚する人とその物理学　デカルト研究３』知泉書館、二〇〇九年。

『形而上学の成立』：『デカルト形而上学の成立』講談社学術文庫、二〇一二年。

まえがき

本書の目指しているところに紛れはない。「本当のことを善い」と言うことのできる根拠を明らかにすることである。「真」と「善」とが「一つ」になる存在論の構築である。このような目的を掲げること自体が反時代的である。反時代的な言辞は反感にさらされる、なおかつ疎まれる。いずれにせよ、容易ではない。わかりにくいという壁をもつ。その点を克服することはできないが、念頭におきながら本書の構成の芯になるところを述べてみる。

自我論的眺望において「思うことをやめれば在ることをやめる」類《たぐい》なき存在である「私」を見出す。そこに知ることが事実として獲得される。その知ることの確かさを出発点にして、「私の内」から「私の外」へと超越を果たす。そのためには幾つかの先入見を取り除いておかなければならない。そのうちの最大のものが「知ること」の能動性である。知性はもう長いこと見失われてきた。まずもってこれを回復しなければならない。本書「第一部」の課題はそこにある。知性の場を回復するとは、また「感覚」、「感情」、「想像力」にそれぞれの特有性を返してやることである。

知性の場の在りようが開かれるのは一般存在論としての形而上学においてである。そこに自我論的眺望からの形而上学と、特殊存在論の基盤をなす宇宙論的眺望からの形而上学が際立った対比を顕わにする。そのことを、デカルト形而上学とライプニッツ形而上学の差異に基づいて明確にする。それが本書「第二部」の役割である。

本書において著者は、「形而上学」という表現と「哲学」という表現を区別しながら重ねて用いている。周知のように、アリストテレスの或る書物に付けられた「形而上学」という名称は、その書物に示されている「第一哲学」を内実としてもっている。要所だけを抜き出せば、「存在を存在として問う」ということになる。しかし、この「形而上学」（トーン・メタ・タ・フィシカ）という表現は物理学＝自然学の「あと」という意味を表している。この「第一」ということと「あと」ということとが複雑さをもたらす。中世のキリスト教神学者からすれば、根源性としての「第一」哲学は神学以外には考えられなかったであろう。トマス・アクィナスの『形而上学註解』には形而上学を「超自然学」として捉える観方が記されている。[1] それは「第一」と「あと」の合わせ方の一つになるであろう。スアレスも同じような表現に言及している。[2] しかし、スアレスの『形而上学討究』は神についての知から始まるわけではない。少なくとも探究の順序としての「第一」という位置が神学に与えられているわけではない。ライプニッツが記した『形而上学叙説』は神についての記述から始まる。とはいうもののライプニッツの『モナドロジー』は神についての知から始まるわけではない。存在の論理の根底をなす「モナド」の規定から始まる。[3] このように考えてくると、要するに「形而上学」という表現が示しているのは「あと」なのか「第一」なのか。そして「第一」については探究の順序における「第一」なのか、根源性としての「第一」なのか。「形而上学」という表現は、このような複雑さを含意している。それでは、デカルトの思考における「形而上学」はどのように据えられていたのか。結論だけを述べれば、彼の思考において「形而上学」は「第一哲学」である。次に、諸学のなかでこの「形而上学」＝「第一哲学」はどのような位置にあったのか。『省察』と『哲学の原理』についてみるならば、認識の原理が「第一哲学」であり「形而上学」であることは明らかである。[4] この「第一哲学」である「形而上学」が数学、物理学、およびその他の諸学を基礎づけている。そして「第一哲学」から最後の稔りである倫理学までが総じて「哲学」と呼ばれうる。(5) 本書はこの意味で、「形而上学」という表現と「哲学」という表現とを区別しながら重ねて用いる。

本書「第二部」の課題に戻ると、そこにおいてデカルトの形而上学とライプニッツの形而上学を「省察」と「論証」という方法上の差異に依拠しつつ、対比的に捉える。「省察」を方法に採れば、「私」にとって確実でなければ、誰にとっても確実ではない。「論証」を方法に採れば、誰にとっても確実でなければ、「私」にとって確実ということもない。この選択は形而上学を構想する上で、決定的なことである。「省察」は無前提に始まり、「論証」は前提をもっている。このように捉えるならば、デカルトの一六三〇年の思索が「永遠真理創造説」と呼ばれるのにも理由のあることがわかる。確かに、この表現によってこの時期の思索の特徴が汲み尽くされるわけではない。しかも、一六二九年の『形而上学の小篇』と連結して捉えなければならない。それでも、永遠真理が神によって創造されたという思考は重大である。なぜならば、このことが「私」の省察の無前提性を示しているからである。言い換えれば、永遠真理を神が創ったとすることは、真理の探究が無前提に始まるということだからである。その一方で、方法を「論証」に採るならば、「神論」が学として成立するのであるから、神も永遠真理に制約されるのでなければならない。「論証」は「在るもの」についてその何であるかを問う仕方である。これを著者は宇宙論的眺望と呼ぶ。「省察」は「私」の知ることが無前提に、言い換えれば、自明性のもとに始まる。これを自我論的眺望と呼ぶ。ライプニッツの形而上学は、この区分からすれば、宇宙論的眺望からの形而上学である。デカルトの形而上学は、出発点に自我論的眺望をもった形而上学である。しかし、宇宙論的眺望が開かれるのでないかぎり、世界のなかに実在する「私」の姿も捉えられず、自然現象にかかわる学問も基礎をもたないことになる。デカルト形而上学は自我論的眺望から始まり、超越を経て、宇宙論的眺望を開かなければならない。
この超越をデカルトの途に添いながら明らかにするのが本書「第三部」の役割である。この超越は有限から無限への超越である。われわれはこの超越を知性の働きとして示さなければならない。超越が信、あるいは信仰に、あるいはまた感受性に基づいてなされるのならば、自我論的眺望と宇宙論的眺望は事理《ロゴス》によって結ばれないことになる。理由の仕組みの徹底化によってこの二つの眺望が結ばれないということは、「私」である「私」と「あなた」である「私」が同じく「私」であるという論拠を失うことである。宇宙論的眺望だけをもつ形而上学において、「人」、「人々」、「人類」などという概念をどれほど細かくしても「私」には到達できない。自我論的眺望からの超越を見失うことは、「私」と「あなた」が同じ権利をもった「ひと」であるという根拠を失うことである。

超越を信と信仰へと追いやり、無限に背を向けて、終わりのなさだけを無限だと思い込み、「私」の人としての尊厳を、論理によって明らかにすることを止めてしまったのが、近現代の哲学である。その結果が、いま現に目の前に広がっている「人非人《ひとでなし》」の世界である。人としての尊厳を「私」が取り戻すためには、形而上学の基本設定として、「知性」と「感覚」、「感情」、「想像力」の違いを明確にして、「知性」の場を回復しなければならない。このことをとおして「しようとして為すのは私以外の何ものでもない」という「私性」の事実に到達することができる。そこから進んで無際限ではない「無限」をわれわれの知の言葉にしなければならない。

註

（1） Thomas Aquinas, *Sententia libri Metaphysicae*, prooemium, http://www.corpusthomisticum.org. ここに「一つの学に属すべき uni scientiae attribui debet」「三重の考察」として「神学 theologia」、「形而上学 metaphysica」、「超自然学 transphysica」の区別について論究されている。

（2）この名称についてスアレスは次のように述べている。「質料的な事物を捨象して、神的で質料を分離されたものと、質料なしに実在しうる存在との共通な理拠 communes rationes entis と」を観想するからであり、「いわば物理学のあとのように、ないし超物理学のように quasi post physicam, seu ultra physicam 構成されるので、形而上学と言われる」（F. Suàrez, *Disputationes metaphysicæ*, Salamanca 1597 / Paris 1866 / Olms 1965, Disp. 1）、と。

（3）G. W. Leibniz, *Discours de métaphysique suivi de Monadologie et autres textes*, Édition établie, présentée et annotée par M. Fichant, Gallimard, 2004.『形而上学序説 *Discours de métaphysiqu*』の「第一節」では「神は一つの絶対的に完全な存在 un être absolument parfait である」という規定が提示される。『モナドロジー *Monadologie*』の冒頭には「モナドは一つの単純実体 une substance simple 以外の何ものでもない」という規定が掲げられている。

（4）『デカルト形而上学の成立』三四四頁から三五一頁、本書「第二部第四章」、さらに、「デカルトと近代形而上学」講談社選書メチエ『西洋哲学史』第三巻、講談社、二〇一二年、一四七頁から一九四頁参照。

（5）たとえば、『哲学の原理』の仏訳に付けられている「翻訳者への手紙」における「哲学全体は一本の樹のようである toute la Philosophie est comme un arbre」（AT. IX, p. 14）という喩《たと》えを参照するのもよいであろう。

目次

第Ⅲ部　超　越

知の存在と創造性

第Ⅰ部　知性と創造性

序論　知の存在論

知ることから在ることへ、この視点から開かれる眺望を「自我論的眺望」と呼び、在ることから知ることへ、この視点から開かれる眺望を「宇宙論的眺望」と呼ぶ。この二つの眺望を一つの形而上学に仕上げるためには、必然的実在としての、そして絶対的に「私」ではない何かとしての「無限」へと「私」から超越しなければならない。以下において論じるのは、この構想のうちの知ることから在ることへ、つまり、「自我論的眺望」に立って〈知ることがそのまま知られるものである〉という事態を抜き出す試みである。言い換えれば、知性の動きを感覚、感情、想像力から引き離すという試みである。この試みには形式的な側面と実質的な側面がある。「第一章」と「第二章」は形式的側面の提起であり、実質的側面は「シュレーバー症例」への適用として「第三章」に提示する。

創造性の最も厳密な範型は「無からの創造 creatio ex nihilo」によって与えられる。しかし、無からの創造という方式では、無限な創造主と有限な被造物とが超越によって区切られ、「類比 analogia」のなかに両者の関係性が見失われる。人間的観点から見るならば、知性による創造が「無からの創造」に近い創造性の極みになる。なぜならば、「知性 intellectus」、「想像力ないし想像 imaginatio」、「感覚 sensus」、「感情 affectus」のなかで質料性から最も遠いのは知性だからである。そして創造性は差異を含み、人間的事象としての創造的差異は逸脱として狂気という名を受け取る。対象なき狂気、質料なき狂気、これを知的狂気と呼ぶ。ここにこそ創造性の原点が求められる。だからといって天地創造のまねびというのではない。というのも、天地創造にはうっすらとであれ「善い」に染まった意志の働きが不可欠だからである。そうではなく、たとえば、ドゥンス・スコトゥスが神的知性によるイデアの生成について語っているような局面に知的創造性の或るモデルを見出すことはできる。[1]その領域は事物の現実化のために（神の）意志が働く手前である。こうして、知的狂気の成り立ちを明らかにすることは、知性そのものの働きを解明することであるのがわかる。求められるのは「受動知性」（νοῦς παθητικός / nous pathētikos）と言われてきたものではなく、「能動知性」（νοῦς ποιητικός / nous poiētikos）と呼ばれてきた知性の解明である。[2]要するに、われわれの目指すところは器官なき作用としての知性の動きをそのまま捕捉することである。知性は、古来、対応する身体器官なしの心の働きとされてきたのである。[3]そこに人間にとっての創造性、つまり「在ること」が産出される極点が見出される。「知ること」は「あらしめること」なのである。別言すれば、創造性とは知ることから在ることへの移行である。このことは自我論的眺望が開けなければ、見えてこないことである。

しかし、これだけでは創造性にも狂気にも知性にも近づけない。人間的創造性は逸脱、〈ずれ〉を要件の一つにする。ここに創造性と狂気の合わさるところが見出される。しかし、知的狂気における逸脱は、フーコーのように「脱理性 déraison」として規定されるのではない。[4]この場合に、狂気は〈何か〉からの逸脱として捉えられることになる。われわれが求めている知的狂気は、「正常」に対する「異常」として見出されるわけではない。知的狂気は社会のなかでの正常からの逸脱でもない。狂気がドゥルーズ＝ガタリのように「欲望的生産 production désirante」として捉えられるときには、〈狂気の私〉が見失われる。[5]「私」の狂気とは、逸脱であっても、徹頭徹尾「私」のことであるから、行動規範からの逸脱ではない。否定なき差異のその先に見出される〈ずれ〉として捉えられる狂気である。(6) 繰り返して言えば、求められているのは逸脱ではない。「私」の引き起こす「私におけるずれ」である。肯定したり、否定することによって判断を形成するのは意志の働きである。それゆえ、否定なき〈ずれ〉は意志の働きによって肯定される以前の知性において見出されなければならない。その一方で「創造性 créativité」は「独創性 originalité」ないし「唯一性 unité」と結びついて「私」の為すこととして捉えられる。創造が加工ではなく、「質料 matière」なき創造と捉えられる場合に、「私」における狂気と創造性が知性において結びつく。かくして、われわれの求めている狂気は知性の動きそのものにおいて示されなければならない。

この創造の場において知性は与えられた何かに向かって働くのではない。知性の動くことがそのまま内容になる。「思うこと」がそのまま思われたことになる。ただいま、この場で、「月が白い」と思ってみれば、「月が白い」という思いが産出される以外ではない。この知性的狂気（知的狂気）の場、つまり、思うことがそのまま思いである領域にどのようにして近づくことができるのか。このことを明らかにするためには、次の四つの道を避けなければならない。

避けなければならない四つの道とは次のものである。第一に、アリストテレス・トマス的な「感覚に前もってなかった何ものも知性のうちにはない Nihil est in intellectu quod prius fuerit in sensu」という対象認知を解明する道を迂回しなければならない。(7) 第二に、存在から知へという方向をもった道を遮断しなければならない。この道から思うことがそのまま思いである地平を展望することはできない。思うことが思いであるとは「在るものはない」ということから「思われて在るという〈在る〉」への移行だからである。それゆえ、存在から知へという方向性の下では知的狂気は展望されない。また、同じことであるが、「思われて在る」に事後性はあっても、以前はない。「ない」から「在る」への移行だからである。(8) 第三に、認識であれ、経験であれ、その成立条件を求める「超越論的 transcendantal」という方法によって知的狂気、つまりは知ることの動きそのものを捉えることもできない。なぜならば、「超越論的」という方法は、動きを、動きの形式・条件として捉え、動いているさまを動きとして捉えることはできないからである。また、もし「超越論的」探究が根拠の探究であるならば、それは、フィヒテがいみじくも言い当てたように、経験の外に根拠を求めることである。(9) その意味で「超越論的」探究は一つの超越の試みなのである。経験に先立つという、つまりは、カント的な「ア・プリオリ」という超越である。「超越論的」が「超越的」と区別して用いられ、あたかも「超越論的」ということは経験の成立する条件を求める作業であり、超越を含まないかのようである。しかし、条件と条件づけられるものとの間に、一つの尺度、一つの程度が認められるような、質的関係も量的関係もない。これを言い換えれば、条件と条件づけられるものの間であれ、経験とその根拠の間であれ、その間には超越的関係があるということになる。逆に言えば、二つの地平の間を繋ぐ共通の尺度はない。「超越論的」探究は、あたかも、存在を問わないという点で、伝統的な神と被造物との間の超越とは異なるように思われているだけということになる。現れを現れのままに、思われを思いのままに捉えることではない。われわれが求めているのは思われていることの純化ではない。思われることを思われのまま捉えることである。「超越論的」探究の場合であれ、関係としては「超越」の一つを含む。これに対して、われわれの知的狂気への探究が超越を許さないことはいわば自明的である。なぜならば、思いはそのまま〈思われである思い〉として捉えられなければならないからである。(10)

第四に、「志向性 Intentionalität」という概念を用いても捉えることはできない。なぜならば、「志向性」は常に「ノエシス・ノエマ noesis-noema」という相関項を形式とするからである。いま求められているのは相関なく働く知性の場である。しかし、だからといって、上の四つの道が人間的認識の、あるいは意識のありさまを解明することに一切無効であると主張しているわけではない。第一の方向としての道は対象認知成立の次第を解明するためには必須のものである。第二の道は自然ないし人間のなかの「私」の在処を探るためには、われわれが辿らなければならないものである。第三の道は、「反省的意識」という理論的虚構を用いずに認識・意識・経験の形式を探す方法である。(11) 第四の「志向性」を出発点におく道は存在措定をエポケーしなければ、つまり、停止しなければ明らかにできない領域における認知構造の解明に欠かすことはできない。しかし、これら四つの道に膠着《こうちゃく》する限り人間的事象の半面にしか、あるいは、或る幾つかの面にしか到達できない。膠着のなかで到達できない、あるいは到達するのに最も遠いのが知的狂気である。そこにおいては思うことがそのまま思いになる。これら四つの道から身を離すことができないならば、知的狂気という、あるいは、知性の動きという経験そのものを歪めて捉えることになる。なぜならば、動くことがそのまま動きであることはわれわれの経験の深層を貫いているからである。いまは、批判的立論を控えて、知的狂気の、知的創造の、思いが思いである領域への接近方法を求めることにしよう。

その前に〈ずれ〉について準備的考察を行う。知的狂気を特徴づけるのは、価値的否定を伴う「逸脱」ではなく何らの標準をも前提としない〈ずれ〉である。この〈ずれ〉は否定によって測られるのではない。この先を見通すために、事態を違った仕方で表現してみると、たとえば、次のようになる。〈それて行く〉景色を〈それて行く〉と描写することによって初めて〈それて行く〉ことが捉えられる。そこには「正常」という基準はない。或る意味ではすべてが基準であり、或る意味では基準は一切ない。すべてが基準であると言われうるのは、〈何からそれて行く〉の〈何〉に何が入るか規定されないからである。基準が一切ないと言われうるのは、予め基準を与えておくことができないからである。〈それて行く〉のはどのような知性の動きでもよい。〈それて行く〉動きが、他の動きからすれば、やはり〈それて行く〉のであってもよい。〈それて行って〉「ずれ disparité」として捉えるときに、知性は自らを「異常」という位置におく。しかし、他が〈それて行って〉自らは〈ずれ〉ていないと捉えるならば、自らを「正常」という位置におく。〈それて行く〉ことは日常経験においては、或る基準線からの距離の拡大として理解されているかもしれない。しかしながら、空間的に〈それて行く〉場合を考えてみても、われわれは必ずしも実際の距離の拡大を見据えた上で、〈それて行く〉と思うわけではない。遠近法を技巧のうちに組み込んだ騙し絵のように、実際の距離は拡大せずに〈それて行く〉と見せる場合もある。また、話の道筋が〈それて行く〉と思われることもある。〈それて行く〉という表現は「何が」という主語を要請する。しかし、〈ずれ〉は〈ずれ〉として生じる。〈ずれ〉を〈それて行く〉という喩《たと》えに頼らずに、〈ずれ〉として見出すのは後のことになるが、「逸脱」と〈ずれ〉の差異についての見通しは以上によって得られたと思われる。

通常「狂気」とは「正常」から見られた逸脱とされる。そのようにわれわれが考えてしまうのは、「マイナス」が「プラス」よりもよくないと思われているのと同様に、或る種の伝承のなせる結果である。知的狂気について見出される〈ずれ〉は、上に見たように、二つのものの一方を基準にして得られるものではない。そもそも、基準なき逸脱であるのだから、知的狂気にとって善いも悪いもない。この知的狂気を捉えるために、われわれには逆転視が求められる。逆転といっても、われわれの思考の本性に逆らうわけではない。単なる哲学史的捉え方の逆転に他ならない。その意味では、われわれに根づいているものを呼び起こすことになる。その逆転視を、先に指摘した四つの道と対をなすような仕方で述べてみれば、次のようになる。「私」の思いが出発点にあるのだから、第一に、思いを通してでなければ何ものも知られないという立脚点がある。〈在ること〉も、まずもって〈知られて在ること〉である。それゆえ第二に、知ることから〈在ること〉へと進行することが求められる。その進み行きのなかで動きが動きとして捉えられる。経験や運動を超えてその条件が求められるのではない。それゆえ、第三に、本有性の理論が方法を与える。第四に、知ることそのことの捕捉に向かうのであるから、知から受動性を切り離さなければならない。ここではこれら基礎理論についてこれ以上の説明は行わない。なぜならば、アリストテレスに対するプラトン、トマス・アクィナスに対するアンセルムス、スピノザに対するデカルトなどを考えてみれば、これら基礎理論の布置についてはおおよその見当が得られるからである。しかし、第三に挙げたデカルト哲学に固有の方法である本有性の理論についてだけ、少し説明を加えることにする。本有性ということで言い表されているのは、いつも底をもちながら探究がなされるということである。たとえば、三角形という「観念」が「広がり」という観念を底にもつように、知ることの或る動きの底には異なる名前の動きが見出される。そのようにして動きの構造化が可能になる。動きの条件・根拠を求めるのではない。根拠は根拠づけられるものの外にあり、条件は条件づけられるものの外にある。以上を一言で纏めれば、ヒューム・カント以来主流になり、フッサールを介して今に至るいわば〈思考の癖〉になっている最初の四つの見方から、自らの思考をいったん引き離して考えること、これがわれわれの探究に求められている。最初の四つの観点は宇宙的眺望を与え、後の四つは〈思うことをやめれば在ることをやめる〉比類なき存在である「私」からの展望を拓く。この四つを一組にした二つの見方は、一人の人の一点を裏返せば宇宙が現れるように繋がっている。

以下、第一に、知的狂気のありさまを規定し、第二に、妄想と知的狂気とを識別するための方法を提起し、第三に、そのようにして導き出された方法をシュレーバー症例に適用することによって、そこに不在の知的狂気を、影絵のように浮き出させる。

註

（1） cf. J. Duns Scotus, *Ordinatio I*, dist. 35, qu. unica, t. 6, p. 258, dans *Opera Omnia*, praeside P. Carolo Balić, St. Bonaventure, 1963. この四段階を踏む「イデア」認識の後に意志が働き創造がなされる。拙著『観念と存在』一〇七頁参照。

（2） アリストテレス（中畑正志訳）『魂について』「第三巻第四章」（『アリストテレス全集 7』岩波書店、二〇一四年、一五〇頁）に次の表現が見られる。「知性それ自身も、諸々の知性認識されうるものと同じように知性認識されうるものである。なぜなら、素材を伴わないものの場合には、知性認識しているものと知性認識されているものとは同一だからである」。同「第五章」（一五一頁）には次のように記されている。「一方では、それがすべてのものになるということのゆえに、素材に相当する知性が存在し、他方では、それがすべてのものに作用し生み出すがゆえに、原因に相当する知性が存在する」。また、中畑正志「Ⅶ アリストテレス」（内山勝利編『哲学の歴史 1』中央公論新社、二〇〇八年）五九三頁から五九四頁参照。

（3） 神崎繁『魂（アニマ）への態度——古代から現代まで』岩波書店、二〇〇八年、たとえば、一八四頁参照。

（4） M. Foucault, *Hisoire de la folie à l'âge classique*, Gallimard, 1972, *e.g.*, p. 58.

（5） G. Deleuze / F. Guattari, *Capitalisme et schizophrénie 1 : L'Anti-Œdipe*, Les Édition de Minuit, 1972/1973, *e.g.*, p. 43.

（6） cf. G. Deleuze, *Différence et répétition*, PUF, 1968, p. 2.

（7） あるいは、「感覚の下にまずあったものでなければ、知性の内に在ることはない Nihil est in intellectu quod non praefuerit sub sensu」（Aristoleles, *De sensu et sensato*, c.6, 445b16-17; Thomas Aquinas, *Summa Theologiae*, pars I, q. 84. a. 6, a. 7, qu. 85. a. 1）。

（8） 河本英夫は「心の主要機能を「知る」ことだとしたとき」に生じる不明性について述べている（『臨床するオートポイエーシス　体験的世界の変容と再生』青土社、二〇一〇年、一〇頁）。その不明性は「自然的誤解」に起因するのであり、それを払拭するためには「知るとは異なる仕組みで作動する知がある」ことに着目し、その知を捉えるために「意識の手前で働いている心のモードを取り出す作業が必要」だとする（一〇頁）。「知性」的な「知ること」の分析が「体験的事象」へと迫ることを阻害していることになる（七四頁）。この体験的事象を開くために河本は第一には「知ること」をめぐる、第二には「できる」をめぐる「自然的誤解」（七六頁）の回避を通して「体験」を現れそのものして開披しようとする（七〇頁から九六頁）。この知ることについての「自然的誤解」についての要点は次のように述べられる。「意識の本性のなかには、何かを「知る」ことが含まれている」こと、「他の働きが知ることへと従属する」、そして「知るということが、同時に一つの行為だとしたら、知ることはまさにその知るという働きが前景に出ることによって、自らの行為としての側面を覆い隠してしまうはずである」。この「誤解」と離れたところでフッサールは「知の場面」を捉えていたとされる。「フッサールは体験に最も近い場面で意識の働きを分析している。現象学が問うような体験的な知の場面では、意識は体験のさなかで作動しているのであり、その場面にまで迫ることができたことが、現象学の主要な成果である」（七二頁）。「とりわけ哲学的探究の場合には、探究の本性上知るということが特権的に前景化する。つまり物を知るということは既に起きてしまっていることであって、何らかの志向的努力の結果として、初めて知ることができるようになったのではない」（七三頁）。しかし、このような「体験的な知」に迫ることによって「知ること」に接近できるわけではない。なぜならば、「体験に最も近い場面」を「体験」ということではなく規定することができないからである。「知ること」をめぐる「自然的誤解」とされているのは、畢竟するところ、知ることによって知ることを捉えることはできないという点に帰着する。知ることはそのまま知られることなのであるから、知られることから知ることが捉えられないのは当然である。上記の「自然的誤解」を回避することは「知ること」の解明に何ももたらさない。「自然的誤解」を排除して残るのは、現象学的還元という意識の構造を明らかにする手立てだけであり、これによって「知ること」の解明が進むわけではない。それは、第一に、現象学的還元という操作が存在措定の括弧入れを含むならば、結局のところ、自我論的眺望と宇宙論的眺望との接点を最初から見ないことになるからである。しかし、「知ること」の抽出という点でいっそう重要な第二の点は、「自然的誤解」の排除が「知ること」の特質を他の認識の仕方との区別において明確にできないという点にある。このことによって、知ることは身体を説明原理に含まない、という古来の着目点を逃すことになる。知性は感覚、感情、想像力によって得られた内容すべてに及びながら、感覚でも感情でも想像力でもない。体験に肉薄すれば「知ること」についての理解が得られるというわけではない。

（9）　cf. J. G. Fichte, *Erste und zweite Einleitung in die Wissenschaftslehre*, 1797 / Felix Meiner 1967, S. 11.

（10）　カントは『純粋理性批判』「序論」においてA版では「私は、対象にではなく、対象一般についての私たちのア・プリオリな概念にかかわるすべての認識を、すべて超越論的と名づける」（I. Kant, *Kritik der reinen Vernunft*, A. 11-12）と書き、B版では「私は、対象にではなく、私たちが対象を認識するしかたに、その認識のしかたがア・プリオリに可能であるべきかぎりで総じてかかわる認識を、すべて超越論的と名づける」（*op.cit.*, B. 25）と記している（訳は熊野純彦訳『純粋理性批判』作品社、二〇一二年による）。この変更が意味していること、また、そもそも「超越論的哲学」という概念によって何を示していたのか。この点については久保元彦『カント研究』創文社、一九八七年、所収の「超越論的批判と形而上学」、および、「超越論的論理学と真理の論理学」、さらに「「真理とはなにか」という問いについて」といういわば三部作に詳しく論述されている（二〇五頁から三〇四頁）。ヴォルフの「超越論的真理」との関係については二五九頁以下を参照。さらに久保は次のように述べている。つまり、「カントが「超越論的」ということばを用いるとき、彼は、「超越的」という用語に関するランベルトとテーテンスの見解、特にテーテンスの見解を受け継ぎ、それを踏まえている、と私は思う」、と（二九四頁）。しかし、ここでは、「超越論的」な方法を、経験的認識のア・プリオリな条件を求める方法と捉えておく。そしてまた現象学における「現象学的還元」を経る「超越論的」と呼ばれる方法概念が、カントのそれと異なることは言うまでもないことである。たとえば、榊原哲也『フッサール現象学の生成』東京大学出版会、二〇〇九年）は「「自然的態度」を超え出る手続き」によって「初めて「超越論的主観性」が「発見」される」と書いている（三四九頁）。この「超越論的主観性」は「人間の主観性」ではない（三六八頁）とも記されている。たとえば「知覚のなかで意識される内容」と「知覚のなかで知覚される外的対象」は切り離されなければならない事態とされる（七八頁参照）。「現象世界に存在するものとしてわれわれに現出する」何かを措定せずに、「実的なもの」が存在措定をもたないならば、「知覚を実的に構成しているもの」として捉えようとする。そのように捉えられた「体験される」「現出それ自身」を実在と存在という存在様相に関わる区別が見逃されることになるのではないか。かくして得られる体験内容の存在性格を示すことができなくなるのではないか。山口一郎は『存在から生成へ　フッサール発生的現象学研究』知泉書館、二〇〇五年に次のように書いている。「現象学的還元とは」「感覚が意識に残っていく、また、感覚の変化が成立するためには、意識せずとも今過ぎ去ったばかりの感覚質が残っているのでなければならないときの、感覚が残ることを意味するに他ならず、現象学的還元とは、日常、当たり前に生じている経験の、経験を経験たらしめている働きに気づくような態度の取り方なのです」（一三四頁）。ここで「感覚質が残っている」ということは、感覚が時間経過のなかで成立するための条件に関わると思われる。その「経験を経験たらしめている働きに気づく」というのは感覚することではあるまい。この「気づき」は「感覚質が残る」のと同じ超越論的次元に残らなければならないであろう。それは「経験を経験たらしめている働きに気づく」わけであり、もはや同じく「経験」とは呼べないであろう。谷徹は『意識の自然　現象学の可能性を拓く』勁草書房、一九九八年）の或る箇所で「明証性を確保するためには、「超越化」を通電遮断して、志向的体験を超越論的に（内側から）捉えなければならない」（一六四頁）と記している。この考え方はまた、われわれの思考態度とも合致しない。ここで言われている「超越化」はたとえば「志向的体験を、超越化的に外部から眺めてしまったら」（*ibid.*）というような場合のことだとされる。われわれの表現によれば宇宙論的眺望から捉えてはならない、ということになるであろう。しかし、「超越化」を避けることと「明証性」を獲得することとは同じことの裏表ではない。谷はフッサールの次の文を引用している。「超越は、その妥当性と意味にかんして疑わしい」（Hua II S. 48）」（同上一六三頁）。この「超越」とは「超越的措定」を、言い換えれば、存在措定を括弧に入れることであろう。谷の引き出している「超越化」には当該の体験をいわば外側から、たとえば、「心理学的に」（*ibid.*）捉えることが含まれている。内から外、外から内という二つの方向をもつ「超越化」があるように思われる。しかし、それは別にして、ここでは当然かもしれないが、与えられたものをどのように不可疑なものに仕上げるのかということが求められている。「志向的体験を超越論的に（内側から）捉える」場合に、志向的体験は成立しているものと看做され、その体験の成立する条件を、「内側」にだけ求めるということならば、一体どのように何をすることになるのだろう。「志向的体験を（知覚としてではなく）まさに体験として捉えるかぎりは、志向的体験全体に含まれている諸成分はすべて不可疑な明証性をもつことになる」（一六三頁から一六四頁）とされる。この場合の「諸成分」は抜き出されもせず、「体験」の条件として「体験」とは異なる次元に設定されることもないのだろうか。もし、抜き出されたならば、その抜き出されたものを合算しても元の体験にはならないであろう。「体験」の条件が得られるのならば、それが何故当該の体験の条件であるのか、どのように調べることができるのであろうか。「超越論的現象学」と呼ばれる立場にもさまざまな異同があると思われるが、この立場における方法は、「実的内容」を取り出すことにより、「現象世界」を意識とは異質な何かとして捉えることになり、その埋め合わせとして加減的思考を潜ませることになるのではないか。「現象世界」から何かを差し引いたり、「実的内容」に何かを加えたりすることになるのではないか。何かに操作を与えて純化する、あたかもそうしなければ「それ自身」を捉えることができないかのようである。少し古い言い方をすればそれは「抽象」ということになる。「感覚的スペキエス」を「抽象」することによって事物と知性との一致を獲得する。これらの操作はどこかの過程に「超越」をおくことになる。純化、抽象と言われることは何かを捨てることだからである。現れを現れのままに捉えることではない。われわれが求めているのは思われていることの純化ではない。思われることを思われのまま捉えることである。上で見たいずれの「超越論的」探究の場合でも関係としては「超越」の一つを含む。これに対して、われわれの知的狂気への探究が超越を許さないことはいわば自明的である。なぜならば、思いはそのまま〈思われである思い〉として捉えられなければならないからである。多くの現象学者が考えているように所謂「デカルトの途」は決して超越論的な探究ではない。たとえば、「感覚を括弧に入れる」というのはわれわれの表現ではないが、たとえそのように言うとしても、その意味するところは感覚が成立する条件を求めるということではない。見たり、聞いたりした内容を世界把握として使わないということである。このように考え、徹頭徹尾「超越論的」と呼ばれるのとは異なる仕方で「コペルニクス的転回の彼方」（cf. D. Pradelle, *Par-delà la révolution copernicienne*: Sujet taranscendantal et faculté chez Kant et Husserl, PUF, 2012）を求めるのならば、この「私」は「超越論的主観（主体）sujet transcendantal」ではなく、それをも超えた身心合一体としての「この私」であろう。

（11）『ポールロワイヤル論理学』「第四部第一章」には以下のような記述がある。「アウグスティヌスが言っているように誰も自分が在るかどうか、自分が思っているかどうか、自分が見ているかどうか、疑うことは出来ないであろう」。そういうわけで「彼の知覚について、それら知覚の対象から引き離されるのならば、疑うことさえ不可能である」。太陽が在るにせよないにせよ、「私が或る太陽を見ていると思い描いていることは私にとって確実である qu'il y ait ou n'y ait pas un soleil, & une terre, il m'est certain, que je m'imagine en voir un」。この考察から次の問題が解決される。その問題とは「もし人が精神によってだけ認識する事物が、感覚を通して認識する事物よりもいっそう確実か、いっそう確実ではないかという問題」である。「というのも、われわれが述べたように、精神の或る反省 une reflexion d'esprit をとおしてだけ見ている知覚と観念の方が感覚のすべての対象よりもいっそう確証的 nous sommes plus assurés である、ということは明晰だからである」。「反省」とは、精神によってだけ認識すること、知覚を対象から切り離して認識すること en les séparant de leur objet である。決して自分の精神を対象にして精神が働くというのではない。意識を対象にした所謂「反省的意識」のことではない。「精神の反省」と言われているのは観念がその対象から切り離されて捉えられる局面のことである。この操作はフッサールによって現象学的還元と呼ばれるものに他ならないであろう（A. Arnauld, P. Nicole, *La logique ou l'art de penser*, Édition critique par D. Descotes, Honore Champion Editeur, 2011, pp. 508-509: A. Arnauld et P. Nicole, *La logique ou l'art de penser*, éd. par P. Clair et F. Girbal, J. Vrin, 1981, IV, 1, p. 293）.

第一章　知的狂気とは何か

第一節　妄想と創造的な思いの違い

　われわれが知的狂気と対比するものを「妄想 délire」と言っても、「幻影 fantasme / phantasme」と言っても、「虚想」、「空想」、「夢想」と言ってもよいが、現実との突き合わせからはずれたところで生じる逸脱であることを、いっそう明示的にするために「妄想」という語を使用する。言い換えれば、「幻影」、「虚想」、「空想」、「夢想」という表現は、これらの語のうちに実象的ではないという意味合いを含んでいる。このことを避けるために「妄想」という語を用いる。「妄想」という表現は実象的だが歪んでいるという核心を伝える。この妄想と「創造的な思い pensée créatrice」とをどのように識別することができるのか。その前に次のことを述べておかなければならない。この「創造的な思い」と「知的狂気」とは同じ事態の異なる呼び方に他ならないということである。ともに〈思いが思われであるその思い〉に対する表現、前者はこの「思い」の発出の特徴を言い表し、後者は、この「思い」がそのまま受肉したときの様子を示す。この創造的な思いを「妄想」からどのように区別できるのか。この課題に答えるために、一つになった二つのことを出発にする。すなわち、〈しようとして為すのは私以外ではない〉という「私性」の作動が思いに〈ずれ〉を与えるということである。「私性」と〈ずれ〉が一つになるところに創造性の源泉が見出される。妄想は、先に見たように、正常からの逸脱と看做されている。それに対して知的狂気は〈ずれ〉として捉えられる。この〈ずれ〉は基準も標準も必要とすることなく生じる。基準を拒絶する知的狂気の〈ずれ〉は、何からのずれかという点では未規定である。しかし、〈ずれ〉であることは確かである。ずれるからこそ流れが生じる。この形式について、いまは、若干だけを記しておく。「私性」の根幹をなす〈しようとして為すのは私以外ではない〉という形式は、何かに支えられて成り立っているのではない。それぞれの「私」が「私」において事実として見出す以外に到達できない。この形式が乱れるとき、たとえば「私」が〈しようとして為すのはあなたである〈私以外の誰かである〉〉という形式を採った場合に、何が生じるのか。それは容易にわかることであろう。たとえば、その場合に「私」は「私」を放棄することになる。しかし、その「私」の放棄は人格同一性とは異なる問題系に位置する。というのも、人格同一性は上述した宇宙的眺望のなかで語られる問題だからである。言い換えれば、人格同一性という問題を立てようとするときには、既に他人の実在が巻き込まれていなければならない。〈しようとして為すのは私以外ではない〉という形式の擾乱の契機として他人の介在があったと認められるにせよ、擾乱自体には他人の介在は一切無用である。「私」自身が「私」でなくなるだけである。そこから「解離」と呼ばれる症状など、さまざまな精神病理的事象が生じるであろう。

この〈思いのずれ〉は空間的な位置移動ではない。思いの流れを測る時計もないのだから時間的変化でもない。思いは〈しようとして為すのは私以外ではない〉という事実形式の下にある。感覚も、感情も、想像力も含まれていない。なぜならば、その意味で純粋な思いである純粋知性は思う〈私そのもの〉だからである。「私」を横溢することがない。溢れる思いはどれほど溢れても「私」である。もちろん、この事実形式に上記のように擾乱の生じることもある。ともあれ、区切りのない、その意味で区別のない思いがずれて行く。知的狂気とは私性に基づく知性の動きが「ずれる」ことである。何からずれるということはない。私が思うその思いがずれて行く思いである。知的狂気とは、感覚も感情も想像力も含まれていない、否定を含まない差異としてのずれていくという思い、思うというずれである。知的狂気である創造的な思いを、それだけとして識別するのは、あらゆる〈ずれ〉が基準なしに生じるのであるから、きわめて困難である。何からずれているのかわからない。この〈ずれ〉を一体どのようにして見つけることができるのだろうか。このことに正面から立ち向かう準備として、このような「ずれる」思いである知的狂気と妄想とを識別する方法を探すことにする。

第二節　〈ずれ〉と「反復」

この〈ずれ〉については、ドゥルーズ（G. Deleuze）の言う「反復」との関連を考えてみるといっそう明らかになるであろう。この点を『差異と反復』の「第五章 感覚的なものの非対称的総合 Synthèse asymétorique du sensible」という章を参照しながら考えてみよう。(1) この章は、超越なしに超越論的な探究、もっと言えば、超越論的な探究を内在として可能にする理論が述べられるときの要諦の一つになっている。「感覚的なもの sensible」の意義を失うことなしに感覚に関する超越論的原理を立てるという課題にいわば最終的に応えている部分である。この章のなかでドゥルーズは「差異 différence」についてベルクソンを批判的に検討しながら、纏め直しをする。われわれが着目するのは次の議論である。(2) ベルクソン（H. Bergson）を参照軸に採りながら、ドゥルーズは差異を「量的差異 différence quantitative」と「質的差異 différence qualitative」と（前者に対応する）「広がるものにおける l'étendue」「度合いの差異 différence de degré」と（後者に対応する）「本性の差異 différence de nature」

とに展開する。そして最後には「本性の差異」と「度合いの差異」の二つに的を絞る。その上で、そのどちらがいっそう基礎的なのか、と問う。ベルクソンは「強度 intensité」を「広がるものの差異」に戻してしまっていて、そこでは「強度」は量と質との「混合した不純な」ものとして捉えられ、最早「感覚 sensible できない」ものになる、とドゥルーズは批判する。ここで強度の方に着目すれば、「差異の度合い」という共通な尺度が導入されて「度合いの差異は、差異の度合いの最も低い度合いに過ぎない」ということと、「本性の差異は差異についてのもっとも高い本性」ということとがわかる。「差異の度合い」を媒介にして、「量的な差異」＝「度合いの差異」も「質的な差異」＝「本性の差異」も「強度の差異」として示される。さらにドゥルーズは次のように書いている。すなわち、「本性の差異と度合いの差異とが離れる、つまり、差異化するまさしくここに、もろもろの度合いと本性の差異が差異についての「同じ le Même」をもつ。しかし、この同じは差異的なものについて言われる同じである。そして、ベルクソンは、われわれが既に見たように、次の究極の結論にまで届いていた。即ち、本性ともろもろの度合いとの同一性とは、この〈同じ〉であり、これはおそらく反復 Répétition（存在論的反復 répétition ontologique）である」、と。[(3)] この文言から次のことがわかる。つまり、質の差異である本性の差異と量の差異を構成するさまざまな度合いとが差異化として捉えられていることと、そして、そこで本性の差異と諸度合いの差異との「同一性」が「同じ」ということの内実をなすとされていることである。さらに、この差異についての「同一性」の「同じ」が「反復」と重ね合わされる。この論理の移行は「反復」なしに「同じ」を獲得できることを示唆している。ここでは質と広がりとを被う概念として「強度」が前提されていることになる。この論理の移行を終わりから見れば、差異性の「同じ」が差異性の同一性であるのだから、差異性は同一性に対する差異性であることがわかる。もし「反復」から考えて行くならば、「同一性」が「反復」として示されるのではなく、そして「同一性」で示される「差異性」が「反復」なのではなく、「反復」であるのは同一性も差異性をも想定しない〈ずれ〉なのではないのか。この記述の次にドゥルーズはニーチェの「永遠回帰」を規範軸にしながら論を展開する。「永遠回帰」は「同じものの回帰、似たものの回帰、等しいものの回帰」(*op. cit.*, p. 311) などと看做してはならないことをドゥルーズは示す。永遠回帰の反復は強度として捉えられるべきで、同一性に基づいて捉えられてはならない。しかし、反復を強度として捉えるということは反復を前提にしている。もし、反復がさまざまな差異の本性としての差異性であるとしたならば、それはやはり同一性を巻き込むことになると考えられる。〈ずれ disparité〉という概念をドゥルーズがどのように規定しているか知らない。しかし、ここでは鍵になる概念にはなっていない。ドゥルーズの「反復」は同一性を超え、そのことによって「経験的な原理 principe empirique」と「超越論的原理 principe transcendantal」を一義性のなかで論じることができたのではないだろうか。(4)言い換えれば、先の引用箇所で言われている「反復」は「同一性」に重ねられてはならないのではないか、そうではなく、ドゥルーズは「反復」で留まるべきではなかったのではないのか。そのように「同一性」を離れて捉えられる「反復」とは最早反復ではなく、〈ずれ disparité〉としか言えないのではないか。われわれが提起している〈ずれ〉はこのようにドゥルーズの「反復」との距離を用いるならば、その理解も得られやすいであろう。

第三節　違う方向を求めて

われわれが求めているのは、「規範性・正常さ normalité」という基準に依存しない仕方で見出される狂気である。先に見たように、この狂気は「脱理性」というフーコー (M. Foucault) の方向には求められない。ドゥルーズ＝ガタリ的な方向にも見出されない。そのようにわれわれは述べた。この点をもう少し明確にしよう。ドゥルーズ＝ガタリは次のように記す。「狂気が狂気と呼ばれ、狂気として現れるのは、狂気がこの〔科学や芸術への〕寄与を簒奪され領土がなくなり宇宙的なプロセスとして、自分を独りで証明するように縮こめられているから、ということだけのためである」[5]。彼らが示しているのは「欲望的生産」のなかへと溶解して行く狂気である。たしかにその点では彼らの捉え方はわれわれの言う〈ずれ〉に近いかもしれない。なぜならば、彼らも標準を必要としないからである。しかし、ドゥルーズ＝ガタリのように狂気が捉えられるならば、その「狂気」は社会的な狂気ということになり、〈しようとして為すこの私〉には届かないものになる。「私」に届くためには、「私」に生じる狂気と、〈人なら誰でもである人〉に生じる狂気との差異が現れてこなければならない。その差異の根拠は「欲望機械」の或る種の発動という次元とは別の次元に探されなければならない。創造的思いである知的狂気は「胞子のように放出される」「独一性 singularité」[6]を超えて見出されることになるであろう。「私」は多数に対する〈一つであること〉を超えなければならない。というのも、創造性が〈他も多もない〉「私」という特異性・唯一性を背負い込んでいるからである。もし、形相的な何かを「個体化の原理 principium individuationis」に採用してこの点にまで到達しようとしても、そこには一つの難題が控えている。個体化の原理を、ドゥンス・スコトゥス（Duns Scotus）の「何らかの数的な一よりも小さい実象的な一 aliqua unitas realis minor unitate numerali」[7]である「存在の最後の実象性 ultima realitatis entis」ないし所謂「是性 haecceitas」に求めたり[8]、ライプニッツ（G. W. Leibniz）のように所謂「不可識別者同一の原理 principium identitatis indiscernibilium」に基づいてあらゆる実体を「個体的実体 substance individuelle」として捉えたりすることによって[9]、この〈他と多〉を想定しながらも、他も多も尽きる唯一性に至ることはできる。しかし、そのためには、個体的本質をすべて識別しつつ創始する無限知性が要求される。そのことによって、知的狂気のもっている唯一性・創造性という識別徴表が人間にとって到達不可能な地平に設定されることになる。これは方法論上の大きな犠牲である。いわば〈外から眺める〉宇宙論的語り方をこの問題に適用することは、自らの有限性を弁える限り、人間にとっては叶わぬ夢に終わる。宇宙論的眺望はブラックホールの向こう側に純粋知性の場を追いやる。追いやることによって、思いがそのまま思われになるありさまを歪めることになる。

そういうわけで、ドゥルーズ＝ガタリ的な方向性に沿って探しても、われわれが明らかにしようとする知的狂気は見つからない。一言でその理由を纏めるならば、創造性に近づくためには、出発点に「私」を設定しなければならないからである。なぜならば、創造的思いに支えられた創造性はまずもって「私」のことだからである。「私」はそもそも存在論的に「あなた」と置き換え不可能である。別の観点から言えば、「私の思い」は他人にとっては「包括的把握の不可能性・了解不可能性 incompréhensibilité」のもとにある。「私」にとって自明なことが他人にとってわかりそうでわからない。知ることができてもすっかりとはわからない。「私」にとって「自明 per se nota」とは、他の説明項を必要とせず、それだけでわかるということである。それも他人から見れば、「私」が説明しなければわかりそうでわからないままである。思うことが思いである場において、「私」の思いは「私」には自明である。なぜならば、その思い以外に思いはないからである。知的な狂気、つまり、創造的な思いがどのように生じるのかということを探るためには、「私」から出発しなければならない。これに対して、次の反論が提起されるかもしれない。「独り」というあり方をする「私」が思うことと、その「思われた思い」が独特であるかどうかということとは別である、と。この反論は「志向性」という概念の下にしか思い（意識）を捉えることができないことに由来している。「志向性」という捉え方において、思いの対象は思いとは相関しつつも独立に、既にいつも「ノエマ」という形式の下に与えられている。たとえその「ノエマ」が空虚であっても同じである。その空虚によって思いは制約されるからである。この方式では思うことがそのまま思いであるという事態を捉えることができない。「志向性」概念の下では、どうしても受動性を胚胎している思われた思いに内容を求め、そこに独創性を問うことになる。しかし、われわれは思われた「思い」が独創的か否かを問うているのではない。もしそのように既に与えられている何かが独創性の根拠であると考えようとしても、それは「与えられていること」を思いの彼岸へと追いやり、神秘化しなければ無理であろう。思いである思いについて独創性を捉えようとするならば、〈ずれ〉との関係のなかで思いを捉えなければならない。そういうわけで、われわれは独創性の源を「私」の思いに探られなければならない。

第四節　知的狂気とは何か

われわれが〈しようとして為すのは私以外ではない〉という事実形式の下に見出される思いを知的狂気として論じるには理由がある。第一に、先に見たように、妄想と創造的な思い（知的狂気）とを区別するためである。第二に、これも上に見たように、社会性から少なくともいったんは切り離して、「私」の働きを捉えるためである。第三に、身体から切り離して「私」の思いを切り出すためである。最初の二つについては既に述べたので、三番目のことについて説明する。知性は古来〈器官なき思考〉とされてきた。心臓にも横隔膜にも頭にも、その「座 siège」が認められて来なかった。「脳が考える」と主張する者には、甚だ旧弊で、馬鹿げた考えだと思われるかもしれないが、事はいわゆる「身心問題」にかかわることになる。しかし、「身心の関係とはどのようであるのか」という問いの立て方については、それを構成する基本概念の曖昧さの上に曖昧さを積み上げるという迂遠を避けえない。「心」ないし「精神」とは何か、「身体」ないし「物体」とは何かということが規定されずに、身心問題を論じるのならば、一体何をしていることになるのであろうか。これらの概念を何らかの仕方で暗黙の内に前提するならば、「還元説」を立てても、「同一説」を立てても、何をしているのかわからなくなるであろう。われわれは身体とは「広がるもの」であり、精神とは「思うもの」であるという規定の上に立つ。なぜこのように規定するに至ったのか、あるいは、身体と精神との相互作用の捉え方についても、既に述べたところであるので、ここに繰り返す余裕はない。ここでは「一方を他方なしに私が明晰判明に知解することができる」(AT. VII, p. 78)というデカルトが『省察』「第六省察」において述べている「実象的区別 distinctio realis」の規定を挙げておけばよいであろう[10]。

しかしながら「身心問題」で時を無駄にしないために若干のことを述べておかなければならない[11]。身心二元論を批判する論者達は精神(心)と物体(身体)との本質上の区別は認めても、実体としての区別はとても承認できないとしてきた。彼らは実体の区別を二つの物体の区別のように混乱して思い描いているのである。デカルトにとって実象的区別は実体間の区別の上位概念である。言い換えれば、精神と物体の実象的区別が確立されて、その区別の下に実体間の区別が役割を果たす。実体間の区別について言えば、或る個別的な物体は他の個別的物体に依存せずに実在すると看做されるならば、それは一つの実体である。そういう点で実体の規定である「それ自身によって実在することに適しているもの res quae per se apta est existere」(AT. VII, 44)ということ、あるいはもっと一般的に言って「自身によって在るもの ens per se」ということはそもそも相対的概念である[12]。たとえば、神も実体であれば、身心合一体としての「私」も実体であり、精神も実体であり、物体も実体である。一軒の家である実体は隣の家を壊しても壊れない。そういう意味で当該の家は他の事物にその実在することを依存していない。「心が身体なしに実在しうる」ということも同様である。身体の死から心の死は帰結しない。心は広がるものではない。心を物理的現象に還元することはできない。一人の人の有機的身体がその仕組みに支障をきたし一人の人の身体として機能できなくなる。それが或る人の身体の死である。身体を介して人々は感覚を使って交流し合い、社会生活を営む。だから、身体の死は物体的世界の一部である「私」の死である。それでは精神の死についてどのように考えるのか。ここはそれを論じる場ではないが、精神の死という事が倫理的問題であるとは言えるであろう。身心問題についての肝要な点は、廣松渉が書いたようにこの問題を通してどのような「世界観規模でのパラダイム」を構築するのかという点にある。[13]言い換えるならば、身心問題はどのような哲学的立場を構築するのかという問題なのである。

精神的現象を脳に還元する「還元説」や心脳「同一説」の論者はこれでも不満であろう。そこでもう少し述べておかなければならない。もし、私の微細な思考の襞さえも、たとえば、格助詞で示される思いであれ、そのすべてが脳状態の変化に関係づけられたとしたならば、それで脳科学のできることは終わってしまう。この脳状態の変化とこの思いの関係を検証しようとすれば、どうしても被験者である「私」に尋ねなければならない。また、一キログラムの物体が一キログラムの思いであるとしたならば、どちらか一方の語り方が不要になる。（ダマッシオ（R. Damasio）が喧伝した）[14]「並行論」を主張したいならば、スピノザの場合のように、物体と精神の本質的な違いを認めなければならない。というのも、並行論とは二つの異なる系列の間に主張されうるからである。それを超えて全面的に「事物の秩序と連結は観念の秩序と連結に同じである」と主張するのならば、「物体」か「精神」のどちらか一方の（スピノザ的な意味での）「属性」が不要になる。[15]言い換えれば、物理的過程と心的過程があらゆる細部において対応しているとするのならば、どちらか一方の語り方は不要になる。さらに、もし、心と身体に何らかの違いが認められるならば、どちらも同じxであるようなxを見つけない限り、「イデア」をめぐる「第三人間論」のように、いつまでも対応づけは残る。つまり、心に幾分か似ていて身体とも幾分か似ている、そういう第三の何かによって関連づけようとするならば、その第三のものと心及び身体を結びつける第四のものが必要になる。これを避けるためには、心と身体が何らかの点で異なり、しかも心もxであり、身体もxであるそのようなxが求められる。しかし、心を重量計にかけることはできないとすれば、このxを重量計にかけることもできない。心を重量計にかけることができるならば、殊更xを求める必要はない。このxが心とも物体とも同じであり、しかも観察可能であるとするならば、観察するためには身体が必要になる。あるいは、観察する場合には身体を必要とし、観察されない場合には身体が不要なのだろうか。観察されないものとして心が考えられるのならば、元に戻る。物体の重量を差し引いてこのxの重量を測ることもできない。「クオリア」と呼ばれているものは物質なのか、精神なのか。それとも第三の何かなのか。また、「ゾンビ」のようにxがそのまま重量をもった思いであると言いたいのならば、xという変換をする必要はなくなる。

チャーマーズ（D. J. Chalmers）は「ゾンビ」を次のように定義している。「私（あるいは他の任意の意識をもった存在）に物理的に同一であるが、意識経験を一切欠いている或る誰かあるいは或る何ものか」[16]、と。この「ゾンビ」と「非ゾンビ」の体重は「ゾンビ」であることによって少なくなるということはないだろう。この二つは観察されるという点では区別がつかないはずである。そのような場合に意識なきものと看做すのかどうか。それはむしろ「人」を「人」として看做す条件の問題に関わるであろう。たとえば、中井久夫は「意識障害患者に対するサルベージ作業」という論考において「一般に、意識障害あるいはその回復過程、あるいは中間で停滞している患者」に対する「意識回復作業」について述べている。そのなかで中井は次のように書いている。「意識は、身体の専制君主であり、意識から解放された身体のほうが、負担が軽いのであって、再び意識の支配下に置かれた身体は、負荷された身体となることである」。また、亜昏迷状態において患者は、身体が硬直し、まったく不動でありながら意識はあり、看護をしているものが何を言っているのか覚えている、と言われる。こういう状態にある患者の世話をするときに、看護師は患者に意識のあることを頭において振る舞う、つまり、余計な愚痴や、患者を傷つけるようなことは言わないそうである。こうしたことを考えると、「ゾンビ」という想定そのものが、現実の人に対する心の柔らかさを欠いた〈亜健全〉な人間の傲慢を示しているように思われる。身長一八〇センチ、八〇キロほどの拘束衣を纏った上に、棒のように固まった亜昏迷の患者の排便の世話をする看護師の苦労もある。相手を人として認めるということと意識をもった存在として認めることは実践上のほとんどの場合に同義である。「ほとんどの場合」と留保を付けるのは、多くの場合に有機的統体の機能障害から意識のあるなしを決定することはできないからである。この点で決定的な重要性をもつことは、人が人を「人」として遇することによって人は「人」になるということである。中井は意識回復に向けて「決してサジを投げるな」と書く。これが人に対する態度であろう。(17)

それだけではない「ゾンビ」の場合には、予め「意識をもったもの」と「意識をもっていないもの」とを区別しておく必要があるだろう。しかし、意識現象と身体現象とを予め区別しておくのならば、元の木阿弥になる。意識現象を法則的に理解したいという欲求は当然である。しかしその法則が物理法則であるのならば、言い換えれば、観察可能性に基礎をおく法則であるのならば、この場合にも意識現象と身体現象とを予め区別しておくことになるのであるから、元の木阿弥である。(18)「身心二元論」を否定しようとする者がどのようにあがこうとも、

「小さな子供の大きな心」という表現は、ライル（G. Ryle）の言う「カテゴリー・ミステイク category-mistake」(19)として排除されるような表現ではなく、有意味な、実効性のある表現であり、精確でさえある表現として残り続ける。身心合一体である人間としての「私」は、身体という視点からも、精神という視点からも考察される。しかし、精神は空間性をもたず、身体は思うことがない。両者の対応づけは可能でも、どちらか一方をなくすことはできない。そしてこの対応づけについて経験的に語ることができるのは身心合一体としての一個の「人」である。以上のように述べても、「自然主義者 naturalist」と呼ばれる「物理主義者 physicalist」は承認しないであろう。しかしながら、今のところ彼らに逆らう必要は何もない。所謂「身心問題」などここではどうでもよい。以下に述べるように、想像力、感情、感覚、意志に対する知性の固有性を確保するだけで十分である。そして、ここで確認しておくべきは、上に述べた身心の実象的区別の上に成り立つ精神と身体の区別によってこそ妄想と知的狂気の区別も明確になるという一点である。

註

（1）G. Deleuze, *Différence et répétition*, PUR, 1968, p. 286 *sqq*..

（2）*op.cit.*, p. 308 *sqq*..

（3）« Ce que les différences de nature et de degré séparent ou différencient, voilà que les degrés ou la nature de la différence en ont le Même, mais le même qui se dit du différent. Et Bergson, nous l'avons vu, allait jusqu'à cette extrême conclusion: l'identité de la nature et des dgrés de la différence, ce « même », peut-être est-ce la Répétiton (répétition ontologique).. »(*op.cit.*, p. 309).

（4）*op.cit.*, p. 310, *sq*..

（5）« elle n'est appelée folie, et n'apparaît telle, que parce qu'elle est privée de cet appoint et se trouve réduite à témoigner toute seule pour la déterritorialisation comme processus universel », G. Deleuze / F. Guattari, *Capitalisme et schizophrénie 1 : L'Anti-Œdipe*, Les

Édition de Minuit, 1972/1973, p. 383.（G・ドゥルーズ＋F・ガタリ（宇野邦一訳）『アンチ・オイディプス 上』河出書房新社、二〇〇六年、一九六頁）。

（6） G. Deleuze, *La logique du sense*, Les Éditions de Minuit, 1969, p. 249.（G・ドゥルーズ（小泉義之訳）『意味の論理学 下』河出書房新社、二〇〇七年、六九頁）。

（7） J. Duns Scotus, *Ordinatio II*, d. III, p. I, q. 6.（G・オッカム著（渋谷克美訳註）『スコトゥス「個体化の理論」への批判 『センテンチア註解』L. 1, D. 2, Q6 より』知泉書館、二〇〇四年、四頁と五頁）。

（8） J. Duns Scotus, *Ordinatio I*, d. XXXV, q. unica, t. 6, p. 258, dans *Opera Omnia*, praeside P. Carolo Balić, St. Bonaventure, 1963. また、Duns Scotus, *Op. Ox.*, I, II, d. III, q. 6, n. 15, par Étienne Gilson, *Jean Duns Scot*, p. 464 et les deux notes ajointés. さらに、ヨハンネス・ドゥンス・スコトゥス著（渋谷克美訳）『命題集註解（オルディナティオ）』第二巻、『中世思想原典集成18 後期スコラ哲学』、平凡社、二一七頁から三一六頁参照。

（9） cf. G. W. Leibniz, *Nouveaux essais sur l'entendement humanin*, l. II, chap. XXVII, dans C. J. Gerhardt, *Die philosophischen Schriften von Gottfried Wilhelm Leibniz*, t. V, p. 213 *sqq*. « Il faut toujours qu'outre la différence du temps et du lieu, il y ait un *principe* interne de *distinction* ».

（10） 『新デカルト的省察』、二九六頁から二九九頁参照。

（11） 「身心問題」については、『感覚する人とその物理学』一九四頁から二二一頁参照。

（12） 本文中に掲げたのは「第三省察」における有限実体の規定である。無限実体の規定は「自身によって実在することの力をもつ vis habere per se exisitendi」（AT. VII, p. 50）と表現される。この表現は「第一答弁」（AT. VII, p. 111）と「第四答弁」（AT. VII, p. 235）における「自己原因 causa sui」という把握に受け継がれる。この点については特に『数学あるいは存在の重み』一一六頁以下などを参照。

（13） 廣松渉『身心問題』第三版、青土社、二〇〇八年、二八五頁。

（14） cf. A. R. Damasio (Traduit par M. Blanc), *L'erreur de Descartes : La raison des émotions*, Odile Jacob, 1995 (Descartes' Error : Emotion, Reason, and the Human Brain, A Grosset/Putnam Books, 1994), A. R. Damasio (Traduit par J.-L. Fidel), *Spinoza avait raison : Joie et tristesse, le cerveau des émotions*, Odile Jacob, 2003 (*Looking for Spinoza : Joy, Sorrow, and the Feeling Brain*, Harcourt, Inc.

2003), et D. Kambouchner, Émotions et raison chez Descartes : l'erreur de Damasio, in *Les émotions*, sous la dir. de S. Roux, Vrin-Thema, 2010, p. 83-102.

(15)　スピノザ『エティカ *Ethica Odine Geometrico demonstrata*』「第二部第七定理」(B. Spinoza, *Éthique*, Bilingue Latin / Grec-français, présent et traduit par B. Pautrat, Seuil, 1999 & B. Spinoza, *Spinoza Opera*, t. 2, herausgegeben von C. Gebhardt, 1925.

(16)　D. J. Chalmers, *The Conscious Mind : In Search of a Fundamental Theory*, Oxford University Press, 1996, p. 94.

(17)　中井久夫「意識障害患者に対するサルベージ作業」(『中井久夫著作集 第四巻』岩崎学術出版社、一九九一年/二〇〇四年、一三八頁から一四八頁)。引用は順に、一三八頁、一四〇頁、一四二頁。

(18)　信原幸弘は「合理性は法則性に還元されない」という観点から「心的状態タイプの概念からなる概念系」と「脳状態タイプの概念からなる概念系」の区別への対処法を提起している(信原幸弘「脳科学と心の機械化」『哲学』五九号、二〇〇八年、一一二頁)。信原は『心の現代哲学』(勁草書房、一九九九年)では痛みはバラの刺にあるとしていた。心と脳を異なる「概念系」に設定することが避けられないにもかかわらず、「消去主義」(信原二〇〇八年、同頁)の可能性に余地が残されることになる。

(19)　cf. G. Ryle, *The Concept of Mind*, Hutchinson of London, 1949 / 1969, pp.16 *sqq*.

第二章　知的狂気への接近方法

第一節　引き離しと縮約

それでは妄想と知的狂気をどのように区別するのか。ここで知性という捉え方が力を発揮する。というのも、他の働きから区別して、知性の働きを炙《あぶ》り出すことが肝要な点だからである。そのため第一に、精神を身体から区別する。人間の身体、あるいは、物体一般（物質）を捉えるときに、「広がり extensio」という概念を必要とする。というよりも、そのことを前提にしなければ、人間身体や物体についての規定が成り立たない。この点についても、上に見た点以外にもさまざまな異論が提起されるであろう。しかし、今は、次のように言っておく。空間が開かれていると想定されていなければ、物質についての一切の研究が成り立たない。物質把握にとって時間と空間に比べて同じぐらい根底的なカテゴリーは他にはない。「力」という概念にせよ、「量」という概念にせよ、それが発動する場がなければ実効性をもたない。「場」は場である限り、たとえ「想像的空間 espace imaginaire」であれ、空間性をもつ。この「時間」についても、それが空間化された時間であることを付け加えておく。それ以外の「時間」、たとえば、アウグスティヌスによる「記憶」、「直視」、「希望」という時間も、フッサールの「内的時間意識」というような「時間」も空間的時間ではない。空間化された時間と心の変様とを重ねるのは混同以外の何ものでもない。両者を同じく「時間」と呼ぶことが混乱を生む。後者をベルクソンの用語を借りて「持続」と呼ぶことはできる。「時間」とこの「持続」の辻褄合わせは混乱を生じるだけであろう。心の変様としての持続の流れは一方向に流れるかどうかもわからない。この「ただ今」の眼前の風景に記憶が重なっても何の不思議もない。記憶とは起こってしまっていると思われている思いである。希望とは〈しようとしている思い〉である。心身合一体としての「私」の世界化は空間的時間への自らの埋め込みを通して行われる。それに対して「力」ないしは「量」という概念なしに「広がり」を捉えることは可能である。事情がこの通りであるのならば、まず空間が開かれなければ物理学は成立しない。というのも、時間軸が設定されるだけでは、物質についての研究は成立しないからである。物質的宇宙を空間として捉えることが、自然現象を解明する学問の「始まり・原理 principium」になる。この広がりである「物質性 matérialité」の反対極に「精神性 mentalité」をおけば、そこに「質料 matière」なしの思考を見出すことができる。「器官なき思考」としての知性の働く領域がここに見出される。これが妄想を知的狂気から識別するための、第一の前提である。

精神と身体の区別という第一の前提の上に立って、妄想と知的狂気を区別するためには、さらに三つの「引き離し」が必要になる。つまり、思いから感覚を引き離し、感情を引き離し、想像を引き離す。この三つの引き離しがどのような効果をもつのかという点については以下に述べる。その前に「引き離し」という操作そのものについて規定を与えることにする。その際に、デカルトが或る書簡で言及している「抽象 abstraction」と「排除 exclusion」の区別を参照する。その書簡においてデカルトは心と身体の区別を説明しながら、「抽象と排除との間には大きな差異がある」と書く（au P. Mesland, 2-5-1644, AT. IV, p. 120 / GB. p. 1914）。「抽象」という操作によって得られるのは次のことである。すなわち、「心の観念が表象するのは、心は身体に依存することがなく、身体と同一視されない」ということである。これでは否定的な議論しか構成できず、誤った結論に至る。そうではなく、「心の観念」によって表象されるべきことは「身体に属している一切が心から排除されても、にもかかわらず心は実在しうる一つの実体」ということである。このことに基づいて肯定的な議論を構成することができ、「私はここから心が身体なしに実在しうると結論した」(*ibid.*)。「抽象 abstractio」というのは知られているように中世スコラ哲学における本質認識の重要な方法の一つである。複合されたものからその要素を抜き出すことをその中心的な意味とする。たとえば、「質料 materia」と「形相 forma」からなる合成体のうち質料を捨てて形相だけを抜き出す場合である。質料と形相が被造的事物の二つの構成要素とされる場合に、一方の否定は他方の肯定になりながら、否定性を留めることになる。形相なり、質料の独立性、言い換えれば、相互の無依存性をそこから導き出すことはできない。また、たとえば、人間が「理性的動物 animal rationale」と定義される場合に、その定義から「理性 ratio」という種差を抜き出す場合もある。このように対立的であれ、もともとは結びついているものの一方を抜き出す場合、たとえば、理性的動物から理性を抜き出す場合にも、その理性は「動物」という概念を構成する「感覚」との対比において捉えられる。そのように抽象は、当の何かが抜き出されてくる元のものとの関係を断つことができない。もし、心の観念と物体の観念との間にこのような依存性があるとするならば、心の規定にいつまでも物体ではないということが含まれてしまう。デカルトの主張はこれを許さなかった。心の明晰判明な観念と物体＝身体の明晰判明な観念との間に存在に関わる一切の依存性はない。認識に関して言えば、心＝精神の認識が物体の認識に先立つ。なぜならば、「私」が思うものだからである。言い換えるならば、「私」が物体の観念をもつことができるという点でのみ精神の物体に対する優れた点がある。しかし、物体の観念が表象する内容には精神に対する依存性はない。この物体と精神との関係をデカルトはこの書簡において「排除」という概念で表現した。

以上の「抽象」と「排除」についてのデカルトの考えから、われわれがこれから使うことになる「引き離し」について何が分かるのか。辞書的に言えば「抽象する abstraho」とは「引き離す」ことであり、われわれの方法としての「引き離し」と区別がつかない。そして、われわれの「引き離し」は「排除」でもない。それでは、たとえば、思いから感覚を引き離すとはどのようなことか。今ここで目をつむって「鮮やかに赤い薔薇」を思ってみよう。そのようにして思われた「鮮やかに赤い薔薇」ということは、たとえ「赤い」という語が含まれていても、通常赤いと思われている対象から視覚を介して受け取っていると思われている「赤い」ということではない。目をつむって思われている「鮮やかに赤い薔薇」は、だからといって視覚的「赤さ」から抽象されて成立するわけではない。なぜならば、「鮮やかに赤い薔薇」の赤さは視覚的に捉えられない「赤さ」だからである。だからといってこの二つの、つまり、目をつむって思われた「赤さ」と目を開けて見ていると思われている「赤さ」が排除的な関係になっているわけでもない。この目をつむって思われた「鮮やかに赤い薔薇」の「赤さ」を感覚から引き離された「赤さ」と呼ぶことにする。目をつむって思われている「鮮やかに赤い薔薇」はその説明のなかに感覚与件も身体性も含まない。しかし、その「赤さ」は見られていると思われている「鮮やかに赤い薔薇」の「赤さ」を排除しない。この操作を「引き離し」と呼ぶ。「引き離し」は「抽象」でも「排除」でもない。この操作を導入することによって思われている思いの非感覚的側面、非感情的側面、非想像的側面を取り出すことができる。同じ事態を肯定的に表現すれば、感覚、感情、想像力から引き離された思いは知的な思いである。これに対して、夜空に輝く月を見ながら「月は白い」と思うならば、その思いは少なくとも視覚を組み込み、しかも、口に出して言わなくとも、言語的表出として知性の働きの行使でもある。「月は白い」という言語的仕組みなしには、「月は白い」という思いは成立しない。このことを感覚経験のなかに知性の働きが縮約されていると呼ぶことにする。この「縮約 contractio」という操作は思いのなかに折り畳まれている働きを表示するときに用いる。目で見て思われる「月は白い」は知性の働きを縮約としてもっており、目をつむって思われる「月は白い」は感覚を引き離して捉えられる知性の働きを示す表現である。引き離しによって縮約されたものを開き出す。以下において妄想を知的狂気から区別する場合に用いられるのは主に「引き離し」である。それに対して思いを、思っている具体相のままに捉えるときに、感覚、想像力が縮約されて知られたものとして思われた内容が得られる。この「縮約」は形而上学の方法を考える上で重要な概念になる(1)。以下、感覚の引き離し、感情の引き離し、想像の引き離しの順に見ていこう。

第二節　感覚の引き離し

妄想と知的狂気とを識別するために、第一に「感覚 sensation」を遠ざけなければならない。感覚しているとは、物質世界と「私」との関係についての情報が身体を介して獲得されていることである。この「私」は合一体としての「私」である。厳密に語らなければならなくなる場合を予想して、「感覚」と「感覚知覚 perception sensuelle」を区別しておく。この区別はわれわれの投げかける眼差しに応じて設定される。一つの事態が「感覚」と捉えられるか「感覚知覚」と捉えられるのか、それは何を明らかにしようとするかによって異なる。「感覚知覚」を「感覚」から区別するとは、物質世界との応答として、思いに基づいてだけではなく身心合一体特有な機制の上で「感覚」を理解することである。簡潔に言い直すならば、感覚知覚についての研究は、身体的感覚受容器を土台にしながらも、物質世界と「私」との応答を媒介にし社会性、自然性をも組み込むことになる。それに対して、「感覚」を「感覚知覚」から区別するとは、感覚成立の身体的過程を問うことに他ならない。感覚がどのようであるのかということは、身心合一体のもとにある有機的統体である身体を探究することに基づいて明らかにされる。感覚の研究は身体的感覚器官の研究として遂行される。しかし、われわれの問題関心にとって重要なことは、この区別ではなく、妄想における感覚要因をどのように見抜くのかという点に集中する。別の言い方をするならば、感覚器官が用いられて得られること（感覚）から、言語および形象化によって表現されたこと（感覚知覚）を引き離すことである。この引き離しの行き着くところは、当該の事態の説明に感覚器官の開かれていることが含まれているのかどうか、ということである。もう一度繰り返せば、妄想と知的狂気を区別するために感覚要因に関してなされるべきことは、思いから、その説明に感覚器官という身体的な機能が含まれる内容を引き離すことである。区別されるべきことは、目で見ている緑と、「緑」という観念（思いの纏まり）である。目を閉じて考えられた「緑」は、たとえ、緑に見えていても、目を開けてみられた感覚の緑ではない。知性的な働きを含んだ「緑」である。妄想の「緑」とは当人に緑に見えている、他の人が見ていない、目を開けてみる感覚の緑である。感覚知覚を引き離すとは、基本的には身体を介して感じたとおりに思っている内容を括弧に入れることである。括弧に入れるとは、それを物質世界の記述のなかには含めないことである。この目で見た、この耳で聞いた、この皮膚で感じた、この舌で味わった、この鼻でかいだ。こうして得られた内容どおりに物質世界がなっていると考えるのをやめることである。要するに、感覚器官を開いて得られる内容を、物質世界の記述を正当化するための理由にしないということである。妄想は、身体を介して得られたと思われている感覚内容を物質世界の記述と関係づけるという点を源の一つにする。妄想は肉の目で見られた「緑」ではないにもかかわらず、それが世界を構成する緑であることを要求する。妄想を抱く「私」にとってその「緑」は樹木の緑である。誰かが、それが妄想であると主張するとは、当該の「私」にとって見られたと思われている「緑」が、その「私」の身体と環境世界との関数として経験の流れに組み込んでいる、と「私」が思っているにもかかわらず、関数として経験に組み込まれていないと主張することである。もっと簡潔に言うならば、感覚要因にかかわる妄想は感覚内容に関するいわば意味論的な乱れを本質としているということである。意味論的な乱れを通して、感覚内容の表現のなかに通時的な連続性に断絶が生じる。この断絶が論理的な断絶であっても、非論理的断絶であっても、妄想の実質をなすこの断絶を埋めてしまっているのは「私」にとって感覚内容と思われている感覚的な思いである。それゆえにこの種の妄想は、それが論理的な一貫性を欠いていると指摘しても、何も改善されない。というのもこの妄想が発してくるのが、当該の身心合一体としての「私」の身体を介した物質世界との意味論的な乱れ、実在にかかわる乱れだからである。

第三節　感情の引き離し

第三に、感情が思いに対して与える歪みを評価しなければならない。感情と情動は人間社会と「私」との具体性を伴った関係の反映である。デカルトは「心の情念＝受動 passion」を「心のもつ知覚 perception、感得 sentiment、情動 émotion」であり、かつ、それは身体を構成する「(動物) 精気 esprits によって引き起こされ、維持され、強化される」と定義してみせる (Descartes, *Les passions de l'âme*, Art. 27, AT. XI, p. 349)。情念は身体が外界から蒙った刺激を心に伝えることによって生じる心の変様 (受動) である。この場合に、身体と心との間に因果関係を想定することはできない。因果性が見つからないという意味で、身体と心との間は「機会原因 cause occasionelle」で結ばれる。「機会原因」という表現は作用因、質料因、形相因、目的因のどれにも入らないということを言い表している。言い換えれば、身体のｘという刺激が心のｙという事態を引き起こすとしてみるならば、このｘとｙとの間には何らの類似性もない。所謂「因果性」、ｘが生じれば、その結果としていつも、あるいは、大抵の場合に、「私」の経験と無関係に、ｙが生じるということもない。認められるのは、ｘが生じるということが観察されたときに、そのｘを身体的な機構として受けもっている一人の人である「私」がｙという心の変様をもつ、ということである。身心合一体の「私」という括りのなかで或る身体の変化が或る心の変化に対応するということである。この身体変状と心の変様とが大抵の場合には時差があまり生じないという仕方で生起するとしても、時差が生じることもある。或る人が怒り出しそうな状況を作って、その人を怒らせることに成功する確率を高めることはできるであろう。しかし、その人が次の日になって当該の状況に怒り出すということも排除できない。身体変状と心の変様との肌理を細かくすればするほどかなりの精度で、この対応についての経験的な知見を得ることができよう。だが、この両者の対応関係をどのように細かくしても、粗い擬似的に法則的な関係にしか行き着かない。数学的法則性に至り着くことがけっしてないのは、身心合一体である「私」の「私」であることが始まってからの経験が、他の身心合一体である「私」の「私」が始まってからの経験と同一になるということはありえないからである。

以上のこともまた所謂「身心問題」にかかわることになるのであるが、その点については以下に言及することにして、ここではこれだけにしておく。感情を思いから引き離すということにおいて、われわれに求められているのは、先ず第一に、情動と感情の区別である。多くの場合に、感覚と感覚知覚の区別と同じように、言語的に表現された「情動 émotion」が「感情 affection」と看做される。言い換えれば、感情は知性を伴った仕方で表現された情動と規定される。それとともに、感情は主に心の変様として、しかし、身体に基盤をもつ心の変様として、身心合一体相互の関係すなわち人間関係を反映している。感情が身心合一体としての「私」に生起することであり、感情の効果が人間関係にかかわるという点からして、多くの場合に感情は人間関係から蒙る受動と解することができる。しかし、「知的喜び joie intellectuelle」、あるいは、「自足感 satisfaction par soi-même」のような所謂「能動感情」は、身心合一体としての「私」の外側を説明に持ち込まなくとも、言い換えれば、外部から受け取る身体変状を想定せずに説明される。そして、われわれが明らかにしたいのは、身心合一体としての「私」相互の人間関係からの反映が思いにどのような歪みを与えるのか、ということである。それゆえ「能動感情」についてこれ以上言及はしないことにする。

ところで、通常「感情」と呼ばれる「受動感情」にはさまざまな類型がある。この類型を整序しようとして、感情を表現すると考えられている語を網羅することはできないし、網羅しても意義は薄い。というのも、いくらでも作ることができようし、文化によって、地方によって、もっと細かく家族や仲間内で、感情を表現する語の使用の仕方が異なることもあろうからである。その一方で、しかし、感情を表現する言葉に馴染んでおくことは、妄想を理解するのに役立つ。妄想は多くの場合に人間関係が思いを歪めることによって生じると考えられるからである。言い換えれば、経験の連続的展開が理に合わない、つまり、知性的な思いで埋まらないという場合に、感情を使ってこの連続的展開を理解可能にする場合があり、その場合に、思いが感情によって歪められ妄想になっていると評価できる場合があるからである。そこで、感情表現語についての感じを摑むために幾つかを分類とともに挙げておく。以下のような語で自分の心持ちを表現したくなるような思いを抱くときに、われわれは何らかの感情に襲われている。人の人となり、つまり、性格を示す表現と感情を表す表現が混在しているように思われるかもしれないが、自分の心のありようを表現する場合には、感情を表現することになり、他人について言われる場合には、性格の表現になることもある。もちろん、自分を他人と看做した場合には、性格の表現になり、他人についても当人の気持ちを察して言う場合には、感情表現にもなる。以下四つの類に分けてみる。（一）驚き系（感情生起の条件、言い換えれば、情念の始動として心の受け取る異質感）、（二）対人評価系（外への執着）、（三）自己評価系（内への執着）、（四）自己解放系（外へと向かう）の四つである。それぞれの例を以下に挙げてみる。

（一）　驚き系（感情生起の条件として心が受け取る異質感）

はっとすること、びっくり、驚嘆、驚き、

（二）　対人評価系（外への執着へと連なる場合がある）

卑下、軽蔑、見くびり、謙虚、尊重、尊敬、軽視、嘲り、嘲笑、妬み、羨み、嫉妬、怨恨、敬慕、買い被り、非難、賞賛、破廉恥、厚顔無恥、感謝、おかしさ、軽薄、愛、愛情、友愛、好き、嫌い、好意、同情、共感、思慕、敬慕、いとしい、憎しみ、憐れみ、したわしい、崇拝、憐憫、献身、うとましい、迫害感、被害感、うっとり、あこがれ、憧憬、いい加減、おかしい、面白い、こっけい、よそよそしい、

（三）　自己評価系（内への執着に転化する場合が多い）

恐れ、おののき、怯え、競争心、安心、安堵、満足、ぐずぐず、執着、不決断、傲慢、怒り、憤慨、危惧、不安、恐怖、憤り、臆病、抑鬱的、恥辱、誇り、恥、小心、とまどい、途方に暮れた、後悔、呵責、残念、悔恨、嫌気、絶望、倦怠、空虚感、陰鬱、鬱々、快適、うきうき、明るい、暗い、狼狽、権高、がっかり、いらいら、

鬱陶しい、戸惑い、隠滅、忸怩、真摯、真面目、心地悪い、気持ちが悪い、まずい、やばい、つらい、情けない、仕方ない、落ち着かない、不快、だるい、かったるい、悲しみ、悲嘆、落胆、

（四）自己解放系（外に向かう）

勇気、希望、高邁、大度、大胆、寛容、欲望、名誉、誇大的、意欲的、やる気、溌剌、快活、磊落、豪快、豪放、心地がよい、気持ちがよい、清々しい、爽やか、やった、楽しい、安らぐ、快適、喜び、歓喜、嬉しさ、しあわせ、快い。(2)

デカルトはその『情念論』において六つの「始元的情念 passions primitives」の組み合わせと展開を通して感情のシステムを示して見せた。その六つの「始元的情念」とは「驚き admiration、愛、憎しみ、欲望、喜び、悲しみ」の六つである（*Les passions de l'âme*, Art. 69, AT. XI, p. 380）。しかし、デカルトのこのシステムをわれわれが再構成しようとするのはほとんど無謀な試みである。一つには、先に述べたように感情の意味論が文化相対的だからである。もう一つには、感情が「私」の経験に相対的だからである。たとえば、「喜び」という感情が「私」にとってどのようであるのかということを、デカルトの説明を借りながら、述べてみよう。「喜び」が生じるには「脳における（複数の）印象 impressions du cerveau」が必要になる。その複数の印象はわれわれに属する「良いもの」と心によって表象されている。喜びという情動はこの良いものの享受に存する（*op.cit.*, Art. 61, p. 374 & Art. 91, p.p. 396 - 397）。少し表現を変えて簡潔に言い直せば、脳内の或る部分の或る種の活性化を心が自分にとって良いものだと受け取る。この情動が「喜び」と表現されるならば、それは喜びという感情が生じているということになる。「脳内の或る部分の或る種の活性化」を「私」が見ているわけでも、予測しているわけ

でもない。「私」という身心合一体を誰かが分析して、あるいは、測定して「脳内の或る部分の或る種の活性化」が認められると判定する。身心合一体としての「私」の心は「喜び」を感じている。この「喜び」が「悲しみ」とどのような関係にあるのか、その他の「感情」とどのように関連するのか、それは身心合一体の心の仕組みを分析し、体系立てることである。そのようにして「喜び」という感情が一人一人の経験の違いに応じて異なる値をもちながら、社会的・伝統的影響の下に一般的にどのようであるのか、と考察される。このように考えたときに形式として取り出すことができるのは「脳内の或る部分の或る種の活性化を心が自分にとって良いものだと受け取る」ということである。自分にとって何が良いものかという問いに対して、一定の空間的領域で区切られる共同体においては或る程度安定した答を得られるかもしれない。しかし、文化的な隔たりをもち、言語的な隔たりをもち、伝統も混ざり合いながらも異なる場合には、身心合一体としての或る人にとって、人間関係のなかで、言い換えれば、社会関係のなかで、何が良いものであるのか、異なることは十分にありうる。ここで問われているのは、感情という点から捉えられる「良いもの」であるのだから、現実の社会関係のなかでの自分にとっての「良いもの」である。逆の方向からいえば、今われわれが論じているのは、「善とは何か」ということが問われる地平ではない。このようなさまざまな関係を取り込んで、すべての情念を説明する概略的システムを作るという試みならば、羅列から順序立てた感情の全体的配列へと進むことの意義を認めることができるであろう(3)。しかし、ここで羅列を示して見せたのはその準備のためではない。デカルトに範を求めて感情の全体的配列の解明を目指すのではなく、私たちの日常生活のどれほど多くの局面が、感情にかかわっているのかということを示したかったからである。

繰り返しにもなるが、その都度その都度確認することが求められるであろうから、身心関係についても述べておく。「脳内の或る部分の或る種の活性化」を必然的な事象として割り出すことはできない。なぜならば、心の喜びの感情が起こらなければ、この活性化もあることにならないからである。測定の結果、次第にこの両端が時間・空間的に狭められ、両端の揃う確率が高まれば、「脳内の或る部分の或る種の活性化」が測定される場合に、被験者は大抵は喜んでいる、というところまでには至るであろう。しかし、両端の対応づけは身心合一体としての「私」に支配されている。「私」は嬉しくとも、喜んでいても、それを隠すことができる。その場合に、「私」の脳に一定の活性化が見られたとしても、観察者が言えるのは、「あなたは喜んでいるはずです」ということまででしかない。それを越えて観察者が「あなたは喜んでいる」と断言するならば、それは単なる人権侵害である。つまり、観察者は被験者を「人」と看做していないことになる。身心二元論という問題は、先に見たように、どのようなパラダイムを構築するかということが問われる問題である。ここに、この点が如実に表れる。「脳内の或る部分の或る種の活性化」と心の「喜び」を区別できないということは、心についての語り方を不要にし、隣の人から行為における偶然性を奪うことである。「あなた」は「あなた」の行為がすべて決定されていると考えている人と付き合いたいだろうか。何をもって「人」と看做すのかが問われなければならない。もし、「あなた」が「私」には偶然的に行為する余地がない、と考えているとしたならば、「あなた」は「私」を殺して平然としている人であろう。いや、平然としていることが必然なのか、良心の呵責を感じることが必然なのか、「あなた」が決めないとしたならば、それでも「あなた」は自分を「人」と思うのだろうか。

感情はこのように人間社会と「私」との関係の反映であるのだから、日常生活のなかでわれわれが感情にかかわることが多ければ多いほど、それだけいっそう感情から由来する思いの歪みが生じるであろう。そして、この歪みは妄想であり知的狂気ではない。それゆえ、知的狂気と妄想とを区別するときに思いを感情から引き離すことが重要になる。私たちは普通大抵は、喜んだり悲しんだり怒ったり憎しんだり驚いたりしている人間である。

第四節　想像力ないし想像の引き離し

第四に、想像力の問題がある。対象認知という局面での「想像力ないし構像力 imaginatio seu phantasia」は、たとえば、一七世紀初頭のエウスタキウスの主著（一六〇九年）において「内的感覚 sensus internus」の一つとして挙げられ、現にある事物の像を受け取り、その事物が眼前からなくなってもその像を保持し、それを組み合わせる働きであるとされている。(4) これに六年先立つデュプレックスの著作（一六〇三年）では、「構像力ないし想像力 phantasie ou imagination」は、外的感覚からやって来る事物の像だけではなく、「実際にはない、ありえない無数の他のものの像 une infinité d'autres qui ne sont et ne peuvent estre」も表象するとされている。ここからこの当時も、想像力は受け取った像を保持するだけではなく、想像上のものを描き出す働きとして捉えられていたことがわかる。デュプレックスの挙げている例には、「別個の諸世界、真空、巨人」、「尺度を越えた巨像」、「恐るべき悪魔」、「キマエラ」などが含まれる。(5) デカルト哲学においては「想像力」は空間を開いて物体を思い描くという働きを基軸に据えながら、知性の制御の下を外れた想像力は根拠のない思いなしとして否定的に捉えられることがある。(6) それとともに、これら「幾何学的想像力 imagination géométrique」と呼びうる働きとともに、「経験的想像力 imagination empirique」と解釈される働き方も認められる。後者の働きは身心合一体としての「私」が物体的・社会的世界とのかかわりのなかでの現状とこれから生じることを捉えようとする働きとされる。(7) この二つの想像力という観点からスピノザ哲学における想像力について見るならば、そこにおいてもこの二つの側面を看て取ることができる。とりわけても「経験的想像力」は『エティカ』「第二部定理四〇」「第二の備考」における「第一種の認識」に相応するであろう。[8] また、『知性改善論』「第一八節」から「第一九節」に述べられている「知覚の様式 modi percipiendi」のうちの、最初の二つのものになるであろう。[9] この二つの箇所に共通に「漠然とした経験 experientia vaga」という概念が見出される。前者つまり「幾何学的想像力」についてはは『エティカ』「第一部定理一五備考」における「量を想像する」という表現と、そして一六六三年に書かれたとされる「書簡一二」において「量（的尺度）、時間、数」を「想像することの様態」とする点に関係づけられる。スピノザは『エティカ』「第二部定理四〇備考二」において「知性による秩序づけなし」には想像力は誤謬の原因だとする。想像力に知性による制御を求めるという点はデカルトと共有している。

マルブランシュ『真理の探究』「第二巻」は「想像力」の説明に割かれている。それによれば、想像力には意志の指令である「心の能動的な想像力」と動物精気の強制による「身体の受動的想像力」があるとされる。[10] この巻でマルブランシュは、脳の変化と関連づけながらさまざまな想像力の働き、子供におけるそれ、女性におけるそれ、男性におけるそれ、老人におけるそれなどについて述べているばかりか、読書に由来する想像力、そこから生じる学者の陥る誤謬、テルトゥリアヌスとかセネカという個人の想像力にまで説き及ぶ。だから「われわれの感覚がもたらす幻想、われわれの想像力がもたらす幻視 vision と、他の人たちの想像力がわれわれの精神に刻む印象から少しずつ解き放たれるように心掛けよう」。われわれは身体への依存を介してもつことになる「不分明なすべての観念 toutes les idées confuses」[11] を投げ捨て、「明晰で明証的な観念だけ les idées claires & évidentes」を受け入れるようにしよう。このためには身体から蒙る想像力を意志が押さえ込まなければならない。魔術師などの行いはそれのない「想像力の甚だしい逸脱 si grand déréglément d'imagination」とされる。[12] この著作において想像力は身体と結託して働き、意志によって抑制されるべき何かである。この点についてより詳細な意義を検討する余裕はないが、少なくとも想像力が身体的受動的な働きであるにもかかわらず、意志の働きとして能動的と呼ばれうる局面をもたされていることに気づく。意志の指令である想像力も、身体から蒙る想像力も「無差別に想像力と呼ぶ」とされる。(13)

デカルト、スピノザ、マルブランシュは身心を区別する立場に立っている。彼らにとって想像力は身心の両側からの解明を要する主題である。スピノザの場合には想像力に関する生理学的検討の余地はないが、しかし、量化を想像力の働きに帰しているということは量化が物理的空間を想定せざるをえないことを考えれば、やはり、広がりが思いに転換されるときの、並行論という構えでは認められない接点の近傍を想像力が担っているということになる。また、スピノザ哲学における「漠然とした経験」の実質をなすと解される想像力は知性に制御されなければならず、マルブランシュの言う想像力は意志の制御なしには野放図にどこまでも拡張してしまう。そしてとりわけてもマルブランシュにおいてはこの野放図さは身体と身体を介した外界からの影響の結果である。しかし、現代の哲学において、想像力は身体との関わりを失い、現にないものを表象する能力と考えられることになるであろう。たとえば、サルトルは『想像的なもの *L'imaginair*』（邦訳では『想像力の問題』）で「「私はピエールの或る像 une image をもっている」と言うことは「私はピエールを見ていない」だけではなく、「私は一切何も見ていない」と言うことと等価である」と書いている。(14)この「像」が想像されるのであれば、想像された「像」である「想像的意識 conscience imageante の志向対象」は、あるいは「その場にないもの」、あるいは「非存在なもの」、あるいは「まったく措定されていない」かのいずれかであるとされる。(15)「想像力」はここにおいて制御されるべき力であることをやめ、むしろ「意識の本質的で超越論的な一つの条件」(16)とされる。「想像力は意識に後から加えられた経験的な一つの力能ではない。意識が実象化するかぎりにおける意識のすっかりすべてである」[17]。想像力は、人間がそもそも自由であることの証であるかのように論じられる。サルトルは『想像的なもの *L'imaginair*』に四年先立つ『想像力 *L'imagination*』（一九三六年）において一七世紀哲学以来の「想像力」理論について批判的検討を行い、フッサールにまで至る。一七世紀哲学における想像力と身体との関わりは捨て去られる。そのようにして「想像力の現象学的心理学」的探究である『想像的なもの』へと移って行く。ここには身体の生理学が果たすべき役割はない。おそらくは、想像力と身体との関連は「素朴な存在論 ontologie naïve」に属するものとされたのではないだろうか[18]。ここには制御をするための弁としての知性との区別もない。想像力は意識の本質としての位置を占める。それにしてもなぜ、想像力に「ないもの」の創造を期待することになったのであろうか。このことと知性の積極的な関与のなさとは関連しているであろうか。上で見たデュプレックスも想像力に野放図な拡張を見ていた。彼は当該の箇所でこの野放図さを制御する仕組みを示してはいないが、「哲学者たちと医者達」に共通な見解として、「構像力、想像力、思いの座は脳の内側の部分である」としている[19]。彼によれば、身体の「物理学」を知ることはまた想像力の働きを知ることにもなる。そういう点で「物理学」は想像力を制御する仕方も教えてくれるであろう。この点はエウスタキウスの先に引用した書物についても同じである。このように考えてくれれば、身体という支えを失ったときに、想像力と知性との区別がわからなくなるのは当然の結果と言えよう。それとともに身体を介して外界に開かれていた想像力が知性化されることによって、妄想と知的狂気の区別が見えなくなる。「意識」が器官なき思考として野放図なものになり、制御の機構が失われる。このことは想像力の固有な働き方としての形象化と、知性の働きとが混同されるということをも引き起こす。かくして「制作 poiesis」と「思索 theoria / comtenplatio」の違いも見失われ、思考そのものの貧困化を招くことになる。なぜならば、想像力の働きが身体を介して外界から素材を受け取り、それを組み替えて独創的な形態を生み出すことから疎遠になってしまうからである。素材の備給路が断たれるのである。それとともに知性の能動性、つまり、思うことがそのまま思われであるという把握が欠落することになる。この大きな流れを「構想力（Einbildungskraft ＝想像力）」（引用における括弧内の付け加えはわれわれの用語との連携のために村上が付け加えたものである。以下においても同様である）、つまり、〈像を形成する力〉というドイツ語表現に着目して、カント『純粋理性批判』第一版（一七八一年）から第二版（一七八七年）への書き換え、これについてのハイデガー、そして三木清の批判的検討というよく知られた哲学史的流れを追っても、上記のこと以上に何かが見つかることはないであろう。しかし、大筋だけは述べておくことにしよう。『純粋理性批判』の第二版には次のように述べられている。すなわち「構想力とは、対象が現前していなくても、対象を直観において表象する能力のことである」[20]、そして「感性に対する悟性（Verstand ＝知性）のはたらきかけ」としてのかぎりで「構想力は超越論的総合でなければならない」、と。この構想力を、それが「自発性であるかぎり」で「産出的構想力 produktive Einbildungskraft」と呼ぶ場合があり、そのことによって「再生的構想力 reproductive Einbildungskraft と区別する」とも記されている。[21]「第一版」ではそれと異なりわれわれは「或る純粋な構想力 eine reine Einbildungskraft」をもち、それは「人間のたましい（Seele ＝心）の根本的能力であって、その能力がすべてのア・プリオリな認識の根底に存している」とされていた。[22]先に見たように「第二版」ではこの構想力が悟性（知性）の感性（感覚）に対する働きかけとして表現されている。これがハイデガーと三木によって構想力の地位低下と批判されている事態である。[23]このハイデガーの解釈を受けて、三木清は次のように記している。カント『純粋理性批判』の第二版では、構想力は「殆ど抹殺されようとさえしている」[24]、と。このハイデガーによるカントへの批判（一九二九年）と三木の批判（一九四六年）との、年代的には間に位置するサルトルの『想像的なもの』（一九四〇年）における想像力の捉え方を参照するならば、サルトルが人間の意識にとって本質的な働きとして想像力を捉えようとしていることがわかる。この三者に共通の方向性を、想像力に「ないもの」の創造を期待するというように表現できる。カント認識論における「構想力（想像力）」の役割について論じることはできないが、「再生的」と「産出的」という区別は、感性（感覚）、構想力（想像力）、悟性（知性）という認識能力の区分とともに、われわれが垣間見た伝統的理解の行き着く先として想定されることである。しかし、この構想力（想像力）が認識の条件として「超越論的総合」という役割を果たすものとされるかぎり、「第一版」のように知性と感性から独立の働きとして捉えられるとしても、素材は感性から提供されるのであるから、これを逸脱することはできないであろう。また、「第二版」のように「感性に属する」[25]とされるとしても、やはり同様であろう。カントの概念としての「構想力（想像力）」は放逸な、野放図な内容を創造するというわけには行かないであろう。言い換えれば、妄想を知的狂気から区別する指標をここに探すことはできない。

さて、ラテン語の"imaginatio"（イマギナティオ・想像力・想像）に戻るならば、この語が使われる場合には、核心に対象の「イマーゴ」（似像・似姿）を受容する、あるいは、受容された「イマーゴ」を合成、変形するということがある。想像力はそういう仕方で対象とのかかわりをもつ。要点だけを繰り返して言えば、「イマギナティオ」という語の基本には対象と類似した形を受け取り、それを表象する能力ということがある。このことをわれわれの課題に適用してみるならば次のようになる。すなわち、物体的世界の本質を広がりとし、精神的世界の本質を思いとしているのであるから、想像することの核心には、形が成立するための空間性を思いの側から開披すること、つまり、広がりとして何かを思い描くということがある。たとえば、何らかの形を思うということである。何でもよいのであるが、たとえば、三角形を思い描くとき、その同じ働きによって物質世界、つまり、広がりの世界が思いの世界のなかに開かれる。繰り返しになるが、三角形を思い描くということが示しているのは、そのうちに三角形が含まれている空間が開かれるということである。以上を、一言でいえば、想像するとは形象化するということである。ものごとを想像しないということは形象化しないで捉えるということである。たとえば、海のない世界を想像するとは、海なしに世界を表象すること、つまりはそのような世界を形象化することである。数字の3を想像する場合には、「三」が文字形象としての「三」として表象されている。悪のない世界を想像するときに、精確に想像しようとすれば、悪人のいない世界を想像することになる。それゆえ、形なしの「三角形」は知性の捉える三角形ということになる。このように、形象化をしないで事柄を捉えれば、想像力を使わずにすむことがわかる。われわれの言う「想像力」は、身体に刻み込まれる印象と連動する受動的可能性と、形象化の働きとして野放図に破裂する能動的可能性とをもっている。

第五節　しようとして為すのは、私以外の何ものでもない

感情は人間社会と「私」との関係を反映している。何かを反映している限り、その反映が本当かどうか、妥当かどうか、正しいかどうか、このような問題を含んでしまう。これにともなって良い、悪いという観点も一緒に含まれる。ここでも妄想の可能性が生じる。思いが感情によって歪められていないかどうか。言い換えれば、妄想なのか、妄想から離れた思いなのか。これを見分けるために、上に挙げたような感情語への着目が役に立つ。感情語が、メタレヴェルではなく登場している場合には、思いが感情によって歪められている可能性が高

いと考えることができる。たとえば、単純な例になるが、「Aさんはこんなことをしたけれども、それにはとても腹が立った」と言われる場合に、「腹が立った」という表現は、「Aさんはこんなことをした」というAさんの行為についての話者の思いに歪みが加わっていると疑う理由になる。メタレヴェルでの使用というのは、たとえば、「「怒り」は精神作用の一つである」と言われる場合の、「怒り」がそうである。感情語が使われていなくとも、思いが感情によって歪められていることも多いであろう。その場合には、人間関係において多くのことを経験した、あるいは、可能的に多くを経験した分析者を必要とするであろう。精神科に通っている患者が「昨日は薬だってちゃんと飲んだよ」と発言するならば、状況によってさまざまであるが、この発言者の薬に対する抵抗感だけではなく、担当医・担当の看護師との関係、或る場合には、昨日の行動にいつもとは異なる何かが潜んでいると言いたがっていること、などなどが解釈の項目として浮かんで来るであろう。「私は昨日いい話を思いついた」という発言だけならば、必ずしも人間関係を探らずに、この発言を解釈することもできよう。しかし、「私は昨日いい話を語って上げた」と言われるならば、人間関係の反映を見逃すことができなくなる。身心合一体としての「私」を主語に立てる場合に、この発言における感情の混入が警戒されることになる。妄想と知的創造とを区別するために、感情に由来する歪みを識別することはかなり困難かもしれない。しかし、このような視点をもつだけでも分析の結果は異なるであろう。

想像力と妄想とのかかわりは次のように考えられる。想像力は形象化能力として捉えられている。この能力が行使されていると解される場合に、それだけならば、表現されていることが妄想ということにはならない。この場合には、何らかの実象、現実などと突き合わせて、そこに不一致を見つけて妄想であるとする。形象化能力としての想像力が作動すること、それ自体が妄想の徴表になるわけではない。たとえば、「座敷童《ざしきわらし》が現に今、目の前に実在する」という発言は、感覚異常にかかわる。座敷童というのが普通の子供ではなく、もっと頭が大きいと言い張る場合には、一つの形象化がなされている。そのこととその形象化が通常の形象化と異なるかどうかとは別のことである。通常ではとても構想されない形象を思い描いても、それだけでは妄想にはならない。そのように形象化されたものが、現実世界に実在すると主張されたときに、その形象化されたものは妄想と言われる。誰も考えたことのない形象を、絵画として描き出しても、それは妄想ではない。その絵画に応じるものが実在すると主張すれば、その主張は妄想を構成するであろう。また、その絵画に意味づけがなされ、描き手の人間関係が感情として反映されていることもあろう。そのように想像力の働きが感情と混じり合って妄想を現出するということもある。しかしながら、どのように新奇な形象であれ、それだけでは妄想にはならない。なぜならば、それが妄想であることの理由は、当の図像が珍しければ珍しいほど、それだけいっそう見つからないからである。新奇であればあるほど、何からの逸脱かということを摑むことが困難になる。あらゆる点から見て新奇な図像は妄想という値を結実しない。ここから言えることは、感覚と感情を拭い去った想像力の産物は妄想ではないということである。逆に言えば、このことは形象の創造的産出ということの可能性を示している。「創造的想像力imagination créatrice」の可能性である。音も、結局のところ、波長として空間化できると考えるのならば、音楽、絵画は想像力の創造的使用によって産出されるということになる。この創造性は、形象化される、言い換えれば空間化されるので、安定性をもちやすく、また、形状にかかわるので、公共性・客観性にも馴染みやすい。それが何からの逸脱かわからなくても、形状相互の〈ずれ〉として見分けるのには容易であろう。しかし、われわれが求めているのは、想像力の行使によって産出されるこのような形象にかかわる〈ずれ〉ではない。知性の行使によってのみ生み出される〈ずれ〉である。

こうして知的創造性に近づく手立てが見えてきた。思いを、感覚と感情と想像力から引き離すことがそれである。物体的世界との繋がりでもなく、人間関係でもなく、形象化でもない。そのような器官なき思考が知性の領域である。そこに〈しようとして為すのは、私以外の何ものでもない〉という「私性」の根幹をなす意志が見出される。「私性」が作動されて思うことが思われるという事態が生起する。これは所謂「意識の反省的構造」のことではない。措定的意識と被措定的意識、反省的意識と自発的意識などという区分を持ち込んでいるのではない。知ることは、この〈しようとして為すのは、私以外の何ものでもない〉という「私性」の発動の〈ずれ〉である。何からずれるのか。ここにはずれることを測る尺度はない。そうではなく、「私」が思うその思うことが〈ずれ〉である。「同一」でも「差異」でもない。知ることとは、感覚も感情も想像力も含まれていない〈ずれていく思い〉である。「思うこと」が〈ずれ〉であるということは「思うこと」が〈在る〉ということである。総称的に言えば、思うことは無から存在へのずれである。「思い」という総称的表現から感覚、感情、想像力を引き離し、純化させて言えば、「知る」ことが無から存在への〈ずれ〉である。〈しようとして為すのは、私以外の何ものでもない〉という「私性」の機制に則って言えば、「知ること」は「私」における無から存在へのずれである。知ることがそのまま知られるものであるとは作用がそのまま〈ずれ〉としての受容であることを示す。これが「私」における創造の次第である。知ることは知られたこと、つまり、知の内容であり、それが〈ずれ〉として存在を生み出しつつ流れる。そのようにして知られたことは「在る」、つまり、存在する。無ではない。無ではないのであるから、知られたことについて理由を問うことができる。知られたことが無であるのならば何も始まらない。これが「知ることから存在へ a nosse ad esse」（R. Descartes, AT. VII, p. 520）と進む形而上学における存在の起源であり、「コペルニクス的転回」を真に仕上げるために欠かせない存在の原初である。さらに言えば、ここに自我論的眺望から捉えられた存在の姿が見出される。この「存在」が宇宙論的眺望から捉えられる「実在」とどのように連なるのか。この連なりを発見するためには「超越」について語らなければならない。それはまたそれである。ここから妄想を見直してみるならば、妄想は、感覚か感情か、あるいは、その両方によって歪められた思いであり、その二つの事態が持ち込んでしまう受動性ゆえに、〈しようとして為すのは、私以外の何ものでもない〉という「私性」の機制が危機に直面しているという事態である。以上で得られた成果を、次に「シュレーバー症例」に対するフロイト、ドゥルーズ＝ガタリ、ラカンの評価を参照にしながら、妄想＝狂気と知的創造＝知的狂気とを識別する仕方について考えて行こう。

註

（1） この「縮約」という概念の適用については本書「第Ⅱ部第三章、第四章」においてさらに論述される。

（2） ここで、われわれが« Admiration »（驚き）を感情（情念）に含めるのは、いわばストア的な「前感情」としてすべての感情の引き金になるからである。Cf. D. Kambouchner, *L'homme de passion*, pp. 237 -238 *etc.*

（3） これら感情と身体的状況の変化との関係については現状では、われわれが上記のような感情を抱いているときには、脳の何らかの部分が活性化しているであろう、と述べるにとどめる。感情表現の規定された細分化と、脳における活性化部分の細分化、活性化のありよう、これらについては、脳生理学者と心理学者（あるいは、文学者）をも含めた多くの研究領域の共同作業が要求されるであろう。「感情」の解明には、脳だけではない身体的変様、および、心の変様だけでもなく、身心合一体としての人間の社会的関係をも含めた研究が要求される。要するに、感情の仕組みを明らかにするには、「私」を人間として捉えながら、精神と身体という二つの視点から考察しなければならない。心の独自性のわからぬ、そして、結局のところ身体としてしか患者に応答できない精神医学者も、心の仕組みを物理的出来事として解明できるという怠慢を自己の存在理由としているような脳科学者も、複雑な感情の揺れ動きを隠し込んでいるという点では同断である。

（4） cf. Eustachius a Sancto Paulo, *Summa Philosophiae quadripartita, de rebus Dialecticis, Moralibus, Physicis et Metaphsicis*, Paris

1609, p. III, trac. III, disp. III, qu. 3, qu. 5, qu. 7 & qu. 8.『感覚する人とその物理学』三一六頁から三一九頁参照。

（5） S. Dupleix, *La physique ou science des choses naturelles*, 1603, art. 5, pp. 615-617.

（6） 『感覚する人とその物理学』九七頁以下参照。

（7） D. Kambouchner, « Descartes et le problème de l'imagination empirique », dans *De la phantasia à l'imagination*, sous la direction de Danielle Lories et Laura Rizzerio, Peeters, 2003.『感覚する人とその物理学』二五二頁参照。

（8） B. Spinoza, *Ethica,* in *Spinoza Opera,* t. 2, herausgegeben von C. Gebhardt, 1925 & B. Spinoza*, Éthique*, Traduit par B. Pautrat, Éditions du Seuil, 1999.

（9） B. Spinoza, *Tractatus de intellectus emendatione*, in *Spinoza Opera,* t. 2, herausgegeben von C. Gebhardt, 1925, Spinoza, *Traité de la réforme de l'entendement*, Introductionm, texte, traduction et commentaire par B. Rousset, J. Vrin, 1992 & Spinoza, *Traité de l'amendement de l'intellect*, Traduit par B. Pautrat, Édition Allia 1999. Epistola XII, dans *Spinoza Opera,* t. 4, pp. 52-62. Cf. Spinoza, *Tractatus theologico-politicus*, dans *Spinoza, Œuvres* III, pp. 115-115. また、『感覚する人とその物理学』二五二頁、および二六九頁から二七二頁参照。

（10） N. Malebranche, *De la recherche de la vérité*, L. II, p. I, ch. 1, II, p. 193.

（11） *op.cit.,* L. II, p. 3, ch. 6, II, p. 378.

（12） *op.cit.,* pp. 370-376.

（13） *op.cit.,* L. II, p. 1, ch. 1, II, p. 193.

（14） J.-P. Sartre, *L'imaginaire*, Gallimard, 1940, p. 32.（平井啓之訳『想像力の問題』人文書院、一九五五年、二九頁）。

（15） *Ibid.*

（16） *op.cit.*, p. 361.

（17） *op.cit.*, p.358.

（18） J.-P. Sartre, *L'imagination*, PUF, 1936, p. 5.

（19） S. Dupleix, *op.cit.*, p. 618.

（20） I. Kant, *Kritik der reinen Vernunft*, 1781 / 1787, Felix Meiner, 1956（熊野純彦訳『純粋理性批判』作品社、二〇一二年）B 151,

熊野一七二頁。

(21) *op. cit.*, B 152, 熊野一七四頁。

(22) *op. cit.*, A 124, 熊野一八五頁。

(23) M. Heidegger, *Kant und das Problem der Metaphysik*, in *Gesamtausgabe*, I, Bd. 3, Vittorio Klostermann, 1991, S. 197.

(24) 三木清『構想力の論理』『三木清全集 第八巻』岩波書店、一九八六年、三七三頁以下。

(25) « so gehörtdie Einbildungskraft ..., sur Sinnlichikeit », Kant, *op.cit.*, B 151, 熊野一七四頁。

第三章　方法の適用としてのシュレーバー症例

第一節　フロイト（歪曲）

「妄想 délire」と知的狂気との区別を見つけ出す方法の適用例として、「シュレーバー症例」について考察を加える。シュレーバー症例とは二〇世紀「最大の古典的なパラノイア症例」とされるものである(1)。ダニエル・パウル・シュレーバー（Daniel Paul Schreber, 1842-1911）本人によって『或る神経病患者の回想録』として記された内容がそれである(2)。フロイトはパラノイア患者を自伝的記述に基づいて分析できることの理由を次のように記している。すなわち、他のタイプの神経症とは異なって、パラノイア患者が「ひそかに隠しもっている秘密を」「はっきりと漏らすという特性もっていないならば」、「パラノイアの精神分析的研究などそもそも不可能であろう」、と(3)。一度も会ったことのないシュレーバーが書き残した回想録を手懸かりにパラノイアの精神分析的研究が可能になるのも、パラノイアの自らの思いを晒らけ出すという特性によっている。フロイトの纏めを利用すれば、シュレーバーは四二歳の時に最初の発症をし、五一歳の時に二度目の発症をし、六一歳の時に回想録を出版した(4)。われわれがこのシュレーバー症例に着目するのは、もちろん精神分析をするためでもないし、また、シュレーバーの記述のなかに創造性のしるしを見出そうとするのでもない。われわれが求めているのは逆の面である。

すなわち、どのような点でシュレーバーの述べていることが知的創造性の表現ではないのかということを、幾つかの点に着目しながら示すのがわれわれの目標である。フロイト、ラカン、ドゥルーズ＝ガタリによってなされた分析はパラノイア、つまり、妄想性精神疾患の病理的な証を求めている。われわれは彼らの目指しているところの裏側を求める。彼らの分析をいわば鏡の前に置きながら、その鏡に映らないものを探す。

フロイトによればシュレーバーの病気を全体的に見ると「神に対する人間シュレーバーの闘争として把握される」(5)。その根底にあるのは、「リビドの離断 Ablösung der Libido」、逆に言えば同性愛的「リビドが爆発する」(6)ということである。ドゥルーズ＝ガタリはこれを医者のフレクシッヒという人物に対する「同性愛的リビドの昂進 poussé de libido homosexuelle」(7)と表現する。妄想はフレクシッヒに対するものから、神についての妄想へと飛躍して行く。この「妄想形成 Wahnbildung は、実際には回復の試みであり、再構築なのである」(8)。精神分析家はこの「ひどく逸脱してしまった思考形成」である「妄想 Wahn」を取り上げる。その場合に、この妄想を「きわめて一般的で概念的でもある（ごくありふれた分かりやすい）心的生活活動から現れてくるものだと推測しつつ」、分析家は「このような奇妙な形成の動機と道筋とを知ろうとする」(9)。われわれはフロイトによる分析を辿ることをしない。というのも、妄想の形成過程とその精神分析的意義ではなく、妄想と知的狂気（純粋な知る働き）とがどのように識別されるのかということが課題だからである。そのためにフロイトの記している妄想の形成に関する指摘から幾つかの示唆を汲み取ることにする。

われわれが析出した点と相関させれば次の点が看て取れる。第一に、感覚知覚の意味論的歪みである。たとえば、フロイトは次のように分析している。「パラノイア患者は外的世界を知覚しているのであって、外的世界の変容について自分なりの釈明をほどこす」(10)。感覚知覚と区別される感覚という点で逸脱が生じてしまっているのではなく、感覚知覚、言い換えれば、言語化されている感覚における「外的世界」との関係に変形が生じている。この点での「高度の抑圧」があっても、だからといってパラノイア患者が「外的世界」に対する関心を「完全に撤収してしまっているとは言えない」[11]。言い換えれば、この妄想において感じられているままが「外的世界」であると思われてはいないということである。第二に、感情の歪みである。たとえば、「神が自分との光線結合を解除しないであろうかという不安に満ちた心配が患者を支配し続けていること」[12]がそれである。そもそも「リビドの離断」、「リビドの備給」と言われていることの症状、たとえば、被害感であれ、異性への愛であれ、同性への愛であれ、感情の表出である。記述されているかぎりのパラノイアとは、そうした感情の逸脱形態の言語表現ということになる。第三に、リビドに裏付けられた想像力の拡張である。さまざまな思いとその堆積が統御されうる配置を免れてしまい、リビドを抑圧しようとしてなされる抵抗が進んで「内的破局」に至る。この「内的破局の投射」としての「世界没落」[13]が生じ、それは「空想 Phantasie」を産出する。そして、その「空想との和解」[14]が計られる。そこでシュレーバーである「彼自身、第二の劣等なる人物の姿 Gestalt で存在していたが、その姿のまま、ある日、静かに去って行った」[15]と記述される事態が生じる。このことは自分をそのなかに含む「世界没落」が形象化を伴い、その形象化は「外的世界」と応答することが求められていないという類の形象化である。

残るところは、次の点に着目することである。シュレーバーは自分の神への対応を正当化しようとするが、それは「あらゆる弁神論 Theodicee と同様に尤もらしい理屈に過ぎない」[16]。シュレーバーによる神についての闘争の記述のなかに知性的な創造性を見出すことができるか否か、このことが問題になる。彼の語りの理論的に見た場合のほつれのありさまにわれわれは着目しなければならない。逆に言えば、妄想から、上記三つの契機を取り除いた場合にシュレーバーの神についての語り方、あるいは奇妙な「弁神論」はどのように捉えられるのであろう。

神と被造的である自分との関係を語ること、それは一つの「神論」を形成する。この「神論」が現実から隔離されて構成されているならば、その分だけ感覚知覚、感情、想像力が現実を歪めることも少ないであろう。もし、シュレーバーに知的創造性が見出されるのならば、この「神論」においてであろう。この点については、ラカンに学びながら考究するときにとっておくことにする。以上によって、妄想の分析においては、リビドの離断を動力とする「歪曲の動機と道筋」への着目が大きな役割を果たすのに対して、知的狂気はこれらへの着目から逃れるところに現れることになるであろう。われわれの求めている領域もそこ、つまり、フロイトの分析から逃れるところに探されることになる。

第二節　ドゥルーズ＝ガタリ（独一性）

一方、ドゥルーズ＝ガタリによれば、「フロイトは、シュレーバー妄想の政治的、社会的、歴史的な巨大な内容については一言たりとも触れていない」[17]。ドゥルーズ＝ガタリは、先にも記したように、パラノイアの症状を分析しているわけではない。彼らは、その源泉をなす、つまりは、人を突き動かすエネルギーの源としてのリビドに着目し、それが既に生産構造に組み込まれているとする。彼らによって狂気がどのように捉えられているのか、その点について、とりわけても「私」との関連についてみて行こう。フロイトの分析においては、あたかもリビドがこうした生産過程に関係がないかのように、「性的な議論」、「神話的な議論ばかりが喚起されている」[18]。彼らによれば、「統合失調症 schizophrénie」とは、社会的生産の限界としての「欲望的生産 production désirante」に他ならない。したがって、欲望的生産のように「統合失調症」は、「最後にあるものであり、最初にあるものではない」。この欲望的生産によって生成されるのは「実象（レアリテ）réalité」であり[19]、決して虚象ではない。リビドも彼らによれば、「諸欲望機械に固有のエネルギー énergie propre aux machines désirantes」[20]である。言い換えるならば、彼らが、「私」の意識のありさまを明るみに出すことによって、「私」でありながら〈あなたではない私〉という「私」に固有なありさまを、捉えるということはない。リビドはそのような位置におかれていない。同様に「欲望機械」も「私」でありながら〈あなたではない私〉を表現できない。ドゥルーズ＝ガタリによれば、狂気は「私」の狂気ではない。「私」のもとに見出される生産されたものである。それゆえ「狂気は狂気の限りでは最早実在しないことになる」[21]。彼らによれば、狂気が狂気として現れるのは、狂気が文化・学問から切り離され、それだけで常軌を逸していると看做される場合である。まとめて述べてしまうならば、彼らにとって、狂気を狂気にするのは、狂気の力ではなく、狂気をそれだけでどこにおいても成り立つ普遍的な過程として別個にしてしまうことである。彼らからすれば、普遍的な過程として別個にすることは狂気にとってみれば越権である。

たしかにこうした彼らの理論の意義は大きい。内在性の哲学の一般化として、人間の社会的個としての役割を取り戻すことになるからである。個が個のままでありながら全体との一義性を保っている。これによって社会の実相の半分に迫っている。しかし、この立場は、どのような個体化の原理であれ、個体化の原理が決して届くことのない〈私性〉を隠すとともに、意識のアリストテレス的捉え方の内に留まってしまうことを余儀なくされる。志向性分析は意識の半面を、つまりは動きが稔りである面を隠蔽してしまうが、それと同じように、内在性の哲学は意識の半面を見失う。その見失われる半分の核心をなしているのが〈私性〉である。この〈私性〉を、われわれは〈しようとして為すのは私以外の何ものでもない〉と規定しておいた。

われわれが明らかにしたいのは、このような個としての〈私性〉を離れて設定される、社会関係のなかに埋め込まれて、もはや狂気ではないと看做される「狂気」ではない。彼らの道具を借りて言うならば、「欲望生産」は到達点だけでも出発点だけでもないであろう。「統合失調症」は「社会的生産の限界」であるとともに、社会的生産の始まりとしての限界でもあろう。そうでなければ病気にはならない。病気とはほんらい身体を区切りとして個が個として蒙るものである。「統合失調症」は〈しようとして為すのは私以外の何ものでもない〉という機制をはじまりとして巻き込むと予想される。もちろん、シュレーバー症例の分析において「妄想の歴史的政治的内容 le contenu historique et politique du délire」[22]を見逃してはならないという点にわれわれが否定的なわけではない。われわれが近づいて行こうとしている知的狂気はそのような視点とは別のところに見出される。このことが肝心である。「欲望機械」のなかに入って行くことではない。ライプニッツの比喩を借りれば、「水車小屋」のなかに入って行っても、歯車とさまざまな機構があるだけで「知覚 perception」は見つからない（『モナドロジー *Monadologie*』「第一七節」[23]）。われわれのしようとしていることは、鏡に映ったものを消して行く作業に似ている。鏡から鏡に映ったものをすべて消し去ったときに、何が残るのか。映されたものはもうない。映すこともない。鏡はあっても、もはや鏡ではない。しかし、鏡は鏡ではないものとして鏡の痕跡を残す。そこに実象として残るのは、映すことではない、動き以外にはない。その動きは鏡に映ったものをすべて消し去るという仕方では捕まらない。ドゥルーズ＝ガタリがわれわれに与える助けは、〈そうではない〉という仕方で提供される。社会性と「私」とが浸透し合いつつも、〈しようとして為すのは私以外の何ものでもない〉その「私」の思いの動きを捉える。歴史的文化・社会性は思いの内容に浸透するが、文化・社会性を通して思いの動きが見えてくるのではない。この仕方で、ドゥルーズ＝ガタリの提起はわれわれの探究にとって、「私」の思いの動きを捉えるという点では阻害要因になる。しかし、もう一つ別の選択肢としてその有効性はいつもとっておかれる。

第三節　ラカン（了解可能性＝包括的把握の可能性）

ラカンは「パロールを台帳（記録簿）として dans le registre de la parole」シュレーバー症例の解明に向けての問いを立てる。フロイト的に探究する場合の唯一の方法がこれであるとされる。[24] その解明が向かうのは「要素的現象 phénomène élémentaire」である。[25] これ自身は「還元不可能 irréductible」な「構造化する力 force structurante」であり、[26]「要素的現象」はこの力によって生成されている。パラノイアにおいて求められるのはこの「要素的現象」の解明である。妄想は当該の「主体 sujet（被験者）」にとってはその意味表示が「完全に了解可能 parfaitement compréhensible」である。パラノイア患者について「理性的狂気 folie raisonnable が語られたり、明晰さと、秩序と、言おうとすることとが保存されていると語られることができたのは、この〈パラノイアという」現象のなかにどれほど入り込んでも、了解可能なものの領域にいるという感じがわれわれにあるからである」。[27]「その意味表示が了解可能だと思われている地平に生じる了解不可能な或る現象」が妄想として特徴づけられる。[28]

ラカンに従えば、このように、本人にとっては「自明でしかない」つまり、説明を要しないことが、本人ではない者にとってわかりそうでわかった気がしないという地平におかれている。そのような「要素的現象」が妄想のパロールであると言えよう。ここから見えてくることは、〈わかりそうでわかった気がしない〉ことのそれぞれの人の思いが辿る論理学が妄想の解明に役割を果たすということである。

この「了解可能＝包括的把握可能 compréhensible」という概念は決して新しい概念ではなく、古くから使われてきた概念である。この概念がもっている特有な意味合いは、「了解不可能性＝包括的把握の不可能性 incomprehensibilitas」という表現の哲学史的な使用に着目することを通して明確になる。その肝心要のところは「すっかりわかる」という点にある。それに応じてこれの否定形態である「了解不可能性」は「知っているがすっかりわかるわけではない」という点に核心をもつ。伝統的には、たとえば、有限的なわれわれも神の本質が無限性にあると知っているが、神の意図については、つまり、神が何を為そうとしているのかについては知らない、という考え方に示される。それをわれわれの日常に当て嵌めてみれば次のようになる。たとえば、われわれは他人の発言を聞いて、その発言の意味を理解するが、しかし、その当人が当の発言によって何を思っているのかをすっかり摑んでいるわけではない。発言をした当人の思いは、聞くものの理解をいつも溢れている。これを「私」と他人との間にある「包括的把握の不可能性」と呼ぶ。(29)

もっと噛み砕いて言えば、知っていてわかるはずなのに当人以外にはわからないということである。もっと精確に言い直せば、当人ではなくともすっかりはわからないが何かしらわかっている、知っている、ということである。もっと具体的に言えば、当の意味表示を当人に成り代わって説明することができないということである。きわめて簡単な例を示してみよう。「昨日、地下鉄の三田線に乗って白山まで行った」という発言はどのような人が語ろうとも同じ意味表示をもっている、と人はおおよそのところ思っている。また、「昨日、地下鉄の三田線に乗って本郷三丁目に行った」と発言されるならば、それなりの精神分析は可能かもしれないが、通常、表面的には、発話者の言い間違いである可能性が多いと思われている。「三田線ではなくて丸ノ内線でしょ？」とか「東洋大学に行ったのならば、白山ではありませんか？」などと、問うてみればよい。少なくとも、そのようにして了解可能になるという思いを、聞き手は抱く。しかし、「昨日、地下鉄の三田線に乗ってニューヨークに行きました」という発言は、聞き手に何らかの困惑を与える。これが妄想を示すパロールかどうかは前後の脈絡とか発話状況・発話者によるであろうが、この言明は聞く者を〈何かしらわかるがすっかりはわからない〉という問題場所（トポス）におく。これはとても平凡な例ではあるが、それでも、「了解可能という地平の上での了解不可能」ということの例にはなる。

われわれは感覚、感情、想像力から知性によって捉えられた内容（知解内容）を切り離すことを通して妄想から知的狂気を区別してきた。このことは、第一に、妄想が人々の間において初めて値をもつということを示す。身心合一体としての「私」が、宇宙論的眺望を視点として採れば、物質世界、人間関係、社会関係、形象化された世界という環境世界のなかにおかれたときに妄想が成立する。そのことを、第二に、自我論的眺望に立脚すれば、妄想は誰に対してでもないというように意志が発動される場合に生じることを示している。〈しようとして為すのは、私以外の何ものでもない〉という「私性」は妄想の成立のためにも行使されている。その「私性」の行使を判断という局面で捉えるならば、知解内容を肯定すること、ないしは否定するということになる。この肯定／否定という働きは上に述べた「世界」へと脱自することである。この「世界」への脱自を自我論的眺望に従って言い直すならば、〈しようとして為す〉動きが真理（ないしは公共知としての事実）を抵抗としてもつということになる。肯定するか否定するかということは真理（事実）を肯定において見出すのか、否定において見出すのかということである。[30] この限りでは「妄想」も「知的狂気」も思いが思われである動きという点では何らの差異もない。このことは両者の異なりが脱自における世界との対峙において生じることを示している。いっそう明確に言えば、肯定か否定か、そこに「妄想」と「知的狂気」との差異が生じる。ここに歪みが見つかるかどうか。このことが両者を分かつ徴表になる。思いが判断にもたらされるときの歪みがないということは、明証的な知解内容を肯定ないし否定しているということである。明断判明に捉えられた「である」ことを「である」とし、「でない」ことを「でない」とする。これが歪まないということである。しかしながら、明証的な知の動きとはどのようなことなのか。それはまたのことにする（本書「第Ⅱ部第四章」に記す）。

ここで為すべきことはラカンが用いている「了解可能」という概念を「妄想」と「知的狂気」との識別に適用可能なのかということである。ラカンの言いたいことを理解する準備として、わかりそうでわからない言説の例を挙げて分析してみよう。以下の例はラカンともフロイトともシュレーバーとも関係がない。われわれの拾い上げることのできた例である。

（一）「構造体が私にいろいろな蔑称を考案して、けしかけてきたりマスメディアを利用したりして攻撃してきてます。不特定多数からの攻撃なので「多数による悪は検挙しない」という検察の方針例もあることから、私も反撃のしようがなくて防御に徹しています」。

ここに言われていることはよくわかる。しかし、次の言説と比較してみよう。

（二）「ギターを買って部屋で弾いていた時期があり、デイケアでギター仲間ができた。その時の感じは人間関係を考えていたがそれがデイケアと一致して解けて行った。病気で元気だったと思えるようになったのは周りの人のアドバイスが健常者なので現実味があったことだ」。

（二）の方は、文章の構成と文意が曖昧であるために、あまりはっきりしない。しかし、この人が何を言いたいのか、自分なりの表現で言い換えてみることができる。ほとんど変わりないが、言い換えた文を書いてみよう。

（三）「ギターを買って、自分の部屋で弾いていた時期がありました。その時期にデイケアに通っていましたが、そこでギター仲間ができました。その当時には人間関係がうまく行かず、それが気になっていました。でも、デイケアに通っていることがその悩みを癒してくれました。このように自分が病気であるのに、健常者のように振る舞うことができていると思えたのは、まわりの人が健常者で、その人たちが現実に役立つアドバイスをしてくれたからです」。

（二）の書き換えを誰が試みても、おおよそこのように落ち着くであろう。しかし、（一）の方はそうは行かない。これ以上に説明しようとすると困惑を感じる。「構造体」とはどのようなものか、「蔑称」とはどのようなものか、どのようにマスメディアを利用するのか、などなどを自分なりに充填しながら説明することはできる。あるいは、被害妄想であると説明することはできる。しかし、どれほど言い重ねてみても、いつまでも本人ではないという隙間が残る、残るというよりも言い重ねるほどこの隙間は際立ってくる。そういう仕方で（一）は、他人による本人に成り代わった説明を拒絶している。読んだ者は「わかるのだけれども、わからない」と言いたくなる。これは妄想の特徴の一つであろう。

この「わかるのだけれども、わからない」という状態はテクストの解釈とは異なる。プラトンのテクストを解釈する場合であれ、アウグスティヌスのテクストを解釈する場合であれ、解釈者は自分が本人ではないということを利用しながら、本人に成り代わって思索を辿ろうとする。だからこそ解釈が可能になる。[31]（一）を分析したり、解釈したりすることはできる。しかし、その解釈とは、本人の言いたいことを明らかにするのではなく、本人の状況がどのようであるのかということに向かう。（一）の場合には、本人に成り代わろうとすること自体が拒絶されている。なぜだろうか。それは〈しようとして為すのは私であって、私以外の何ものでもない〉からである。この形式はどのような「私」であれ「私」に当てはまる。つまり、「他人」という位置に来る「私」もすべてこのような形式をもっている。だから、〈しようとして、為すのは私であって、私以外の何ものでもない〉ということは妄想の場合に当てはまるだけではなく、「私」の発言であるならばすべて当てはまる。だからこの形式をもって妄想の標《しるし》とすることはできない。その通りである。それでは「了解可能」ということに着目する場合にはどのようなことがわかるのか。「了解可能」という概念は、ここでは他人からの視点で使われている。つまり、宇宙論的眺望の下で使われている。そのように捉えてみれば、この「了解可能」、「了解不可能」ということが自我論的眺望からすれば、脱自、つまり、思われに肯定、否定というように意志を働かす地点で生じていることがわかる。もう少し突き詰めてみるならば、「了解可能」であるのならば、言い換えれば、すっかりとわかるならば、或る発言を通して「私」の思いがそのまま肯定されていると「私」ではない他人が受け取ることができる。そのように考えてみると奇妙な逆転に気がつく。というのも、上記（二）は、当事者である「私」の思いがそのまま肯定されていると看做すことができるのに対して、（一）の方は、そう解することを閉ざしてしまう何かにぶつかるからである。（一）の方が或る種の明快さを読むものに与える。（二）のように読み手が読み換えながら理解するという必要はない。（一）については、文章をそのまま受け取りながら、「わかるのだけれども、わからない」という思いが読み手に残り続ける。それは先に見たように「妄想」が人々の間において初めて値をもつという点で当然の帰結である。人々の間におかれなければ、妄想は妄想として通用しない。（二）が人々の間におかれるときに、言いたいことについてのさまざまな揺れを人々に与えることになる。ところが、（一）については、そのように言えない。人々の間においたときにその言説が揺れを生じないという点で、（一）は「妄想」ではない。言い換えれば、感覚、感情、想像力によって影響を受けた結果の「わからなさ」ではない。

「私」は「あなた」に成り代わって、「あなた」の思いを語ることはできない。これが「私」と「他人」との区別の根底にある事態、つまり、「私性」の根幹である。しかし、同時に、「私」は自分が〈しようとして、為すのは私であって、私以外の何ものでもない〉という地点で言説を紡ぎ出すならば、他人を拒絶することになるということを知っている。なぜならば、「私の思い」が意志の働きによって、肯定にも否定にももたらされていないからである。思いは、肯定する／否定することによって真偽の地平にもたらされる。言い換えれば、肯定／否定によって「私」は「あなた」ないし「彼女／彼」との、対立したり同意したりする場に入る。意志の発動は脱自の働きである。脱自とは他（他者の場合もあるが大抵は他人）と向かい合うことである。つまり、意志が固有にもつ私性を行使することによって、人々のなかの「私」という事態が成立することを「私」は知っている。「あなた」がいなければ「私」もいないとは、このことである。先のことと、このことを合わせて考えるとどのようになるのであろうか。「妄想」は脱自の局面を出発点にする。もし、（一）のような場合を知的「狂気」と呼ぶならば、知的「狂気」は脱自し損なった脱自である。思いが思われであるそのままを肯定している。思いを真偽という篩にかけていない。明証性という篩を通すならば、知的「狂気」は抑制される。ということは（一）のような例は「妄想」として扱って処理することはできないということである。

「妄想」の場合には、妄想を発する者においては、〈しようとして為すのは私であって、私以外の何ものでもない〉ということの発動が、抵抗体を探して彷徨う。その抵抗体とは何か。意志の動きが抵抗体を要するとはどのようなことか。「私」は自分の思いを肯定したり否定することによって、自らを脱する。つまり、多くの場合、他人に直面する。そのように自らを脱するということがなければ、つまり、「私性」が「他」という抵抗体に向けて自らを抜け出ることがなければ、「私性」の形式は知的「狂気」の成立条件になる。意志の発動、言い換えれば「私性」の行使が抵抗体としての他（他者と他人）との対立であるというように働かず、「私性」がそのまま露呈するような仕方で、言説が外化される。この場合には、他人に向かって肯定する、ないし、否定するという過程を経ていないために、他人が当人になってみるということが、そもそも拒絶されてしまう。この同じことを「あなた」である他人の側から見てみよう。「あなた」である「私」に視点を取るならば、「あなた」から見た「あなた」は「私」として意志を発動しているように見える。しかし、その言説が「あなた」である「私」にとって事態の記述としての役割を果たさない。きわめて不安定な表現をすれば、「あなた」の言葉が「私」に記述としての響きを伝えない。それを今度は発話者である「私」の側から見れば、「私」は何かを言おうとしている、つまり、〈しようとして為している〉、しかしながら、その働きが「あなた」という抵抗体をもっていない。先に見たように、抵抗体をもっていないとは、脱自が完成されていないということである。事実についての言明が成り立つ「私」と「あなた」の関係がどちら側から見ても〈希薄〉になっている。別の言い方をするならば、あたかも「私」は「あなた」に向かって語っていないかのようである。こうした事態を脱自の虚しい発散と呼ぶ。「私性」に戻り直して表現するならば、〈しようとして為すのは私であって、私以外の何ものでもない〉という形式をもちながら、さまざまに知り、さまざまに感じ、その思われを言葉を使って発する、しかし、その言表は真・偽という土壌の上になく、その結果、誰にとっても「わかりそうでわからない」。通常は、他人の言説について、相手に成り代わることができないという現実の上に立って、相手の言説が理解可能であるという想定をもっている。相手の言っていることはわかる。しかし、そのことを当人が了解しているように「私」がわかっているとは確信できない。〈しようとして為すのは私であって、私以外の何ものでもない〉という「私性」が抵抗体なしに現実化してしまう場合には、「わかるのだけれどもわからない」と言いたくなる事態が出来する。「私性」の発動が抵抗体に直面し、脱自が完成した場合に、何らかの言説には「妄想」の条件が整い、「私性」が現実的に発動されていることとして、その言説は理解可能になる。しかし、（一）の場合には「わかりそうでわからない」という気分が、それをどこまで追いかけても捕まらないという仕方で現れる。単なる多義性とは異なる。迷宮を秘めた、基準なき多義性である。（二）を構成しているのは、そのような言語である。或るテクストが多様に解釈できるということとは異なる。テクストの場合には物質として比較的安定して供給される物が出発点と到達点をなす。しかし、一切の抵抗体から解き放たれた知的「狂気」をそのものとして物質化して固定化することはできない。言説になったときには、既に「わかりそうでわからない」。知的「狂気」の場合の自明性は抵抗体と一切無縁であり、揺るぐことがない。それゆえ、他人が当該の「私」に向かってどのように「論理的に」説得しようとしても、その説得の場を「私」は逃れてしまう。というのも、「私」にとって「私」の思いの動きは思いの動きそのものでしかなく、それが「私」の論理だからである。そのかぎりで「私」にとってその思いの動きは明晰判明である。この思いの動きに変更をもたらすのは異なる思いの動きである。知的「狂気」が非論理的な言説のように見えるのはこのためである。その場合に「妄想」として対処するだけでは不足することになる。

第四節　ラカン（逸脱とずれ）

ラカンがシュレーバー症例を追求して行く道筋はもちろん上記とは異なる。彼によれば、シュレーバーの妄想は妄想の限りでは了解不可能である。そこで妄想を分節化する理論が必要になる。[32] ラカンはシュレーバー症例について沢山のことを語っている。そのなかには、たとえば、妄想には「唯一性 l'unité」と「或る多数性 une pluralité」が同時的に示されているという指摘も含まれる。このことはわれわれの表現によれば、「妄想」というよりも知的「狂気」に相当する。この点についての考察はラカンの分析を考える上で大事な役割を果たすと考えられるが、私たちが着目すべき点ではない。というのも、知的「狂気」として捉えられるシュレーバーの脱自し損なった脱自をわれわれが追究していないからである。逆に言えば、検討すべきは感覚、感情、想像力が脱自に際してどのように介入してしまうのかという点をわれわれが検討すべきだからである。「妄想」と「知的狂気」は「私性」の発動であるかぎりにおいて、同じく思いの動きである。それを知的「狂気」として個体性の間のこととして区別するのは、明証性の探究においてであり、そのことは後に（本書「第二部第三章」において）論じることになる。ここはそのことを評価する場ではない。かくして「妄想」と「知的狂気」との対比という点からわれわれは、ラカンの多くの指摘のうちの次の四点を取り上げる。

（一）「摂理 providence」に着目されていない、言い換えれば、神と「私」との応報関係が、シュレーバーの記述において逼迫《ひっぱく》したものではないこと、

（二）神についてのシュレーバーの教説が神話的言説のなかで語られており、それが現実離れしていることをシュレーバー自身が気にしていること、

（三）シュレーバーが「自由と必然」という伝統的な難問題を解決したと思っていること、

（四）シュレーバーの神についての教説は、哲学体系の断片を見ているかのようである、とラカンが述べていること、この四点である。

これらの点がわれわれの論究にとってどのような役割を果たしているのか。以下、このことについて述べる。

（一）摂理の不在については、フロイトもシュレーバー『回想録』の次の一節を引用している。つまり、「獲得された経験から未来についての一つの教訓を引き出すことは、或る属性が神の本質に内属するという事実から、

神にとっては不可能に思われる」[33]。つまり、神にとってさえ未来予測ができないのである。ラカンはシュレーバーが「摂理という役割の重要性」に頓着していないと指摘する[34]。「摂理」ということによって人びとは希望と不安の不確かさのなかで生きることを経験する[35]。にもかかわらず、シュレーバーはこの点にはこだわりを見せていない。このことについての分析は多様でありうるが、着目したいのは、神が全能であるにもかかわらず、われわれが為したこと・為すこと・為すであろうことに対して報酬も罰も与えない、とされていることである。このように通常の「神」概念から逸脱することによって、シュレーバーは「神」である他者によって罰せられない場所に自分をおく。このことは当該の逸脱が、知性の動きから生じる〈ずれ〉ではないことを示している。フロイトも、ラカンもそう考えているであろうように、これはシュレーバーによって思い込まれた或る種の人間関係から生まれる逸脱である。神に帰せられる欠陥[36]についても、同じ筋を辿ることができるであろう。「摂理」について拘泥しないということの逸脱は〈知的なずれ〉（知的「狂気」）ではない。言い換えれば、「妄想」の表現である。

（二）ラカンの指摘から抜き出した第二の点は〈納得感 sentiment persuasif〉に関わる。シュレーバーによって発話される「神」は生きた人間を知らない、とされる[37]。ということは神は「学ぶことができない inéducable」ということになってしまう[38]。言い換えれば、知らないことがありながら、経験を積んでその欠如を補い、さらに大きく成長して行くということが神には認められないということになる。全知全能でありながら知らないということについての、こうした説明を「シュレーバー自身もこの立論は少々凝りすぎ（詭弁的）であると考えている」[39]。とにかく経験を積んでも知識がふえないということが、人間に生じる事柄としては考えにくいのである。このことを逆から見れば、シュレーバーが自分の理論について人びとと同じような納得感をもっているということになるであろう。ラカンによれば、シュレーバーにとって「神の経験はすっかり言説である」[40]。その言説におけるシュレーバーの抱いたであろう納得感は人間関係（文化一般）につながっている。言い換えれば、自分の理論が人びとの考え方から逸脱しているのを本人が弁えているということである。この危い立論に対する正当化が、フロイトの言を借りれば、「すべての箇所で平板さと精神的豊かさ、安易な要素と新奇で独創的な要素とがひどい混合」によってなされる。(41) フロイトはまた、シュレーバーの神論は「あらゆる弁神論と同様に尤もらしい理屈 spitzfindig に過ぎ」ないとも述べている。(42) ここで肝心な点は、シュレーバーが、自分の教説が一般的に語られている教説、あるいは或る種の伝統的な教説などと異なっていると自覚している、ということではない。そうではなく、肝心なことは、自分の教説について、それが成り立ちそうであるとは、あまり思っていないという感じをもっていることである。言い換えれば、非納得感をもっているということである。自分の教説について、自分自身で実感をもてないような点が含まれていることを、自分で弁えている。以上から取り出せることは、要するに、自分の教説のほつれを正当化しながら、正当化ができていないと知っているということである。説明は足りないがゆくゆくは明らかにできる、あるいは、ゆくゆくは明らかにできそうであるというのとは違って、自分の教説のなかに自分でも納得できない点が含まれているのを弁えている。これは知的創造を体系化して行く場合には見られないことである。

(三) 第三の点は、自由と必然という伝統的な哲学的問題にかかわっている。神の全能と人間の自由についての「諸問題」は、「太陽そのもののように光り輝いて私に現れている」とシュレーバーは豪語している。(43) ラカンは、この「人間の自由 liberté humaine」あるいは「神による予測不可能性 imprévisibilité par Dieu」を「象徴的なもの le symbolique」（象徴界）と「実象的なもの le réel」（現実界）との落差において捉える。(44) これに対してわれわれは、知的狂気という点から異なる筋を見つけることができる。全知である神は未来を全般的には予測できないが、或る場合には予測し、「そのための或る十分な理由のあるかぎり」創造することができる。[45] シュレーバーがライプニッツ流の「十分な理由の原理 principe de la raison suffisante / Satz vom zureichenden Grund」を教説の基礎においていると看做されるわけではない。注目される点は、そうではなく、「神の或る全知は、絶対的完全性において、とりわけ生きた人間についてはまさしく存立していない」[46]というほつれの補いとして「十分な理由」が導入されることである。シュレーバーはこのことによって「神の全能がもつ人間の自由意志に対する関係」という哲学・神学的難問を解決したと考えている。[47] この問題は彼にとって「私のかつてもった最初のヴィジョン Vision の一つ」であった。[48] 彼の解決策は、神が全能でありながら人間よりも劣っていることに基づいている。「私がこのような優位性を主張するのは、たった一個の人間へと永続的で解き放ちがたく結ばれた神経接続 Nervenanhang が存立することによって、世界秩序と逆の状況が生じたという、そういう場合にかぎるのである」[49]。その場合にかぎり、神は「私」という人間に劣ることになる。この複雑な表現の論理的筋道を単純化してしまうならば、或る偶然的な出来事が必然的な性格をもってしまう場合にかぎり、自分は神より優れている、そしてそのような偶然的出来事が起こった、ということになる。そしてこの「たった一個の人間存在への一本の神経管による接続」は、もともとのところ当人にしかわからないことである。全知全能である神が、有限である人間よりも優位性において劣る場合があるという矛盾の正当化を、シュレーバーは、他の人にはわからないから反論もできない事柄に求める。神が人に向かって「神経接続を結ぶ」のである。それはシュレーバーの感覚を通してしかわれわれにはわからない。その時々の感覚内容が一人一人異なるということに基づいて神における「予定 prédestination」のなさが説明されたことになる。シュレーバーは、われわれの言葉の普通の意味において「ごまかしている」。この点で〈知的なずれ〉〈知的「狂気」〉とは異なる。原理的に他人にとって接近不可能な事象を証拠として用いることは〈知的なずれ〉に許されることではない。なぜならば、〈知的なずれ〉は知的であるがゆえに、感覚に依存しない内容を展開する。知性にとって他者は存在しても、他人との人間関係から受け取る感情が、感情の形相として（つまりは言語的内実として）ではなく、感情として含まれることはないからである。知的な動きは、「私」との関係における他人の思惑から遮断されている。それゆえに、知性は、他人による接近不可能性を自己の説の理由に用いることはできない。

（四）ラカンの指摘からわれわれの引き出す第四の点は、言説の体系性に関わる。フロイトはこの点について先に見たようにきびしい評価を下している。確かに、次のような奇妙なことが記されている。神は、無からの創造をしながら、自分の創造物に依存することになる。(50) また、一方では、「上位の神」と「下位の神」とは「神の全能という一性」があるにせよ、「異なった存在として」あり、それらは相互の関係において「別個の利己主義と別個の自己保存本能をもっている」(51)。他方では、この二つの神は、一つの「神」の二つの「姿 Gestalt / avatar」と考えられている。(52) これらは伝統的な神についての理説からすれば、ゾロアスター教とキリスト教の「混同」の上に成り立っているのかもしれない。しかし、それぞれの断片だけならば、それらを整合的に説明できないということではないであろう。その点ではラカンの印象の方をわれわれは受け取りたい。ラカンは次のように述べている。「神の知が人間の知の総和であるという考え方が、十分に厳密で十分に垢抜けのした様式で表明されているので、われわれは哲学体系のちょっとした切れ端を前にしているような印象をもつ(53)」、と。たとえば誰の哲学、と問われて、「スピノザ」と答える人もいるかもしれない。たとえば、神と神の創造物との関係をどのように設定するかということは、神の超越性をどのように捉えるかに依存する。「流出論」をモデルにしたり、内在性の哲学をモデルにして構想すれば、そのかぎりでシュレーバーの教説の一部は破綻のない仕方で説明できるであろう。そういう意味で、断片を見れば、見事な哲学体系の一部分であるかのように見える。しかし、繋がりを辿っていけば、何かしら辿れない点に至ってしまう。たとえば、二つの神が「個別的な利己主義と固有の保存本能」をもっているとされながら、何十頁か先で、これらの神が一つの神の二つの「姿」であるとされる。属性が異なることと様態が異なることとが混同される。一つの神が二つの神であることからほつれが生じる。断片を見れば見事であるが、断片相互を結びつけるとほつれが見える。この場合のほつれに関してシュレーバーは無関心に見える。上に見たラカンが指摘している「唯一性」と「或る多数性」の同時的な現れ（ラカンの言うところは「外」としての唯一性と様態としての多数性であるがそれ[54]）とおそらく同根の事態であろう。そしてその事態は言説外のことを援用しながら解釈されるであろう。シュレーバーの教説におけるこのようなほつれは、彼の言説を論理的体系へと組み直そうとする際に見つかる欠落である。ラカンによってスピノザの『エティカ』の体系が引き合いに出されるが、この体系にもほつれは見出されるし、見出されてきた。しかし、ほつれを見出す解釈者たちと批判者たちはいつまでも出現し続け、なくなることはない。そのようにして、この体系は彼らを呑み込んで成長し、『エティカ』は哲学的な立場を提供し続ける。ほつれが見つかることを通して『エティカ』の体系はいっそう豊饒さを現す。ほつれがスピノザの生活実態を理由にして解決されることがあるとしても、それは知的な営みとしての哲学とは別のことである。妄想を理解しようとする場合には、どうしても当該の妄想ではない何かを（たとえば被害感、多重人格、生活実態、生育過程等々のような、結局は言語外的な何かを）理解の手立てとして必要とする。しかし、知ることの動きの遂行が或る種の完成を見たものとしての哲学的言説の機制は、その機制に従うことによってほつれが見えてくるのでなければ、体系のほつれとして見出されることはない。こうしてわかることは、体系性、あるいは整合性のありさまが、知的体系と妄想とでは異なるということである。妄想は、当人の感覚、感情、人間関係などを項目の一環にして初めて整合性を見つけることができる。しかし、知的営みの整合性は当の知的動きを追いかけることによってしか試されることがない。言い換えれば、「明証性」は辿り直すことによってしか思いの〈身〉にはつかないということである。それゆえ、明晰判明な思いを、誰でもが同じく明晰判明な思いとして辿るかどうかを、〈予め〉という仕方で決裁することはできない。別の言い方をすれば、真理の基準が、経験の条件として経験を超えて普遍的妥当性をもつなどということはない。そのようなあたかも経験を超えることができるかのような超越論的方法は、結果として得られる形式が経験であるにもかかわらず、それを歪めることになる。その反面、明証性の後を追うことは、けっして自己移入を含むような「追体験 Nachleben」によって得られるのではない。求められるのは、感覚と感情を取り除いて論理を辿り直すことである。だからといってすべての人が同じ知的な動きをするということにはならない。そこに知的「狂気」という事態も見出すことができる。論理性も知的な動きに制約されているのである。

註

（1）ダーニエール-パウル・シュレーバー（尾川・金関訳）『シュレーバー回想録　ある神経病患者の手記』平凡社、一九九一年、石澤誠一による「解題」、三〇五頁。

（2）Daniel Paul Schreber, *Denkwürdigkeiten eines Nervenkranken*, Kulturverlag Kadmos Berlin, 2003. Daniel Paul Schreber, *Mémoires d'un névropathe*, traduit de l'allemand par Paul Duquenne et Nicole Sels, Éditions du Seuil, 1975, ダーニエール・パウル・シュレーバー（尾川・金関訳）『シュレーバー回想録　ある神経病患者の手記』。以下、これらからの引用に際して出典を、ドイツ語原典、フランス語訳、日本語訳の順に、「Schreber, G. / F.,　頁」のように示す。

（3）S. Freud, *Psychoanalytische Bermerkungen über einen autobiographisch beschriebenen Fall von Paranoia (Dementia Paranoides)*, in *Gesammelte Werke VIII : Werke aus den Jahren 1909-1913*, S. Fischer, 1945 / 1996, SS. 239-320（フロイト（渡辺哲夫訳）「自伝

的に記述されたパラノイアの一症例に関する精神分析的考察〔シュレーバー〕」『フロイト全集11』岩波書店、二〇〇九年／フロイト（小此木啓吾訳）『フロイト著作集9』人文書院、一九八三年）。以下において、ドイツ語原典とその日本語（渡辺哲夫）訳を「Freud, S. 240, 一〇一頁」のように記す。

（4）*op. cit.*, SS. 243–245, 一〇三から一〇五頁。

（5）*op. cit.*, S. 262, 一二三頁。

（6）*op. cit.*, S. 308, 一七六頁、S. 314, 一八二頁。

（7）G. Deleuze / F. Guattari, *Capitalisme et schizophrénie 1 :L'Anti-Œdipe*, Les Édition de Minuit, 1972 / 1973, pp. 66 - 67, 宇野邦一訳『アンチ・オイディプス　資本主義と分裂症』河出文庫、上巻一〇九頁。

（8）Freud, S. 308, 一七五頁。

（9）*op. cit.*, S. 250, 一一〇頁。

（10）*op. cit.*, S. 312, 一八〇頁。

（11）*op. cit.*, S. 312, 一七九頁。

（12）*op. cit.*, S. 315, 一八三頁。

（13）*op. cit.*, S. 307, 一七四頁。

（14）*op. cit.*, S. 315, 一八三頁。

（15）*op. cit.*, S. 306, 一七二頁。

（16）*op. cit.*, S. 261, 一二三頁。

（17）G. Deleuze / F. Guattari, *Capitalisme et schizophrénie 1 : L'Anti-Œdipe*, p. 67, 上巻一一〇頁、強調は原著イタリック。

（18）*op.cit.*, p. 67, 上巻一一一頁。

（19）*op.cit.*, p. 43, 上巻七二頁。

（20）*op.cit.*, p. 345, 下巻一四三頁。

（21）*op.cit.*, p. 383, 下巻一九六頁。

（22）*op.cit.*, p. 107, 上巻一七五頁。

(23) « Et cela posé, on ne trouvera en la visitant au dedans que des pièces qui se poussent les unes les autres, et jamais de quoi expliquer une perception » (L. W. Leibniz, *Discours de métaphysique suivi de Monadologie et autres textes*, Édit. par M. Fichant, Gallimard, 2004, p. 223).

(24) J. Lacan, *Le séminaire livre III : Les psychoses*, Éditions du Seuil, 1981, p. 46（小出・鈴木・川津・笠原訳『精神病 上・下』岩波書店、一九八七年、上巻五七頁）。

(25) *op.cit.*, p. 30, 上巻三二頁。

(26) *op.cit.*, p. 28, 上巻三〇頁。

(27) « Si on a pu parler à ce sujet de folie raisonnable, de conservation de la clarté, de l'ordre et du vouloir, c'est à cause de ce sentiment, qu'aussi loin que nous allions dans le phénomène, nous sommes dans le domaine du compréhensible. »（Lacan, p. 30 / 上巻、三三頁から三四頁、〔 〕内は筆者の補足）。

(28) « elle (*scili.* la signfication) se situe sur le plan de la compréhension comme un phénomène incompréhensible »（Lacan, p.30 / 上巻三三頁から三四頁）。

(29) われわれが「了解する」あるいは文脈によって「包括的に把握する」と表現するのは « comprehendere » = « comprendre » の日本語訳である。この語、および、この語から派生する語を上記のように捉えることの哲学史的背景については本書の「第Ⅲ部第五章」において論じる。

(30) 『デカルト形而上学の成立』「第Ⅲ部第四章」参照。

(31) このテクスト研究による当該哲学者の思索に接近するという試みと、病跡学的研究とは異なると考えられる。たとえば、アンリ・エランベルジェ（中井久夫編訳）『エランベルジェ著作集 2』みすず書房、一九九九年、所収「創造の病という概念」(La notion de Maladie créatrice, *Dialogue : Canadian Philosophical Review*, 1964, pp. 25-41. « The Concept of Creative Illness », *Psychoanalytical Review*, 55, no 3 (1968), pp. 442-456.) 一四二頁から一六一頁によれば、要するに、過去の思想家・作家・哲学者などの経歴のなかに「神経症の形をとることもあり、精神病の形のことも心身症の形のこともある」（一五九頁）ような何らかの病を探し、それと創造的活動との間に何らかの関係を見つけようとする試み。いわば、外形の乱れから内部を推測するという試みが病跡学研究ということになるであろう。この試みは、とりわけても精神医学者にとっての可能的経験の幅を広げるという点で大きな役割を果たすことになる。本人にすれば、おそらくは痛くもない腹を探られるということになるのであろうが、大抵は死後の作家・思想家が対象になるので、反論を招くこともなければ、批判されることも、検証されることもない。臨床家のいわば修練の糧であり、文章家の技ではあっても、探究家の技ではない。病跡学がこのようなものであるのならば、その役割を明確にして受け容れないかぎり病跡学のもたらす成果をそのまま哲学的探究・解釈と看做すことは支障をもたらしかねない。なぜならば、哲学的真理探究としての知的創造は、人間関係を外して思いを追跡することによって明らかになるのに対して、病跡学は当人の行動から、つまりは社会のなかでの当人の振る舞いの歪みから、当人の思考を捉えようとするからである。

（32）Lacan, p. 122, 上巻一七七頁。
（33）Schreber, G. S. 186 / F. p. 157, 一九四頁。
（34）Lacan, p. 142, 上巻二〇七から二〇八頁。
（35）cf. Lacan, p. 142, 上巻二〇七頁（Festugière 神父のテクストからの引用）
（36）たとえば、「神は無能力であるように eine Unmöglichkeit zu sein 見える」（Schreber, G. S. 186 / F. p. 158, 一九四頁）、「神の不適切性 Unfähigkeit Gottes」（Schreber, G. S. 186 / F. p. 158, 一九五頁）
（37）Schreber, G. SS. 173, 319 & 332 / F. pp. 148, 256 & 266, 一八三頁、三一五頁、三二五頁など。
（38）Lacan, p. 144, 上巻二一一頁。
（39）« Schreber lui-même trouve néanmoins cet argument un peu sophistiqué »（Lacan, p. 144, 上巻二一一頁）
（40）Lacan, p. 147, 上巻二一五頁。
（41）Freud, S. 254, 一一五頁。
（42）*op.cit.*, S. 261, 一二三頁。
（43）Schreber, G. S. 189, Note 81 / F. p. 159, n. 81, 一九九頁、註八一。
（44）Lacan, p. 148, 上巻、二一六頁から二一七頁。
（45）G. « sofern ein genügender Bestimmungsgrund » / F. « pour cela une raison suffisante ».（Schreber, G. SS. 259-260, Note 104 / F. pp. 212-213, n. 104, 二六四頁、註一〇四）。
（46）G. « eine Allweisheit Gottes in absoluter Vollständigkeit und namentlich hinsichtlich der Erkenntniß des lebenden Menschen eben

nicht besteht » / F. « justement l'omniscience de Dieu - surtout en ce qui concerne ses connaissances sur l'être humain vivant - en sa complétude absolue, n'existe pas. »（Schreber, G. S. 187, Note 79 / F. p. 158, n. 79, 一九九頁、註七九）。

（47） Schreber, G. S. 189, Note 81 / F. p. 159, n. 81, 一九九頁、註八一。

（48） Shreber, G. S. 257 Note 103 / F. p. 211, n. 103, 二六三頁、註一〇三。

（49） G. « Ich nehme eine solche Ueberlegenheit *nur insoweit* für mich in Anspruch, als es sich um das weltordnungswidrige Verhältniß handelt, das durch den bei einem einzelnen Menschen dauernd und unauflöslich genommenen Nervenanhang entstanden ist. » / F. « Si je bénéficie de cette supériorité, c'est uniquement *dans la musure* où le branchement d'un raccordement de nerfs sur un sumple être humain, a pu, en prenant un caractère de permanence indissoluble, aboutir à la situation attentatoire à l'ordre de l'univers où nous nous trouvons. ».（Schreber, G. S. 188 / F. p. 159, 一九六頁）。

（50） Schreber, G. S. 3 / F . p. 20, 一九頁、そして Schreber, G. 55 / F. 60, 七〇頁。

（51） Schreber, G. SS. 139-140, Note 66 / F. pp. 123-124, n. 66, 一五九頁、註六六。

（52） Schreber, G. S. 185 / F. pp. 156-157, 一九四頁。

（53） Lacan, p. 238, 下巻九一頁。

（54） Lacan, p. 140, 上巻二〇五頁。

第四章　知的狂気と創造性

感覚しているとは、物質世界と「私」との関係についての情報が獲得されているということであった。その場合、物質世界は「私」が自分の感じているとおりになっていると思っているときに、妄想か実象かという区別が生じる。逆に言えば、感じていることを本当であると、あるいは違うと、肯定も、否定もしない場合には、妄想の可能性を逃れる。肯定、否定という働きは、意志の働きである。受け取られた感覚知覚に対して意志を働かせなければ妄想は生じない。現実的な物質世界と感覚を介して交流しているということを内容にもつ記述を信用しなければ、妄想に欺される可能性が低いということになる。「低い」と記したのは感情と想像力（想像）を理由にして妄想が生じる場合もあるからである。感情の場合には人間関係の反映として内容に歪みが生じることがある。「鼻持ちならない」という思いを引き摺りながら応答をしていれば、いつの間にか歪みが生じることになるであろう。もちろん、途中でこの感情から変わって、相手に対する敬意を促すような感情が生じてくれば、先の歪みは減殺され別の歪みが生じる。われわれの生活上のほとんどの会話は否応なしに歪みを生じることになる。というのも、心は移り変わることを本性とし、感情はそのときそのときの人ないし人々を含んだ状況の関数だからである。感情が固執に変わるならば、人ないし人々が内側に引きずり込まれる。この心の癖を弛めるためには意志の力が求められる。想像力の場合には、外界の実在に支えられない形象化によって思われていることの内容に歪みが生じることがある。コーヒーを飲んでいる「キャフェにいないピエール」を今「私」が想像する場合に「私」に起こる形象化と、「あなた」に起こる形象化は、相互の経験が異なるように異なる。それはそのときの意識を超えて遙かそれぞれの誕生にまで及んでいる。この想像に意志が肯定として働き、脱自が実現するならば、「ピエールはこのキャフェにいない」という否定文になる。そしてそこにピエールがいるならば、何らかの逸脱が生じている。これだけでは妄想かどうかわからない。感覚、感情を引き離しても、なおこの言明が理解できない場合には、形象化の逸脱が想定される。このような感覚、感情、想像力（想像）を引き離して思われている内容を捉えるならば、そこに影絵のように浮かび上がるのが知性の動きであり、知性の能動性の所産である。これを妄想と区別しながら、それとの対応を仄示するために知的狂気と呼んできた。「狂気」という名に値するのは、純粋な知性の動きの所産がそのまま現実の行為を動かしてしまうときに社会生活に逸脱を与えるからである。われわれの課題は、器官なき思考としての知性の動きを、それとして剔出《てきしゅつ》することであった。その課題は、思いがそのまま思われであることに基づいて、前記の三つを引き離すことによって成し遂げられる。簡潔に要点のみを繰り返す。第一に、物質世界と「私」との関係を表象へともたらす感覚をその内容から引き離すことである。第二に、人間社会と「私」との関係の反映である感情を引き離すことである。第三に、形象化能力の行使である想像されたことを当の内容から引き離すことである。

このように準備を行った上で、われわれは「シュレーバー症例」に向かって行った。それは精神医学の領域に踏み込むためではない。「妄想」を通して知性の動きを抽出するためであった。フロイト、ドゥルーズ＝ガタリ、ラカンの「シュレーバー症例」に関する記述を見た。第一に、フロイトのリビド説と、われわれが獲得した知的狂気・知的創造との対比から見えてくることは、われわれが拾い出そうとしている何かが、リビドなしの思考ということである。思い、知り、意志し、感じ、想像し、感情するわれわれの心からリビドを引き去るという試みでもある。リビドなき思考。しかしながら、リビドは実象ではなく説明原理であるのだから、リビドを引き去ると言っても、「リビド」という原理を使わずに、あるいは、「リビド」という概念なしに分析するということに留まる。しかしながら、知の創造性を「リビドなし」と表現することはできる。その意味で純粋知性は人間の天使性の理由になる。第二に、ドゥルーズ＝ガタリの記述から抜き出すことができたのは「私性」の役割である。「私性」とは〈しようとして為すのは私以外の何ものでもない〉という形式において規定される。知ることによって形成される知識の最良の値は客観性と必然性である。誰にとってもそうであるという形式が知識に与えられる客観性の標識である。そしていつでも常に成り立つということが知識の必然性の根底をなす。この知識の客観性と必然性は世界からも、人々からも、最も隔離された「私」の内奥を通して初めて確認される。それゆえに客観的である、あるいは必然的である知識は「私性」を身に纏《まと》っていない。〈しようとして為すのは私以外の何ものでもない〉という形式の現実化、それが意志の発動である。意志の発動の結果が判断としての脱自である。これがドゥルーズ＝ガタリという鏡に映らないことであった。第三に、ラカンから学んだ第一の最も主要な点は「わかりそうでわからない」という了解可能性と一対になった了解不可能性である。このことを理解する鍵は「すっかりわからないけれども幾分かはわかる」という言語表現をどのように論理的に支えるのかということである。「幾分かはわかる」ということを「知ること」に関係づけるためには「いっそう知ること」を可能にし、それを超えて「わかる」を設定しなければならない。一言でいえば、知識に程度を認めるということである。別の言い方をすれば、真理の探究が可能であるような知識論が求められるということでもある。ラカンから学んだ第二のことは、「ずれ」という概念に「ほつれ」という実質を与えることができたという点にある。「ほつれ」はどのような様態かは別にして束になっている何かのどこかが〈ずれる〉ことである。「ほつれ」を繋ぐためには何かしら「ほつれ」に対して外的なものを必要とする。病気が自然に治癒したように見えても、元通りになっているわけではないのと同様である。論理的展開がどこかで途切れていたり、ずれている場合ならば、それを修正すれば完成態に行き着く。この完成態はどのようにいつ産出されても同じ実質と形式をもつ。

たとえば、算術の例になるが、二＋三＝五のような或る種の完成態が「ほつれ」をもつとしよう。たとえば、知的創造として二＋三＝六である場合、それは何かまったく異なることが生じていることを示す。これがさらに八四×二＝一九三に繋がり、それが無際限に続くことを相当先まで辿ってみることができたり、証明できたりするならば、現実的生活条件さえ整えば、それが知の習慣になるということである。この知の習慣は共有可能であるから、われわれにとっていつか本有観念の位置に来るかもしれない。簡潔に言えば、この場合に「ほつれ」から知的創造が始まるかもしれない。この例は算術の例であり、算術が連続量を切断することによって生ずるのであれば、想像力の働きを先立てなければならない。それに対して、次の「盛り上がりの存在論」の場合には、感覚も感情も想像力も必要とすることなく生成できる。この場合には、どのような完成態に対するどのような「ほつれ」かもよくわからない。もちろん、以下の概念を理解しようとして想像力が用いられるかもしれないが、それはあくまでも理解のための補助手段としてである。「盛り上がりの存在論」は先のものよりも、もっと甚だしい「ほつれ」の例になるであろう。「盛り上がり」は「盛り下がり」と対になるが、「盛り半ば」と「盛り上がり」は矛盾の関係にはない。ということは、「盛り上がり」と「盛り下がり」も矛盾の関係にはないことになる。なぜならば、「盛り上がり」が「盛り下がり」であることもあるからである。さらに考えてみると、「盛り半ば」と「盛り上がり」は対立もしない。違うだけかもしれないし、同じであるかもしれない。とするならば、「盛り上がり」と「盛り半ば」と「盛り下がり」とが同じであることも、違うこともあることになる。同じであるのは相対的位置の効果においてである。しかし、図形化しようとすると、異なるように思われる。ところが、図形が単純化にはならず、計算可能性を開くことにもならない。「盛り半ば」をどのように図形化できようか。右上がりでも、右下がりでも、左上がりでも、左下がりでも、奥へと下がるのでも、奥へと上がるのでも、手前に上がるのでも、手前に下がるのでも、線としてのそれらでも、面としてのそれらでもある。凸凹もあれば、細かい断絶もあるかもしれない。それに応じて「盛り上がり」と「盛り下がり」の多様な姿も考えられる。これらをすべて数量化し、図形にしても、複雑さと異質性が際立つだけで、「盛り上がり」、「盛り下がり」、「盛り半ば」という概念によって意味されることを表すことはできない。「日本経済は局所的に盛り上がり、大抵のところで盛り下がり、個人所得に着目すれば盛り半ばである。このことは最近の選挙の甚だしい盛り下がりによる盛り上がり的効果に支えられている。このことをさらに分析するためには、投資の盛り上がりの角度と幅と、企業所得と個人所得間の盛り半ばの重なり合いを見ていかなければならない」。もし、以上のような言説が次第しだいに広まり、一般化して行くならば、さまざまな出来事の連携と反発と融和との新しい表現が得られ、新しい論理学が必要になるかもしれない。

「知ること」を感覚、感情、想像力から引き離すことを通して、知性の能動性に辿り着いた。知ること、感覚すること、感情を抱くこと、想像すること、意志すること（しようとすること）、これらすべての働きを総称して「思うこと」と呼んできた。感覚することも、感情を抱くことも、想像することも、これらが動きだすためには何かが与えられなければならない。つまり、これらの力が示しているのは受動的能動性である。これらに対して意志は能動性そのものであるが、それだけで動いても何も産出しない。つまり、意志がそれだけで動いていることの痕跡は、知ること、感覚すること、感情を知覚すること、想像することを介してしか見出されない。その意味で意志は何かを生み出しているわけではない。知性の動きだけが、知ることがそのまま知られること、つまり、知解内容である。この知ることの動きは感覚、感情、想像力を貫通している。そして知ることが知られることであるのは、知ることが言葉（記号）を使って知ることだからである。知ることのこの動きを、総称名辞を用いて〈思いが思われである〉と表現した。こうして知ることがそのまま知られることであり、このことは「ない」から「在る」が生成することである。知性の能動性、もっと簡潔に言えば、「知ること」は何もないところから生じる。「思う」はそのまま「思い」である。知性が作動するということと知の内容が得られたということは同じ一つの事である。こうして知ることの存在論の核心が得られる。知ることはそのまま「在ること」である。知ることは無からの存在の生成である。かくして知と存在が一つの同じ事である地平に辿り着いた。このことに「在ること」の側から照明を当てることによって何がわかるのか。それをデカルトの形而上学とライプニッツの形而上学との対比を入口にして「控えの間」へと至り、そこを通り越すことにしよう。

第Ⅱ部　知性と存在

序論　二つの形而上学と二つの方法

デカルト（R. Descartes）の形而上学とライプニッツ（G. W. Leibniz）の形而上学は見事な対比をなす。デカルトの形而上学は「私」の第一性から開かれる。ライプニッツの形而上学は「在る」を第一にする。このことが一体どのようなことを引き起こすのか。デカルトは「私の思う」という事態から出発して、知性の明証的把握を手懸かりに、神の実在を証明することを通して形而上学を確立する。ライプニッツは「モナド」ないしは「単純実体」という宇宙を反映する単一体と、それが孕む数多性の調和を出発点にして哲学を組み上げる。この両哲学の差異の根源は、〈知る〉ということから〈在る〉の確実な把握へと向かうデカルト形而上学と、〈在る〉の構造として〈知る〉を確実に論証しようとするライプニッツ形而上学という点にある。ここで「形而上学」と表現するのは、デカルトが『哲学の原理』の仏訳序文に述べている諸学の根としての「形而上学」のことを指している（cf. AT. IX, pp. 14 - 17）。この「形而上学」がライプニッツのこの語の語法に相応するか否か、以下に触れるところがあるように、それを確定することには困難を伴うかもしれない。しかし、『形而上学叙説 *Discours de métaphysique*』において提起されている神論を基礎にもつ体系構想を形而上学と呼ぶことはできるであろう。その点ではこの書の理説は『モナド論 *Monadologie*』の形而上学に連なっていると言えるであろう。しかし、本論においてもう少し主題と水準を拡張して「ライプニッツ哲学」という表現を用いることもある。われわれが試みようとしているのは、この二つの形而上学の折り合いのなさを精確に捉えることである。それはまた宇宙論的眺望と自我論的眺望の折り合いのなさでもある。そのために、以下「第一章」と「第二章」においてライプニッツ哲学に視点を定め、そこからのデカルト哲学批判を明らかにして、その批判を力にする「コナトゥス」論から「モナド論」への展開を追う。次に「第三章」と「第四章」において、今度はデカルト哲学に視点をとる。前二章の成果の上に立って、「方法」に着眼しつつライプニッツ哲学と対比させ、思うことの論理学を取り出す。その成果はさらに第Ⅲ部の「超越」に連なり、そこにおいて思うことが洗練され、「知ること」として我がものになり、その「知ること」から如何に「在ること」が産出されるのかが明らかになる。こうして自我論的眺望から「超越」を介して宇宙論的眺望へと至ることになる。

その前に「第三章」と「第四章」について予めもう少し方針を明らかにしておく。「第一章」から「第二章」へとライプニッツ哲学からデカルト哲学の差異に向けて、哲学史的論究から「モナド」論へと展開する。「第三章」と「第四章」はこれと対比的に、デカルト哲学から、ライプニッツ哲学との差異を懐に、デカルト哲学の方法的核心を探究する。「第一章」から「第二章」への中心へと向かう方向とは対比的に、「第三章」と「第四章」では「方法」から形而上学の構想へと向かう。その方向は、また、中心から外縁へと向かう方向でもある。「第三章」で論じられるのは、形而上学を構築して行く場合にどのような途を辿るのかということである。そして、形而上学の構想がその核心において差異を生じる点を「論証」と「省察」の対比として捉える。というのも、もし形而上学が第一哲学として解され、この形而上学に基づいて学問的知識の形成が始まるのならば、その途は通常理解されている「論証 demonstratio」ないし「証明 probatio」を方法とすることはないからである。なぜならば「論証」にしろ、「証明」にしろ予めそれらが成立するための規則を必要とするからである。もちろん、論証の規則を先立てて形而上学を組み上げるという場合もある。その場合には、内容をもたないことを免罪符にして、論理学は第一の学たることを免除されることも多い。デカルトは形而上学を、通常の「論証」を先立てるのではない仕方で見出して行った。デカルト形而上学において論理学は使われるとしても予めその場が与えられるということはない。どのような形而上学においても、発見の途を辿るかぎり、論理学はいつも後から第一の場を主張することになるであろう。オルフェウスのように洞窟に留まるかぎり、振り返ることは許されてはいないのである。陽が射して初めて自らを見出すことができる。それが論理学の定めである。では、形而上学はどのようにして始まりを見出すのか。媒介された端緒として出発点が見出されるのか。ウロボロスの蛇のように。われわれは霞のように謎を呑み込み、竜のように火を吹くのか。形而上学をわれわれはどこから始めることができるのか。真相は単純である。形而上学の始まりは無前提な始まりである。無前提な始まりは始まりという事実を要求する。この「事実」とは何のことか。どのような資格で「事実」たりうるのか。差し当たっての答は単純である。非被造性を引き受けるかぎり、「私がいる」という「事実」以外に始めることのできる論拠はどこにもない。そこから「省察」という方法が生じる。デカルト形而上学の「方法 methodus」は「省察 meditatio」である。デカルトの哲学とライプニッツの哲学を対比しながらこのことを明らかにして行こう。「哲学」あるいは「形而上学」という二つの名称を用いたが、この二つがどのように差異するのか。今は、一七世紀について概して言えば、「哲学 philosophia」という表現で学問の全体が示され、「物理学＝自然学 physica / philosophia naturalis」も哲学の大事な部門であったということ、それに対して「形而上学 metaphysica」は哲学のうちの哲学、言い換えれば「第一哲学 prima philosophia」という位置にあったということだけを指摘しておく。もちろん、ここには大きな問題がある。その一つは中世スコラ哲学における、イスラームの哲学者を介したアリストテレス哲学の流入であろうし、もう一つには「存在論 ontologia」という語の導入という一七世紀哲学自体における事実である。このことも「哲学あるいは形而上学」という表現の解明には重要である。[1] こうした問題にも触れながら、われわれは、デカルトの「方法」に対するライプニッツの批判を取り上げ、「論証」と「省察」の対比を取り出し、デカルト形而上学における学問構成を明らかにしよう。この解明は、本書「第Ⅲ部」における「超越」を介して宇宙論的眺望を開き、そこから実在の形而上学を展開して行くための準備になる。[2]

註

（1）この「形而上学」と「哲学」という概念のもつ一七世紀における諸問題については村上「デカルトと近代形而上学」（神崎、熊野、鈴木編『西洋哲学史Ⅲ「ポスト・モダン」のまえに』講談社、二〇一二年、一四七頁から一九四頁）参照。

（2）宇宙論的眺望から実在の形而上学を開くことは、次なる課題「存在論的証明の遡及的研究」を軸に据えた論究によって果たされるであろう。

第一章　ライプニッツとデカルトの距離

第一節　ピエール‐シルヴァン・レジス（1632–1707）による哲学史

デカルトは一五九六年にフランス（フランス王国）の五角形、その中央やや西に生まれ、一六五〇年にストックホルムで客死した。ライプニッツは一六四六年にドイツ（神聖ローマ帝国）の四角形、その中央やや北に生まれ、一七一六年にハノーファーに戻って亡くなった。デカルトの死はライプニッツが四歳になる前の出来事であった。ライプニッツはデカルトよりも丁度五〇歳年下、デカルトよりも一六年長命であった。ほぼ千キロメートル離れたところで生まれ、南北が逆転してもう少し近いところで二人は世を去った。ライプツィヒは一六五〇年までスウェーデン王国の軍政下にあったとされる。その軍政下でライプニッツが三歳の半ばになった頃、デカルトはスウェーデン王国の宮殿で日も明けぬ早朝に女王に進講していた。そのかぎりでは同時代の同じような雰囲気に二人は包まれていたのであろう。この五〇年がこれらの都市の景観を跡形もなく変えるということはなかったであろう。しかし、五〇年の歳月は人や国をすっかり変えるのに充分な時間である。人為の変化は迅速であり、自然の変化は悠然としている。ライプニッツとデカルト、もちろん、この二人は出会うことがなかった。哲学は、人為とも自然とも異なるもう一つの次元、永遠という次元を開く。しかし、モナドの哲学は時を超えたコギトの哲学を批判するが逆ではない。永遠のなかにも順序はある。まず、同時代人であるピエール・シルヴァン・レジス（Pierre-Sylvain Régis, 1632–1707）が述べている順序したがってライプニッツ哲学のデカルト哲学に対する位置を明らかにしよう。

デカルト主義者であったレジスの『哲学全講義、ないしは、デカルト氏の諸原理に従った、論理学、形而上学、物理学、道徳を含む一般体系』は一六九一年にアムステルダムで出版された。(1) この版には「デカルト氏の諸原理に従った」と表題に掲げられている。しかし、当時、パリではデカルト主義の講義が禁じられていた。この著作を前年の一六九〇年にパリで出版するときには表題からデカルトの名を削除することを条件に印刷を許可された。(2) レジスはデカルト主義を奉じる哲学者である。アントワーヌ・アルノー（A. Arnauld, 1612–1694）とマルブランシュ（N. Malbranche, 1638–1715）の「観念」についての論争ではアルノー側の立場に立った。アルノーはデカルトの主張を受け取って「観念」を心の変様と解し、マルブランシュは「観念」を神の知性に収める。ライプニッツはこの点についてはマルブランシュ側に近いと言える。しかし、今、明らかにしようとしているのはこのことではない。レジスの上述の書物に哲学史の記述が含まれている。それを参照しながら、デカルトとライプニッツの間に横たわる五〇年にわたる人為の変化について見通しを得ることにしよう。ライプニッツが既に壮年になっている頃の同時代的哲学史記述である。

レジスの上記書物の一部に「哲学についての序説——そこにこの学問の要約的歴史が見られる Discours sur la philosophie, Où l'on voit en abregé l'histoire de cette Science」が含まれている。この論述は進歩史観に基づいており、哲学は古代よりも現代における方が遙かに完全性が高いとされている。レジスは哲学の起源について若干を記してからターレスの哲学について述べ、後はわれわれの知っている哲学史の記述のようにソクラテス以前の哲学者を順次紹介し、「道徳を秩序立てて論じた初めての哲学者」ソクラテスから、プラトン、アリストテレスと論じ進める。次に、アカデメイアの動向、ピュロンと懐疑論者たち、ストア派のゼノン、エピクロスについて紹介することによって「もっとも著名な古代哲学者たちの見解を要約」したとする。(3) さらに彼は一二世紀頃からアラブ人たちを経由してアリストテレスの哲学が伝わり、中世のスコラ哲学が成立すると述べ、そのスコラ哲学を三つの時期に分ける。第一期はペトルス・ロンバルドゥスから始まり、第二期はアルベルトゥス・マグヌスからトマス・アクィナス、ドゥンス・スコトゥスへと流れ、第三期は一五世紀頃とされる。そして「前世紀」、すなわち、一六世紀に、長い間の軛《くびき》から解き放たれる。アリストテレスを軽蔑するわけではないが、「真理に合致すると看做す限りでだけアリストテレスの見解に従うようになり、彼の知らなかった真理の発見が目指される」(4)。

次に、彼はこれまでの要約と同じように、「現代哲学者たちの見解 opinions des Philosophes Modernes」を要約する。ガリレオ（G. Galilei, 1564–1642）についての短い叙述の後にコペルニクスの天文学上の成果が述べられ、さらにガサンディ（P. Gassendi (Gassend), 1592–1655）の天文学への高い評価が示される。その後にデカルトについて論述される。デカルトは「方法」によって長い世紀にわたって発見されてこなかった哲学上の数多くの発見をなしたとされる。デカルト哲学についてレジスは『方法序説』、『省察』、『哲学の原理』に基づいて記述する。デカルト以後の哲学者として上げられているのは、デカルト派哲学者であるジャック・ロー（J. Rohault, 1620–1675）、そしてマルブランシュ、および著者であるレジスの三人である。マルブランシュの功績としては、『真理の探究』「第六巻第九章」における、デカルトの「運動の規則」について誤りを指摘したことが挙げられている。(5) マルブランシュによるこの指摘は「有用性を認識させる」最後の例として『真理の探究』の掉尾《ちょうび》を飾っている。(6) この哲学史記述の結論として、レジスは古い（古代、中世の）哲学と現代哲学を比較する場合の基礎が次の三点にあると指摘する。第一に推論の仕方、第二に知識の広がり、第三に「真理を見出すために必要な補助手段 secours nécessaires pour trouver la Vérité」である。この三つの点で以前の哲学は現代の哲学に劣っているとされる。第一番目のものにおいては「明晰判明な観念に基づいて推論する」という点が肝要であり、第二番目のものについて、彼は、アリストテレス以来の真理認識が「きわめて一般的な知見 notions fort générales」で満たされているのに対して、現代の哲学は「無数の個別的認識 connaissances particulières」を与えると指摘する。第三のものは物理学（自然学）に関わり、観察や発見のための多くの道具が与えられていることである。「しかし、昔の哲学派を盲目的に抱え込んでいる人々の振る舞いを咎め立てするあまり、デカルトや他の現代哲学者に頭を奪われないように気をつけなければならない。というのも、どちらもほとんど同じように不都合なことだからである」(7)。ここには時代の隔たりを修正する反省が見出されると言えよう。

第二節　ライプニッツのデカルト評価

レジスのデカルトについての評価、および、デカルト主義者に対する見解を見てきたが、次にライプニッツによるデカルトへの評価を見てみよう。一六八三年夏から、一六八四年・八五年の冬にかけて書かれた「デカルト哲学について De la philosophie cartésienne」という論考がある（A. VI, 4, B, pp. 1479–1488 / GP. 4, pp. 343-349）(8)。この論考でライプニッツはかなり挑発的にデカルトを批判している。「デカルト氏は識られているようにもっとも偉大な精神をもった一人であったが、党派の主たらんとする節度を欠いた野望によって、また、他の人々への不寛容で、しばしば基礎のない軽蔑によって、そして真面目さから隔たった策略によって、その立派な性格の数々の輝きを失わせてしまった」（A. VI, 4, B, p. 1483）。ここに示されている批判点だけを列挙してみると以下の七つになる。（一）ベーコン（F. Bacon, 1561–1626）、ガリレイ、ケプラー、ガサンディ、デカルトという新哲学を奉じる「これら作者の意図が自然の個別的現象を機械的に解明する expliquer mecaniquement les phenomenes particuliers de la nature という点にだけあることが賞賛されている」が、このように「目的因」を追放することによって、形而上学を損ね、道徳と神学をひっくり返すことになる（*op.cit.*, p. 1481）。（二）幾何学や道徳についての永遠真理が「神の意志の自由な、あるいは、裁決による選択 choix libre ou arbitraire de la volonté de Dieu」であるならば、道徳や宗教はひどく損なわれる（*ibid.*）。なぜならば、何を善とし、何を悪とするかが神の自由な選択に帰せられるとするならば、人間の側から見れば、善いことも真理も、いつ悪や偽に転ずるかわからなくなるからである。（三）物体の本質を延長（広がり）とすることは「聖体の変化 Eucharistie」の説明を損なう（*op.cit.*, p. 1482）。（四）デカルトの提起する方法には確固としたところがない。難しい問題を分解するとしても、それら問題の間にある関係を知らないで分割することは「引き裂くこと」にしかならない（*op.cit.*, p. 1485）。デカルトの真理基準である明証性は人によって異なる基準になり、「自分にとって判明に知ったと信じていた」だけということになる（*ibid.*）。（五）神によって保存されるのはデカルトの言うような「同じ運動量 la même quantité de mouvement」ではなく、「神は自然のうちにいつも同じ力 la même force を保存する」（*op.cit.*, p. 1483）。（六）気象学についてはほとんど間違いである。この点ではアリストテレス派と異ならない。（七）幾何学も他の人々の成果をなぞっているだけである。彼がしたことは二次元の曲線に「方程式を適用したことだけ」である（*op.cit.*, p. 1485）。結局のところ、「デカルトの発明はデカルトとともに死んだ[9]」のであり、何一つ発見というのものを残さなかった。そのことは、イギリス、フランス、イタリアのアカデミーが認めていることである。それゆえ「まさしく彼が言った*autos epha*」のだから真であるというように考えることをやめなければならない（*op.cit.*, p. 1484）。大事なことはデカルトを権威と看做すことをやめ、「ジェズイットの神父たちRR. PP. Jesuites」がデカルトの言説から人々の目を覚ますことである（*op.cit.*, p. 1488）。これと同様な批判を一六八九年頃の文書にも見ることができる（A. VI, 4, C, pp. 2043-2045 & pp. 2045-2026）。重複を厭わず批判点を纏めてみれば次のようになる。すなわち、デカルトには党派性があり、ジェズイットの人たちに対して軽蔑的言辞を労した。また他人の業績を評価せず、その人の名前を記さなかった。結局のところそうした欠点は彼の「虚栄心」から生じた、と。さらに、デカルトの学問上の業績については次のように述べられている。『幾何学』の第二部にも第三部にも全く新しいところがない、屈折光学についても、デカルト自身が認めているように、ケプラー（J. Kepler, 1571–1630）が第一人者であり、デカルトの功績ではない（A. VI, 4, C, pp. 2048-2049）。物体の本質を「広がり」としたことは哲学においても、宗教においても支持されない、光についてもデカルトは間違えた。デカルトは運動量が保存されるというを誤りをおかしたが、潮の満ち干の説明、磁石などについてのデカルトの説明は不充分であるが、研究を先には進めている。彼には「経験（実験）が欠けていた」。これに対して、評価できるところは次のように記されている。「世界と人間についての幾分か想像上の彼の体系全体は、それがどのようであれ、しかし、とてもよくできていて真なる諸原因を求めるであろう人々にとってモデルの役に立つことができる」（A. VI, 4, C, pp. 2051 - 2052）。結局のところライプニッツによるデカルトに対する評価は次のようになる。「デカルト氏が、ホッブズ氏やロベルバル氏と同じだけ長生きしなかったのはきわめて大きな残念事である」（Thomas Hobbes, 1588–1679 / Gilles Personne de Roberval, 1602–1675）。もし、彼らのようにデカルトが長生きをしたならば「人類は彼に大きな恩義を負うことに」なったであろう。そして「彼はおそらくかなりの部分で訂正をすることになったであろう」（A. VI, 4, C, p. 2052 et cf. *op.cit.*, pp. 2057-2065）。ホッブスは九一歳、ロベルバルは七三歳、ライプニッツは七〇歳、デカルトは五四歳で亡くなった。ライプニッツのこのような批判というよりも批難を集約した表現として、デカルトが「真なる哲学の控えの間 vestibulum Philosophiae veræ」に留まっているということが挙げられる（A. II, 1 p. 298）。この批判は二つの的をもつ。第一に、デカルトの「方法」に関する評価である。第二に、デカルトが物質についての論証されていない教説に基づいて形而上学を立てたということである。この点については以下に述べる。これがライプニッツによるデカルト哲学への評価の概要である。権威主義的にデカルトの言説が使われるということの危険さは、レジスも指摘しているところであるのだから、弊害が大きかったのであろうと思われる。

第三節　第三世代のライプニッツ

さて、レジスの挙げていた現代哲学の、つまりデカルト哲学の優れている三つの点のうち、一番目のもの、明証性に関する点ではレジスとライプニッツの評価は逆転している。とはいっても明証性が真理へと導くこと自体をライプニッツが否定しているのではなく、それが「真理の標《しるし》 marque de la vérité」に基づいていないという点を批判している。この点については以下に両者の差異としてやや詳しく見ることになる。次に、レジスの挙げている二番目は古い哲学が自然現象の個別的な事例に届かないということであった。ライプニッツが批判しているのは、新しい哲学が個別的現象を機械的に説明し、目的因を排除したということである。レジスの挙げる三番目の事項、つまり、自然現象を観察し探究して発見にもたらす道具・手段についてライプニッツは強調していない。ライプニッツのさまざまな事跡から考えれば、道具・手段の重要性は当然のことと看做されたのかもしれない。両者の哲学＝形而上学の核心的な違いに迫るために宗教上、道徳上の問題については、簡潔な対比だけを示しておくことにしよう。ライプニッツは先に見た「デカルト哲学について」という論考でデカルト哲学による宗教と道徳の毀損を強調している。宗教と道徳の毀損についてライプニッツの指摘している根拠は、デカルト哲学が目的因を排除し、神に無差別の自由を帰す点にある。ライプニッツの立場は永遠真理が神の知性に刻まれているというところにある。一方デカルトによれば、永遠真理は知性と一つになった神の意志による創造の結果である。この所謂「永遠真理創造説」と括られる教説はデカルト哲学の固有性の核心をなしている。デカルトが自然現象の探究から目的因を排除するのは、基本的にはわれわれ人間が神の意図を把握することができないからである。ライプニッツは自然現象に関しても「予定調和の体系 Système de l'Harmonie préétablie」の覆いを掛け「自然についての物理学的領域と恩寵の道徳的領域」を統体として摑む。道徳の領域はまた「目的因の領域」である（*Monadologie*, a. 80 & a. 87）[10]。この構造は『弁神論』に展開される道徳をも支えている。それに対してデカルトは「広がり＝延長 extensio」によって解明される自然現象を「思い＝思惟 cogitatio」によって解明される精神現象から区別する。さらに、身心合一体としてのかぎりでのこの両面からの探究と、合一として独自な考察を求める人間統体の営みとを設定した。ライプニッツが「充分な理由の原理 principe de la raison suffisante」に基づく「事実の真理 vérité de Fait」として切り取るところは（*Monadologie*, a. 32 & a. 33）、デカルトにとっては「頻度」が基準になる身心合一の局面である（cf. E. pp. 92-94 : AT. VII, pp. 87-89）[11]。

　ライプニッツがレジスとどれほど哲学史における同時代性を背負っているのかわからない。しかし、スコラ哲学が最早侮蔑の対象というわけではなく、現代哲学の優れているところが自然科学＝物理学上の発見を中心に捉えられているという、この二点についてはこの時代における、つまり、デカルト死後五〇年後の雰囲気を或る程度表していると言えるであろう。レジスの『理性と信仰の効用』には「神の実在と本性に関するスピノザの見解への拒否」という論考が付け加えられている。[12] ライプニッツはマルブランシュによるデカルト批判も、スピノザ(B. Spinoza, 1632–1677) によるデカルト批判も知っていた。スピノザは『エティカ』「第五部」「序文」で「それ自身から知られる諸原理からでなければ何も引き出さず」、「明晰判明に知覚されることでなければ何も肯定しない」という確固とした仕方で論決した哲学者デカルトが、「松果腺」に関するさまざまな「隠れた性質」で心と身体との関係を述べるとは、「どんなに驚いても驚き足りない mirari satis non possum」と叱責する。[13] デカルトを一七世紀哲学の第一世代、マルブランシュとスピノザをその第二世代とするならば、レジスとライプニッツは第三世代に相当するであろう。これがライプニッツとデカルトとの世代的距離である。ライプニッツによるデカルト批判は第二世代ほどの論争的な強烈さをもたず、切羽詰まったものではなかったであろう。また、デカルトの業績としてもっとも評価されていた自然科学的成果についても既にデカルトの誤りは指摘されている。このことは、第三に、第三世代によるスコラ哲学に対する非難が第一世代、第二世代よりも緩和されていることにも通じているであろう。最後に、第三世代は存在論への傾斜を強めている世代であるとも言えよう。レジスの『一般体系』は出発点に認識批判をおかず「論理学」から「形而上学」、「物理学」、「道徳」へと開いて行く。このことはクラウベルクの一六四七年『哲学綱要言うならオントソフィア』から一六六四年の『存在についての形而上学、もっと正しくはオントソフィア』への思うことの存在化、つまり、学が向かうのは「対象化された（対象から投げられた）事物の知性における生き生きとした表象」という洞察から「存在は、何であれどんな仕方であれ、思われまた言われうる」への転換が象徴しているであろう。[14]

先にレジスが三つの点で現代哲学は中世までの哲学を凌駕していると述べているのを見た。この三つをライプニッツの哲学に対応させることは容易であろう。第一番目は観念の明晰化である。以下に見るように、ライプニッツはデカルトの明証性を批判する。しかし、それはデカルトによる真理基準の不安定さを批判し、明晰化を記号に定置させるという営みであり、思想の項を明晰にすることへの批判ではない。第二番目は個別的な事物についての認識を可能な限り個別的に表現するということである。ライプニッツは個体的実体以外に実体を認めず、それに帰するすべての述語の様態化を一切拒絶し、属性とする。この着想は、普遍から個体に至り着くために、渡りきれぬ橋である個体化の原理を設定せざるをえないアリストレス・トマス的な認識説を乗り越える方途の一つである。第三の自然現象を解明するための道具の重要性については、レジス、ライプニッツなどという限定を超えてこの時代の哲学者たちに共有されていることに疑問の余地はあるまい。しかし、デカルト主義者であるレジスとそれに対立するライプニッツは、このように共通する苗床の上に異質な哲学を形成する。一七世紀という時代のいわば時代精神を土壌にしてどのように異なる哲学が開花したのか。この点をライプニッツにおける「コナトゥス」から「モナド」への展開を追うことによって明らかにするが、そのまえに両者の基本的対立について別の視点から纏めておこう。

第四節　デカルト哲学とライプニッツ哲学の対立点

デカルトとライプニッツの対立について両哲学の差異する点をひたすら挙げようとするならば、それがきわめて多いことに気がつく。たとえば「実体形相」を拒絶するデカルト、そのスコラ的概念の回復を求めるライプニッツ、「実体」について個体性を重視しないデカルト、合成されたものを実体と認めないライプニッツ、「明証性」を真理基準にするデカルト、それでは証明にならないとするライプニッツ、「私は思う cogito」を形而上学に向けての出発点とするデカルト、「私は思う」はいつも「思われた事物 res cogitata」を含むとするライプニッツ、「永遠真理創造説」を立て、神においては「知ることと意志すること」は同じであるとするデカルト、神の働きにも理由を求めるライプニッツ、物理学から「目的因」を排除するデカルト、「作用因の国」と「目的因の国」を両立させるライプニッツ、身心二元論のデカルト、「予定調和」のライプニッツ、人間的意志の自由を行為規範にするデカルト、「仮説的必然性」によって行為も縛られると考えるライプニッツ、デカルトの形而上学的「無限」の概念、ライプニッツの数学的無限小・無限大という概念、その上に立つ「微積分学 calucul infinitésimal」、物理学の根底に「広がり＝延長」という概念をおくデカルトと、「力」という概念をおくライプニッツなどなど。この思いつくままの羅列を見返してみるならば、デカルトの哲学とライプニッツの哲学の連関よりも両者がどれほど異なっているのかということの方へと目が向かう。繰り返しになるが、そもそも、デカルトは「私の思う」という事態から出発して知性の明証的把握を手懸かりに神の実在証明をとおして形而上学を確立する。ライプニッツは「モナド」ないしは「単純実体」という宇宙を反映する単一体とそれが孕む数多性の調和を出発点にして哲学を組み上げる。

ベラヴァル（Y. Belaval）というライプニッツ研究者はその書『ライプニッツのデカルト批判』を締め括るに当たり次のように述べた。「ライプニッツは人類の英雄に対するようにデカルトに挨拶をする。英雄たちが決闘を前にして挨拶し合うように(15)」、と。しかし、そのときに決闘相手のデカルトはいない。ライプニッツはデカルトがスウェーデンで亡くなったときには四歳であった。相手がいなくなってから初めて論争が終わることもある。先に言及したアルノーとマルブランシュの間での「観念」を巡る論争、その直接的な遺り取りにかぎっても一六八三年から一七〇四年まで二〇年以上に渡る論争がなされている。[16] アルノーは亡くなる八か月ほど前に彼から発する最後の反論として「第四の書簡」を記した。これに対して、マルブランシュが最後の反論を記すことになる。この「第四の書簡」への応答をも含む「アルノー氏の第三書簡への返答」[17] は一六九九年に書かれ一七〇四年に、アルノーが亡くなってから一〇年後に公刊された。そのなかでマルブランシュは次のように書いている。「アルノー氏は知ろうとしなかったことを知らなかった。つまり、私の意見を理解することなしにそれと闘おうとしていた」[18]、と。このさまを見て、ライプニッツは自分がパリにいたときには仲がよかった二人が今は対立していることに驚いている（A. II, 1, p. 541）。哲学者たちの論争は決闘と異なってどちらかが負けて決着のつくものではない。ベラヴァルは「ライプニッツはデカルトを理解したのか」[19] という問いを掲げている。しかし、これに対する肯定も否定も与えられてはいない。それは当然のことである。伝統として私たちに与えられている哲学的立場のどちらか一方をないことにすることはできない。それではデカルト哲学とライプニッツ哲学の間にあるどうしても折り合いのつかない点とは何なのか。これを探してみることにしよう。

二つの哲学の対立関係を考える上で、もう一つ考慮しておかなければならないことに時代の流れがある。この点については予断を避けるために予めの注意が必要である。哲学史家はどうしても「系譜学 généalogie」的に辿るという傾向をもつ。ジルソン（É. Gilson）が『デカルト哲学体系の形成における中世思想の役割についての研究』の本文においては、より前の時代の哲学、つまり中世スコラ哲学よりも、より後の時代の哲学、つまりデカルト哲学の方が「進歩」しているという予断には陥らなかった。しかし、この書物に付論として含まれている「デカルトの解釈者スピノザ」では先の予断が見られる。[20] この傾向性から免れるために「考古学 archéologie」的に構えればよいのか。そういうわけでもない。なぜならば、系譜学と考古学の本質的差異は出発点の差異に他ならないであろうから。しかし、その一方で、一つの哲学の後に別の哲学が生じるということに、重要な理由の認められることがある。スコラ哲学が先立っていないデカルト哲学は歪んで捉えられたデカルト主義である。デカルト哲学からの展開を見ないライプニッツ哲学についての解釈はやはり一面的という評価を免れないであろう。時代の流れに棹《さお》をささずに時代的に隔たった二つの哲学の関係を調べるためには理由の展開に着目する必要がある。そして理由の展開として捉えることによって共通の基盤と異質さとを見出すことができる。デカルトもライプニッツも「理由＝理拠＝根拠 ratio＝raison」を重視するという点では基盤を共有する。デカルトは「第二答弁」において「幾何学的な記述の仕方」を「順序 ordo」と「論証することの理由」に分ける。その「論証することの理由」をまた「分析 analysis」と「総合 synthesis」に区分する（AT. VII, p. 155）。「分析は、方法的に、そしていわばより先なるものからのように、事柄が見出される真なる途を指し示す」（*ibid.*）。これにのみ「私は『省察』において従った」（AT. VII, p. 156）とデカルトは書く。ライプニッツの体系構想は「充分な理由の原理（充足理由律）」を基軸にして「事物の究極的な理由」である神にまで到達するというものである。このことは方法に連なる根源的な差異へとわれわれを導くが、その点は以下の「第三章」で論じることにする。ここではまず、このように「理由」という共通な基盤の上に立ちながら、この二人の哲学者の思索における「モナド」と「私」という対立軸を、ライプニッツ哲学の側から取り出すことにしよう。

註

（1）　P.-S. Régis, *Cours entier de Philosophie ou Système générale selon les principes de M. Descartes, contenant La Logique, La*

Métaphysique, La physique et La Morale, Amsterdam, 1691.

（2） cf. F. Bouiller, *Histoire de la philosophie cartésienne*, 1868 / Olms 1972, t. I, p. 517.

（3） P.-S. Régis, *op. cit.*, pp. 37-68.

（4） P.-S. Régis, *op. cit.*, pp. 69-70.

（5） P.-S. Régis, *op. cit.*, pp. 73-79.

（6） N. Malebranche, *De la rechereche de la vérité,* édité par G. Rodis-Lewis, *Oeuvres complètes*, t. II, J. Vrin, 1974, p. 420.

（7） P.-S. Régis, pp.79-80.

（8） A: G. W. Leibniz, *Sämtliche Schriften und Briefe,* Deutsche Akademie der Wissenschaften. Darmstadt-Berlin: Akademie Verlag (1923-) / GP: G. W. Leibniz, *Die philosophischen Schriften von Gottfried Wilhelm Leibniz*, éd. par C. J. Gerhardt, Olms 1961. 以下、凡例に従い、前者をAと後者をGPと略記する。

（9） « l'invention Cartesienne est morte avec M. des Cartes » (*op.cit.,* p. 1487)

（10） « le règne Physique de la Nature et le règne Moral de la Grâce. » なお、*Monadologie* については以下のテクストによる *LEIBNIZ, Principes de la nature et de la grâce fondés en raison / Principes de la philosophie ou Monadologie*, publiés par André Robinet, PUF, 1954/1986 & L. W. Leibniz, *Discours de métaphysique suivi de Monadologie et autres textes*, Édit. par M. Fichant, Gallimard, 2004.

（11） この点については『感覚する人とその物理学』二〇七頁から二〇八頁参照。

（12） « Refutation de l'opinion de Spinoza, Touchant l'existence et la nature de Dieu », P.-S. Régis, *L'usage de la raison et de la foy ou L'accord de la foy et de la raison*, Paris, 1704 / Fayard, 1996.

（13） B. Spinoza, *Ethica*, pars V, Praefatio, présenté et traduit par B. Pautrat, Seuil, 1999, p. 482.

（14） « rerum objectarum vivæ in intellectu repræsentationes » (J. Clauberg, *Elementa Philosophiæ sive Ontosophia,* Groningen 1647, Prolego., § 1, p. 1. et *Metaphysica de ente, quæ rectius Ontosophia,* dans *Opera Omnia Philosophica*, Amsterdam 1691 / Olms 1968, II, § 6, t.I, p. 283).

（15） Y. Belaval, *Leibniz critique de Descartes*, Gallimard, 1960.

（16）cf. N. Malebranche, *Œuvres complètes*, t. VIII-IX, pp. 1137-1141 et A. Arnauld, *Oeuvres*, t. 38, Préface historique et critique, art. III, pp. xxvii-xxxviii.

（17）N. Malebranche, *op.cit.*, pp. 901-989.

（18）N. Malebranche, *op.cit.*, p. 970.

（19）Y. Belaval, *op. cit.*, p. 536.

（20）É. Gilson, *Études sur le rôle de la pensée médiévale dans la formation du système cartésien*, J. Vrin, 1930 / 1967, pp. 299-315.

第二章　コナトゥスからモナドへ

第一節「コナトゥス」論の出発点

デカルトにおける幾何学主義（図形）とライプニッツにおける代数主義（記号）とはよく言われる対比の仕方である。この違いは彼らの若い頃の仕事からも看て取ることができる。デカルトは『知能指導のための規則論』において「単純本性 natura simplex」の必然的結合としてすべての学問的知識を記述しようと試みた。この未完に終わった作品は実質上、一切の事象を図形的な処理によって解明しようという試みで中断している。ライプニッツは『結合法論』において記号に着目し、思考のアルファベットを探し、それに基づいた計算可能性を求めた。二人の試行は試行で終わった。デカルトの場合には一六三〇年の所謂「永遠真理創造説」と括られる一組の思考の成立、および「観念」についての理説の確立が彼の哲学的展開の転機を示している。ライプニッツの場合には「個体的実体」、「完成態」、「単純実体」という把握を経て「モナド」論へと帰着する思索の流れと「予定調和」という構想が一つの展開を形成する。単純なものが知識内容を根底で支えているという観方が基礎におかれていることは、両者において終生変わらないところである。それではデカルトの幾何学主義とライプニッツの代数主義はどのように推移するのであろうか。デカルト哲学の場合に「幾何学的想像力」が形而上学的「想像力」

理論の核心に据えられる。このことが数学から幾何学主義的な物理学へと展開する上で決定的な役割を果たした。「思い」から「広がり」への結合点が図形を思い描く想像力に見出されたのである。デカルト哲学において物理学の基礎を数学が与える。その数学は幾何学的連続量を切断することによって代数学が生じるような数学である。その意味でデカルトの物理学は「幾何学」を基礎にもつ。ライプニッツの場合に「代数主義＝記号主義」が「体系」全体へと及ぶことになるその展開を可能にしたのは「広がり」ではなかった。何であったのか。このことを考える上で「コナトゥス conatus」という概念が鍵の一つを提供する。

ライプニッツは一六七〇年にホッブズに手紙を送った。ホッブズ八二歳、ライプニッツ二四歳。ライプニッツの若き熱情あらわな書簡である。その冒頭には次のように記されている。「イギリスを旅する友人の手紙から、最近あなたがまだご存命で、高齢にもかかわらずお元気であることを知ったとき、嬉しくて仕方がなくなり maxima animi voluptate、一筆認めることを差し控えることができなくなりました[1]」。それに二年ほど先立つ文書にライプニッツは次のように記していた。「ガリレオ、ベーコン、ガッサンディ、デカルト、ホッブズ、ディグバエウスのように微小物質 corpusculares は慣性的である（作用性をもたない）ineptus」のではなく、「形相 forma」・「理由 ratio」とかかわりをもち、微小物質の結合の仕方は「物体の本性とそしてその第一の諸性質である大きさと形と運動から引き出されるべきである[2]」、と。ライプニッツは物理学を組み上げる最小単位に何かしら質をもったものを求めていたのであろう。このホッブス宛の書簡では「コナトゥス conatus」が話題の中心の一つになっている。

ホッブズの『物体論』（Th. Hobbes, *De corpore*, London 1655/68, Vrin 1999）が若いライプニッツに大きな影響を与えたとする研究者もいる[3]。それではそのホッブズの「コナトゥス」概念はどのようなものであったのか。『物体論』「第三部一五章」を見てみよう。[4] これの「第一節」において「物理学 Physica（自然哲学 natural philosophy）」の原理が一一にわたって取り纏められている（括弧内は英語版の表現である）。「第一節」において提示されている運動の第一の原理は「運動とは、連続的な、一つの場所の欠如と他の場所の獲得である」。[5] 第二の原理は「何であれ動くものは時間において動く」。[6] 第三の原理は「静止とは物体が同じ場所に、或る時間を通してあること」とされる。この「第一節」では次の「第二節」において論じられることが「運動 Motus」と「大きさ Magnitudo」であるとされ、「このことは最も元々のところ幾何学の基本 Elementa Geometriae に属する」とされる。[7]「第二節」でこれに付け加えて「コナトゥス Conatus（endeavour）」、「駆動力 Impetus」、「抵抗 Resistentia」、「圧縮すること Premere（press）」、「回復すること Restituere（restore）」、「力 Vis（force）」の定義が提示される。コナトゥスは次のように定義される。「与えられるよりもいっそう小さな空間と時間を通しての運動である」、と。「あるいは開き出すこと expositio によって限定されるよりも、あるいは数によって指定されるよりもいっそう小さい空間と時間を通しての運動である、言い換えれば、点と瞬間を通しての運動である」。このコナトゥスは「量をもたない」、「どんな手段によっても分割されない」、論証上計算には入らない。点であり分割されない、瞬間であり分割されない時間においてある。[8] コナトゥスは動くと看做されない運動ということになる。次に「駆動力」が定義される。「われわれは駆動力を速さそのものであるが、そこにおいて通過が生じる任意の時間点において考察された速度であると定義する」。「したがって、駆動力は当のコナトゥスの量、つまり、コナトゥスの速さに他ならない」。[9]「力」はこの「駆動力」によって定義される。「力は、それによって、抵抗する物体においていっそう多く、あるいは、いっそう少なく作用する、言うならそれ自身における、言うなら動くものの大きさにおける多数化された駆動力であるとわれわれは定義する」。[10] ここには幾何学的思考を代数化する、言い換えれば、微積分学（無限小解析）へと向かう方向を読み取ることができる。

第二節　「コナトゥス」と「広がり」

このホッブズの「コナトゥス」という捉え方がライプニッツに大きな刺激を与えたであろう。そしてホッブズの考えから刺激されて得られた自分の思考をライプニッツはホッブズに読んでもらいたかったのであろう。しかし、両者の差異も明らかである。この点を明確にするためにライプニッツが記した先のホッブズ宛書簡を参照してみよう。ライプニッツは天体のような運動の具体的な理由ではなく、抽象的な理由を求めている。その運動の原因がコナトゥスと関連する。「運動の抽象的な諸理由 abstractæ motuum rationes」について追求してきたライプニッツにとってホッブズの次の考えはまったくもって同意できるものであった。つまり、「一つの物体が他の物体によって動かされるには、後者が前者に触れて運動に至るのでなければならず、そして、一度動き始めるならば、何かによって妨げられないかぎりどの運動も継続する」ということである（A. II, 1, p. 57）。解明されるべきはその運動の原因である。そこでライプニッツはホッブズの見解と離れながら「コナトゥス」について書くことになる。その「コナトゥス」の特徴は以下のように纏められる。「相互に向かい合う部分のコナトゥス、あるいは、それら相互に押し合う運動は、それだけで物体の凝集を説明するのに充分である。というのも、相互に押し合う物体はコナトゥスにおいて相互に浸透する。そのコナトゥスは始まりであり、その浸透は合一である。しかし、諸物体が合一しはじめるとき、それらの限界ないし表面は一つである」(11)。ライプニッツの言う「コナトゥスは運動の始まり Conatus est initium motus」である。運動の始まりであるので物体が場所において「コナトゥスを発揮している conatur」ということはその物体が「その場所に実在することの始まり initium existendi in loco」であることになる（A. II, 1, p. 57）。最少の運動と運動の始まりでは大きく異なる。ホッブズの「コナトゥス」は最少であっても運動である。ライプニッツにとってのコナトゥスは運動の始まりとしてこれから始まる運動を規定する。運動を規定するということはコナトゥスが何らかの内容規定をもっているということである。内容規定をもっているからこそ「一つ」と「合一」ということがコナトゥスに関係づけられる。しかし、分割不可能とはされていない。運動の始まりを一つの始まりと結びつけ、その始まりが合一にまで至ると考えるところにライプニッツの「コナトゥス」概念における特徴の一つがある。

しかし、ライプニッツの考えによって一つであるコナトゥスがどのように「広がり」を取り込むことができるのか。一六七五年から七六年にかけてと目される文書において、ライプニッツは物体から「広がり」を取り除いても「不可侵入性 impenetrabilitas」が残るとしている。このことは一定の単位をもった物体が物体に場所を譲ることによって物体が移動すると考えられていることを示す（A. VI, 3, p. 215）。デカルト哲学の場合には、物体の個体化は広がりに即してなされるのではなく、どのように広がりを括るのかという知性の側の摑み方に即して捉えられる。それに対してライプニッツにとっては物体は不可侵入性をもっていて初めて物体だと考えられる。不可侵入性はまた「抵抗」であり、そこには「一つ」としての纏まりが考えられている。この「一つ」であることを支えているのはコナトゥスである。「コナトゥスは決して破壊されず、相互に合成され、対立していて同等の二つのコナトゥスから、静止が、あるいは、もし同等でないのならば、少なくともいっそう遅い運動が帰結する」。にもかかわらず「作用の、言うならば諸コナトゥスの量は保たれている」（A. VI, 3, pp. 215–216）。ホッブズとは異なり「コナトゥス」と「駆動力」とが区別されていない。一六七八年の『諸物体の協働について』で論じられている「コナトゥス」をフィシャン（M. Fichant）は「運動の無限小解析の要素」と解している。[12] ライプニッツが述べるコナトゥスはそれ自身が運動なのではなく、それの合成が運動であるとされていた。若干を繰り返せば、彼は物体から「広がり」を取り除いても、「不可侵入性」が残るとしていた。このことは一定の単位をもった物体が物体に場所を譲ることによって物体が移動すると考えられていることを示す。[13] 不可侵入性には何らかの「一つ」としての纏まりが考えられていた。この「一つ」ということに着目して書かれている『諸物体の協働について』から一つの示唆が得られる。この論考をフランス語に訳すときに、フィシャンが単数形の「コナトゥス conatus」を複数形で訳すことがある。[14] そこには理由がある。単数形の使用には微積分学的処理を困難にするという事情を看て取ることができるからである。或る内的規定をもって一つであるコナトゥスが、その一つであることを失うことがなければ、事象を構成する一つの内容をもった単位として固定されることになる。逆に言えば、それをさらに分割することによって別の単位が生じてしまう可能性が認められる。微積分学の処理にはどれほど分割しても同じく一つとして扱うことが求められる。しかし、この論考でのライプニッツの計算方法は後に確立される微積分計算ではなく「単純な加法あるいは減法によって」二つの物体間におけるコナトゥスの運動が示される（*op. cit.*, Fichant, p. 34）。このかぎりではコナトゥスの複数形を、ライプニッツは必要としなかった。しかし、この論考に潜んでいる方向性を明確にするためには複数形のコナトゥスが必要である。そのことはこの論考に齟齬をもたらすものではない。なぜならば、加法と減法が適用されるかぎりでは、単数形でも複数形でもよかったからである。フィシャンが単数形の「コナトゥス conatus」を複数形で訳すことの理由はここにあるのではないか。ここではまだコナトゥスは「一つ」であり、それによって運動が合成されるような何かである。しかし、微積分計算が確立され、そのなかで極大と極小という概念が実効性をもつならば、その極小たるコナトゥスが或る特定の単位として「一つ」であるということはむしろ計算の妨げになる。[15] 言い換えれば、どの段階のコナトゥスを取り出してもそれはいつも「一つ」のコナトゥスでなければならない。先に見たようにホッブズがコナトゥスを分割不可能としていたのに、ライプニッツは分割不可能であるとしてはいなかった。コナトゥスのもつ「一つ」ということのこの特徴は「コナトゥス」という概念への着目から続いていたと考えられる。繰り返せば、コナトゥスによって運動が合成され、その意味でコナトゥスは系列のどこかでは一つである。いずれ微積分計算が確立され、そのなかで極大と極小という無限概念が実効性をもつならば、その極小たるコナトゥスが固定した「一つ」であるということはむしろ計算の妨げになる。言い換えれば、極小に向かってのどの段階のコナトゥスを取り出してもそれは一つのコナトゥスということになるであろう。こうしてまた、「広がり」がコナトゥスに取り込まれることになる。

一六七七年の書簡によればライプニッツはデカルトを「真理の控えの間 vestibulum Philosophia verae」に留まっていると評した（A II, 1, p. 298）。その理由の一つは上に見たように、論理学・物理学の成果の上に立って形而上学を構築しなかったからである。ライプニッツのこの発想に、物理学の「あと（メタ）」なる学問としての「形而上学（トーン・メタ・タ・フィシカ）」という視点を見てよいであろう。この点を判明にするのは困難であるとしても、この語の伝統がもっていた何かしらそのような方向性を窺うことはできよう。物理学の根底にはコナトゥスの理論がある。[16] もう一つは言うまでもないことであるが、方法の問題である。ライプニッツによれば、デカルトは明晰判明な認識が「真理の標」であると言うが、「彼の内的証言 témoignage intérieur にかかわりながら観念について確信したとしても、幻想 illusions に晒されているのだから」ということになる。[17]「コナトゥス」論は後の「モナド論」がそうであるように形而上学に基礎を与えるものだったのである。ライプニッツの形而上学は物理学をも同じ仕方で貫く論理を必要としたと表現することもできる。物体論であり、かつ精神（魂）論であり、かつ宇宙論である一つの仕組みと要素に、デカルトは到達することができなかったというのがライプニッツの評価である。それゆえにデカルトは「真理の控えの間」に留まってしまったとされる。こうしてわれわれは、「私」を第一として出発するデカルト形而上学とライプニッツの形而上学の対蹠点をはっきりさせることができるようになる。

第三節　「調和」と身心の区別

次に、「コナトゥス」論と身心の区別の問題を見るために、一六七〇年から七一年頃のライプニッツの文書を参照してみよう。「抽象運動論、ないし、感覚と現象から独立した宇宙の運動の諸理由」[18]によれば、「すべての物体は瞬間的な精神、ないしは想起を欠いた精神である」（A. VI, 2, p. 266）。コナトゥスは、その持続が運動であり、作用が直ちに反作用であるという仕方で「無限へ in infinitum と延びている」（A. VI, 2, p. 265）。それが「調和 harmonia」ということである（A. VI, 2, p. 266）。無限へと延びているがゆえに、事柄として「調和」は予めの「調和」である。「コナトゥスが瞬間においてあるということが物体の運動が時間のなかにあるということ」[19]になる（A. VI, 2, p. 266）。そして運動のない物体が精神なのである。精神も瞬間としてのコナトゥスとして記述される。だから、この点においてこそ「物体と精神との真なる区別化 discriminatio が開かれる」。このことは「これまで誰によっても解明されなかったことである」（A. VI, 2, p. 266）。コナトゥスという場において物体も精神も記述される。さらに「コナトゥスと運動、感覚と思いについて」[20]という論考によれば、「すべての運動はコナトゥスの合成」であり、「思われる」ということは「他へのコナトゥスとともに思われる」(A. VI, 2, p. 282) ことである。「私が私を思うとき直ちに私は他を思う」[21] (A. VI, 2, p. 283)。思いもコナトゥスとして捉えられるかぎり対立するコナトゥスとともにある、つまり、作用は直ちに反作用である。だから、「私」が思うときに思われることは「無限へと延びている」。それがコナトゥスの調和である。デカルトのような形而上学における「私」の第一性は、ライプニッツにとって〈事柄の仕組み〉として、〈事柄の仕組み〉を論理学と呼べば論理学的にありえないのである。「私が思う cogito」とともに「思われたもの res cogitata」が与えられるということは、ライプニッツの思考においてコナトゥスのこの基本性格に依存している。「デカルトはたった一つの仕方でだけ精神を観想した」(*op.cit.*, p. 285)。ライプニッツにとってこのことはデカルト哲学の貧しさとともに、論証されていないことも示している。貧しさというのは、精神が思われたことと切り離して捉えられるからである。論証されていないとは、抽象運動論であるコナトゥスの論理を踏まえていないからである。

一六七八年の文書では「快 voluptas」と「苦＝痛み dolor」とが「コナトゥス」に関係づけられている。そこでは完全性が「継起 successus」として捉えられ、それが満たされているという「知覚 perceptio」が快であり、抵抗されていることの知覚が苦であるとされる。[22] ここで留意しておきたいことは「知覚」という表現が用いられていることである。これに相当するフランス語は「知覚 perception」であるが、モナドの基本的な性質としてこのフランス語が使われる場合に、日本語では「表象」という用語の当てられることがある。『モナド論』においてモナドの「ペルセプシォン」は、また「表現＝再提示 représentation」でもある。モナドは「宇宙の一つの鏡」であり (*Monadologie.*, a. 63)、それゆえに「表象」つまり「表し象る」という訳語が選ばれるのであろう。しかしながら、おそらく誰でもが認めるように、ライプニッツが「知覚」ということで示したいのは、物理的空間としての宇宙がモナドの知覚と独立に実在し、その実在する宇宙をモナドが映しているということではない。そうではなく、私たちの知覚風景そのものが宇宙だということである。私たちが、目の前のリンゴを見て手触りを感じ、手に持つときのささやかな音を耳にし、香りを嗅ぎ味わう。それは宇宙を見、宇宙を聞き、宇宙に触れ、宇宙の香りを嗅ぎ、宇宙を味わうことである。それが「宇宙の生きた鏡」ということである。丁度、コナトゥスが「無限に」延びていて、作用と反作用が常にともない、全体が予め調和していることと同じである。私たちの知覚風景が一つの視点から見られた宇宙である。このことの意義を探るためには、ライプニッツ哲学がデカルト哲学の「あと」であるという観点を要するであろう。というのも、明証性であれ、論理性であれ、それらが適用されるべき〈思いの領域〉が成立していなければならないからである。

同じ頃の別の文書によれば「意志は知解することのコナトゥスである」とされる(23)。これを簡潔に言い換えれば、知ろうと努めることが意志であり、そのように努めるという意志はコナトゥスなのである。また、別の文書によれば、「コナトゥスは作用の始まりである、ゆえに始まりはそのなかに結果ないし受動を含んでいる」、「コナトゥスは充足した継起をもつであろう」とされる(24)。先に見たコナトゥスという概念を用いた「快と苦＝痛み」の説明と関連づけるならば、コナトゥスは或る「継起」として捉えられ、それが満たされるならば、快が知覚され、妨げられるのならば、痛みが知覚される。この「継起」は、『モナド論』に対応させるならば、知覚が移り変わることの内的原理である「欲求 appétition」に相当するであろう（*Monadologie*, a. 15）。しかし、「欲求」についてコナトゥスのように「無限に延びている」とは言えないであろう。これに対して、物理学的な領域でのコナトゥスの役割はどのようであったのだろうか。

第四節　「実体」、「力」、「モナド」

一六八八年頃の或る文書から次のことがわかる。「一切の物体omne corpusは可分的である」。この「一切の物体」は単数形で示される「コナトゥス」を受け取る（A. VI, 4, B, p. 1627）[25]。それら物体の総体である「自然は宇宙の同じ部分、ないし同じ領域に等しく張り出し、全自然tota naturaは同じ平行な部分に向かって等しく進展する」[26]。「世界の中で要求された点に向かう全自然のコナトゥスは常に同じである。そして、中心に向かうコナトゥスと中心からのコナトゥスは常に等しい」[27]。「全自然」の（単数形で示される）「コナトゥス」は以前に使われた言葉を用いれば、作用は直ちに反作用であるという仕方で「常に同じ」である。全自然において保存されるのは運動量ではなくコナトゥスである。この考えに基づきながらコナトゥスが「実体」と「力vis」とに結びつけられ、宇宙の表出へと展開する[28]。「実体から実体への影響influxus substantiae in substantiam」という考えは「厳密な形而上学においてin Metaphysico rigore」は役割をもたない。「各々の実体は確かな自然法則に従って他のすべての実体との関係のもとでの何らかの作用する力、ないしは変化するコナトゥスである」。そこから次のように言われる。「何であれ実体は、自分の視点に従って宇宙全体を表出する」（*ibid.*）[29]。纏めて言えば、コナトゥスは実体であり、力である。その実体について相互の影響関係は認められず、各々の実体は自分の観点に応じて宇宙全体を表出する。宇宙全体の表出はコナトゥスにおいて、先に見たように、作用が直ちに反作用であることを支えにする。実体の一つとしての纏まりは「自分の視点に従ってsecundum aspectum suum」ということに基盤をもつ。調和的な全自然がコナトゥスであり、力であり、どのような局面を捉えても一つと言えるコナトゥス、力である。

一六九五年には『実体の本性と実体間の交通ならびに心と身体との合一についての新体系』[30]が発表されているが、この作品においては「コナトゥス」、「モナド」、「予定調和」という表現は用いられていない。しかし、一六九七年の或る書簡によれば、「モナド monade」が「創造によってしか生じえず、絶滅によってのみ滅びうる」ということをライプニッツが既に確立していることがわかる。[31]さらに、一六九八年頃とされる文書[32]を参照すれば、コナトゥスと「完成態 entelechia」、「実体形相 forma substantialis」、「モナド」との関連を窺うことができる。幾何学的である「広がり」と「第一質料」である「量」だけからでは何らの作用も運動も産出されない。「活動的なものと完成態 activitates atque entelechiæ」はそれら以外に「力つまり原始的な動体 vis scilicet motrix primitiva」が付け加えられて作用する。この完成態は「なるほど常に作用するが、しかし、コナトゥスあるいは駆動力 conatus impetusve によって諸物体の協働からさまざまに変様される」。このことの「実体的な原理 substantiale principium」は「生きているものにおいては魂と、他においては実体形相と呼ばれている」。それは「実体が質料と真に一つのもの、ないし、それ自身によって一つのものを形成するかぎり」のことであるが、そのようにするものを「この私はモナドと呼ぶ」(GP. t. IV, p. 511)。原始的力であるコナトゥスは生命体においては魂と呼ばれ、他においては実体形相と呼ばれる。これらは実体を、真に「一つ」である実体にする原理であり、それがモナドと呼ばれる。

さらに、(松尾『クロノロジー』[33]によれば)一七〇二年とされる二つの文書を参照するなかで、「モナド」という表現には出会わないが、上記の点を再確認することができる。第一の文書[34]には次のように記されている。「魂は、部分をもたないにもかかわらず、その内部に多数の、あるいはむしろ、無数の変様を含んでいる」(GP. t. IV, p. 544)。また、第二の文書[35]によれば以下のようになる。「原始的な力ないし作用の原理 vis primitiva seu actionis principium」は「駆動力とかコナトゥス、つまりは、言ってみれば或る規定された運動に向けての傾き」と呼ばれているものによって変様され「派生的な途」が生じる。[36] コナトゥスは原始的な力と重なる。これはまた「原始的完成態 entelechia primitiva」ともされ、それの変様が派生的力であり、「単なる受動的な事物の変様ではない」(*ibid.*)。「デカルト主義者達は、力の本性を十分には知解していなかった、彼らは運動力と運動を混同し、運動法則を構成することにおいてひどく失敗した」(GP. t. IV, p. 398)。それに対して、一切を力の発動として捉えるライプニッツの考えによれば静止をどのように説明するのか問われる。「死んだ力 vis mortua」と「生きた力 vis viva」との関係を論じるためには「無限小部分 infinitesimalis pars」について論じなければならないとされる。静止と運動との関係は微積分学を用いてはじめて論じられることになる (*ibid.*)。ライプニッツはデカルトの「広がり」に基づく機械論的な物体変化の理解を否定し、「一つ」として内容をもった力＝コナトゥスによる物体をも精神をも貫く力学的世界観を提起した。

「コナトゥス」概念についてさらに追尾するならば、これ以降は、一七〇三年の『人間知性新論』と一七一〇年の『弁神論』にわずかに論究されるに留まるであろう。『人間知性新論』のなかでは三箇所「コナトゥス」が用いられている。フランス語の文章のなかで「コナトゥス」というラテン語が「努力ないし傾向性 l'effort ou la tendance（conatus）」というフランス語で言い換えられながらも、そのまま用いられている。「意志作用はよいと見出すものに向かい、悪いと見出すものに対立する」、その意志作用が努力、傾向性、コナトゥスとされている。もう一箇所も意志に関係づけられている。最後の箇所では次のように述べられている。作用の源泉が「力能 puissance」とされる場合にその力能は「傾向性 tendance」を含み、それに自分は「完成態 Entelechie」という名前を当てはめてきた、と。このことはコナトゥスや「活力と激しさ vigueur et impetuosité」が概念として傾向性を含むのと同じように考えられている（GP. t. V, L. II, ch. XXI, sect. 5, p. 158）。また、『弁神論』では一箇所で「コナトゥス」が使われている。そこでは次のように述べられている。「私が他のところで示したように、完成態という基礎概念はすっかり誤解されてはならず、永続的であるのだから、完成態はそれとともに、或る単純な作用的能力だけではなく、また、力、努力、コナトゥスと呼ばれうるものももっている、その力の働きは、もし妨げるものが何もないならば、存し続けねばならない」[37]。コナトゥスの保存則は物体的世界と精神的世界という区切りなしに妥当する。「コナトゥス conatus」はどうやら最後までラテン語のまま使われているようである。フランス語では「力 force、努力 effort」という語が対応する。「コナトゥス」という語におけるライプニッツにとって欠かすことのできない要素は「モナド」にすべて縮約されることになるのであろうか。『モナド論』には最早「コナトゥス」という語は見出されない。「モナド」は「単純実体」であり、それから合成されるものは「或る塊ないし集合体 un amas ou agregatum」に他ならない（*Monadologie*, a. 1 & a. 2）。「モナド」は「自然の真なるアトム」である（*Monadologie*, a. 3）。このことは「コナトゥス」の構想から継続している。こうして、モナドが分割されない「一つ」であるのではなく、可分性と異なる次元における「一つ」であるということは一貫して保持されていたことになる。

以上に見たように、コナトゥスからモナドへの展開はデカルト哲学に対するライプニッツ哲学の鮮やかな対立を描き出す。デカルトの「広がり」による機械論的世界観、しかしこの世界観に精神も、合一体としての人間も、含まれない。それに対してライプニッツによる「コナトゥス」と「モナド」という概念によって構想される力学的世界観のなかに精神も物体も一切が統括される。このことは両者の形而上学の差異をも明らかにする。われわれは、デカルト哲学とライプニッツ哲学の決定的差異を、「形」に基づく物理学とコナトゥスに基づく物理学という視点から見てきた。この差異はそれ自体を相互に批判しても譲り合うことのできない根底的な差異である。言い換えれば、この差異は体系構成における根源的選択にかかわる差異である。このことは両者の方法論上の思索における異なりとも連なる。即ち、思索の順序を重視するデカルトと論理的計算および微積分計算による論証を重視するライプニッツとの異なりである。ライプニッツは論証の重視という点でホッブズに強い好感を抱いたであろう。そのことはまた、体系構成において、論理学に支えられた物理学を基盤とすることに結びつき、かくてこの基盤から精神についても論じるという系列を開いた。しかし、ホッブズと異なり、ライプニッツは、運動の始まりであり、無限へと延びる方向性と共に質を具えた力としてコナトゥスを捉えた。「コナトゥス」概念は宇宙の「知覚」、「実体形相」、「魂」、「完成態」という概念と結び付く。この「コナトゥス」という用語は、ライプニッツ哲学ではそのままではフランス語になりえず「努力ないし傾向性」と言い換えられていた。ホッブズの用語としての「コナトゥス」が、上記のフランス語に言い換えられた場合に、それらの表現が、人間的努力ないし傾向性と親和的な意味へと、読む者の視点を動かすと推量するならば、その人間的な側面を免れるためには、「コナトゥス」が消え「モナド」へと収束するのは自然であったとも言えよう。ホッブズに出会ったときの「コナトゥス」概念は変容を重ねて「モナド」概念に結実することになった。「モナド」は「個体 individium」であるが、分割の果てに見出される分割不可能なものではない。コナトゥスもモナドも、そもそも分割という思考領域を離れている。「モナド」はフィシャンの言うように「無限小解析の要素」として常に一なるものである。言い換えれば、「一」でありながら、いわば〈伸縮自在〉である。宇宙の総体でもあるモナドは極小であれ、極大であれ、系列のどこを切り出しても一つなのである。デカルト哲学における「私」は、実体として世界の部分であるが、哲学の始まりとしての「私」は誰でもがそうであるような常に一なる「私」である。その「私」の思いが世界であっても、物質はこの思いには汲み尽くされることはない。ライプニッツ形而上学におけるモナドが映し出す知覚風景は世界である。神を除けばモナド以外に何もない。次章において、この異なるところをデカルト側から「方法」に即して見て行くことにしよう。

註

（1） G. W. Leibniz, An Thomas Hobbes, Mainz, 13./23. Juli 1670, A. II, 1, p. 56 / Gottfried Wilhelm Leibniz, *Philosophical Papers and Letters*, Edited by Leroy E. Loemker, D. Reidel, 1956 / 1976, p. 105.

（2） « omnia quoad ejus fieri possit, ex natura corporis, primisque ejus qualitatibus : Magnigudine, Figura et Motu deducneda esse » (G. W. Leibniz, *Confessio naturæ contra atheistas*, Frühjahr 1668 (?), Druck C (Augsburg 1669)(A. VI, 1, p. 489).

（3） S. Brown, Leibniz's formative years(1646-76), in S. Brown (ed.), *The Young Leibniz and his Philosophy*, Kluwer Academic Publishers, 2010, p. 11.

（4） Thomas Hobbes, *De corpore elementorum philosophiæ sectio prima*, London 1655 / 68, Édition critique notes, appendices et index par Karl Schuhmann, J. Vrin 1999. / The English Works of Thomas Hobbes, Edited by Sir William Molesworth, Bart., (London: Bohn, 1839–45), t. I.

（5） « Motus est unius loci privatio et alterius acquisitio continua »（Th. Hobbes, *op.cit.*, p. 154）.

（6） Th. Hobbes, *op. cit.*, p. 154.

（7） Th. Hobbes, *op. cit.*, p.153.

（8） Th. Hobbes, *op. cit.*, p. 155.

（9） «Secundo definiemus Impetum esse ipsam velocitem, sed oncideratam in puncto quolibet temporis, in quo fit transitus. » « Adeo ut impetus nihil aliud sit quam quantitas sive velocitas ipsius conatus. » (Th. Hobbes, *op. cit.*, p.155 / « Impetus, or quickness of motion, to be the swiftness or velocity of the body moved...») Eng. p. 207.

（10） « Vim definiemus esse impetum multiplicatum, sive in se sive in magnitudinem moventis, quo movens plus vel minus agit in corpus, quod resistit. » (Th. Hobbes, *op. cit.*, p. 156 / Eng. 212).

（11） « Quia quae se premunt sunt in conatu penetrationis. » « Conatus est initium, penetratio unio. » « Quae autem sunt in initio unionis, eorum initia vel termini sunt unum. » (A. II, 1, p. 57).

（12） dans M. Fichant, *G. W. Leibniz, La réforme de la dynamique*, textes inédits, J. Vrin 1994, p. 34.

（13） G. W. Leibniz, *Zu Descartes' Principia philosophiae*, [Winter 1675 / 76 – Frühjahr 1676 (?)] (A. VI, 3, p. 215).

（14） *Ex. gr.* « Conatus *naturæ unus* » が « l'un des efforts,» （*op.cit.*, p. 329 et pp. 164-165）と仏訳されている。

（15） 酒井によれば、微積分計算についてライプニッツは一六七五年秋にその「核心を捉えることに成功した」とされる（酒井潔『ライプニッツ』清水書院、二〇〇八年、一六九頁から一七〇頁）。また、山本信『ライプニッツ哲学研究』東京大学出版会一九五三年／一九七五年、二五一頁も時期に関しては同様に解している。また、石黒によればライプニッツの「無限小」概念は「文脈的定義」が与えられる概念であり、この「言葉は何か特別な大きさを指示するのではない」とされる（石黒ひで『ライプニッツの哲学』岩波書店、二〇〇三年、九六頁から九七頁）。われわれの「一つ」についての捉え方と同じ理解であると考えられる。

（16） cf. Konrad Moll, Deus sive Harmonia Universalis est ultima ratio rerum : The Conception of God in Leibniz's Early Philosophy, in S. Brown (ed.), *The Young Leibniz and his Philosophy*, Kluwer Academic Publishers, 2010, pp. 64-78.

（17） G. W. Leibniz, *De la philosophie cartesienne*, [Sommer 1683 bis Winter 1684/85] (A. VI, 4, B pp. 1484–1485 / GP, 4, pp. 343-349). この点については『ライプニッツ読本』所収の拙論を参照。また、*255. Le cartésianisme l'antichambre de la véritable philosophie* [1678(?)]（A VI, 4, B, p. 1356）に「真なる哲学の控えの間」についての比喩が記されている。要旨のみを以下に記す。古代の哲学者たちが階段を表し、現代のスコラ学派が門番の部屋まで来た。われわれの世紀の革新者達が控えの間まで来た。デカルト主義は「自然の書斎」にわれわれを導くのではないかと言われて、ライプニッツは皮肉を言う。控えの間と書斎の間には「聴衆の部屋」がある。あなた方にとって中に入ると自称しなくとも、聴衆を獲得すれば充分であろう、と。

（18） G. W. Leibniz, *Theoria motus abstracti*, [Winter 1670/71 (?)], *Theoria motus abstracti seu rationes motuum universale, a sensu & phaenomenis independentes* (A. VI, 2, pp. 258-276).

（19） « quod in momento est conatus, id in tempore motus corporis » (A. VI, 2, p. 266).

(20) G. W. Leibniz, *De conatu et motu, sensu et cogitatione* [Frühjahr - Herbest 1671 (?)] (A. VI, 2, pp. 280-287).

(21) « Omnis motus est compositio conatuum », « cogitatur cum conatu ad aliud »(A. VI, 2, p. 282) et « Cum cogito statim me et aliud cogito » (A VI, 2, p. 283).

(22) G. W. Leibniz, *Conspectus libelli elementorum physicæ,* [Sommer 1678 bis Winter 1678/79 (?) (A. VI, 4, C, p. 1989).

(23) « Voluntas est conatus intelligentis » (G. W. Leibniz, *De postulationibus*, [Dezember 1678 bis April 1679(?)] (A. VI, 4, C. p. 2820).

(24) G. W. Leibniz, *Principia mechanica ex metaphysicis dependere* [Sommer 1678 bis Qinter 1680 / 81 (?)] (A. VI, 4, C, p. 1977 / GP, t. VII, p. 281).

(25) G. W. Leibniz, *Specimen inventorum de admirandis naturae generalis arcanis*, [1688(?)] (A.VI, 4, B, pp. 1615-1630).

(26) « Natura *æquabiliter* tendit ad easdem partes seu regiones universi et tota natura aequaliter progreditur ad easdem parallelas » (A. VI, 4, B, p. 1629).

(27) « Imo amplius conatus totius naturae versus puntum in mundo assumtum semper idem est. Et semper aequalis est conatus ad centrum et a centro » (A. VI, 4, B, p. 1630).

(28) G. W. Leibniz, *Motum non esse absolutum quiddam* [März 1689 bis März 1690(?)] (A. VI, 4, B, p. 1638).

(29) « Et vero unaquaeque substantia est vis quaedam agendi, seu conatus mutandi sese respectu caeterorum omnium secundum certas suae naturae leges » et « Unde quaelibet substantia totum exprimit universum secundum aspectum suum » (A. VI, 4, B, p. 1638).

(30) G. W. Leibniz, *Système nouveau pour expliquer la nature des substances et leur communication entre elles, aussi bien que l'union de l'âme avec le corps.*

(31) « De natura monadum et substantiarum quod porro quaeris, putem facile satisfieri posse, si speciatim indices, quid in ea re explicari velis. De origine earum puto me jam fixisse, omnes sine dubio perpetuas esse nec nisi creatione oriri, ac non nisi annihilatione interire posse, id est, naturaliter nec oriri nec occidere, quod tantum est aggregatorum. », (G.W. Leibniz, *Opera philosophica*, ed. Erdmann, Berolini G. Eichleri, 1840, p. 145 (https: //archive.org/details/operaphilosophic00leibuoft より。)

(32) G. W. Leibniz, *De ipsa natura sive de vi insita actionibusque Creaturarum, pro Dynamicis suis confirmandis illustrandisque*, (GP. IV, pp. 504-516).

（33）松尾雄二『ライプニッツ全著作・書簡のクロノロジー』二〇〇九年。http://justitiacumcaritate.jimdo.com/クロノロジー/

（34）G. W. Leibniz, *Extrait du Dictionnaire de M. Bayle article Rorarius p. 2599 sqq. de l'Edition de l'an 1702 avec mes remarques*, (GP, IV, pp. 524-554).

（35）G. W. Leibniz, *XI*, Maji 1702 (GP. IV, pp 393-400).

（36）« impetum, conatus scilicet seu tendentia ut sic loquar ad motum aliquem determinatum » (GP. IV, p. 397).

（37）G. W. Leibniz, *Essais de Théodicée sur la bonté de Dieu, la liberté de l'homme et l'origine du mal*, «Discours préliminare, De la conformité de la foi avec la raison, Première partie : Des essais de la justice de Dieu, et de la liberté de l'homme, dans l'orgine du mal » (GP. t. VI, p. 150).

第三章 「省察」と「論証」

第一節 デカルトの「方法」に対するライプニッツの批判

「方法 methodus」は道を追うことである。方法の差異は形而上学のどのような差異にわれわれを連れて行くのか。デカルトの「方法」である「省察 meditatio」とライプニッツの「論証」との対比の下にこのことを明らかにし、思うことの存在論＝知の論理学に近づくことにしよう。この対比に切り込んで行くためにもう一つの概念を設定する。それは「マテーシス」という「論証」側の概念である。純粋な論理形式が内実をもたないとするならば、内実を受け入れる論理的装置が「マテーシス」である。「マテーシス」という概念の故郷に遡ることはしない。(1)「マテーシス mathesis」概念は一七世紀哲学における方法論を問う場合に「数学 mathematica」、「幾何学 geometria」などと共に重要な概念になる。この語は通常「数学」と訳されるが、そう訳すと« mathematica, geometria »などと混同をきたすだけではなく、予断を入れることになる。それゆえ本論では「マテーシス」とカタカナのままにしておくことにする。一七世紀だけではなく伝統的に哲学ないし形而上学の方法論として数学は大きな役割を果たしてきた。この伝統的予断を前にして、「マテーシス」概念を検討する場合には、訳語についていっそう慎重に構えるべきであろう。さて、形而上学を構築して行く場合に途を辿るとはどのようなことなのか。先に見たように、もし形而上学が第一哲学としてそこを通して学問的知識の形成が始まるのならば、その途は通常理解されている「論証 demonstratio」ないし「証明 probatio」を方法とすることはない。なぜならば、「論証」にしろ、「推論」にしろそれらを為す場合には予め推論・論証の規則が必要になるからである。もちろん、形而上学が論理学として見出されるということもある。しかし、デカルトは形而上学を、既に手許に得られている道具を素材に適用するようにして、構築して行ったわけではない。このことは、「省察」という方法を用いて確立された形而上学の書物である『省察』を、デカルトが地図を手にして大地を歩むようにして得たのではないということを示す。ではこの「省察」という方法はどのようなものであるのか。ライプニッツの提起した「論証」と、そしてデカルトの用語である「マテーシス」を二つの相互参照軸としてこのことに探りを入れよう。

一六六六年にライプニッツは、デカルトの『方法序説』「第二部」における四つの「準則 praecepta」のなかの「分析」について賛辞を書く(2)。そのようにデカルトの「方法」に対して、ライプニッツは或る程度肯定的であるが、しかし、彼はそれを不完全であるとし、デカルトが『方法序説』で提示した「四つの準則 quatre préceptes」よりも優れた方法を提示する。ライプニッツによれば「分析ないし判断法 analytica seu ars judicandi」として二つの規則で十分である。デカルトの四つの準則ということでライプニッツによって念頭におかれているのは、主に『方法序説』「第二部」に示されているものである（AT. VI, pp. 18-19）。それを簡潔に纏めれば次の四つである。第一は、速まって断を下すことと先入見を避け、明晰判明に精神に浮かび上がるものだけに着目すること。第二は、問題をできるだけ小部分に分割すること。第三は、もっとも単純なものから少しずつ複雑なものまで、順序正しく考えを導くこと。その場合に問題を構成する事物の間にもともとの順序が見出されない場合には、順序を仮定しながら進むこと。第四に、完全な枚挙を行い何も見落とさなかったと確認すること。これらは難しい問題を順序よく解いて行くための手引きである。この四つの準則のうちでデカルトが形而上学を組み上げて行くときに、明示的に用いているのは明証性の規則である。とは言っても、上の第一の準則と「第三省察」に初めて提示される明証性の一般規則とは大きく異なる。その差異のもっとも核心には「知る」と「在る」とのかかわりがある。「第三省察」では「きわめて明晰判明に私の知覚するすべては真である」というように「在る」にかかわる（AT. VII, p. 35）。「第四省察」では「明晰判明な知覚はすべて疑いもなく或る何かであり、したがって無から在るのではありえない」（AT. VII, p. 62）というように「在る」にかかわる。「第五省察」では「明晰判明に私が知覚するものはすべて必然的に真である」というように「在る」にかかわる（AT. VII, p. 70）。「第六省察」では「私が明晰判明に知覚するのであるから、純粋数学の対象のかぎりで、物質的な事物は実在しうる」というように「在る」にかかわる（AT. VII, p. 70）。

このように『省察』の叙述のなかで重なって行きながら新たな役割を担うことになる明証性の規則を、ゆるやかに、先の「四つの準則」すべてを駆使して得られた成果と言うこともできる。しかし、第一の準則の適用の結果と看做すことはできない。以上のように、「四つの準則」は『省察』の記述から隠れる。確かにこの「四つの準則」が論述のなかで使用されていると考えられる箇所はきわめて多い。しかし、この「四つの準則」が『省察』における「私」から神の実在証明、判断と意志の理説、幾何学的空間の開披、物体の実在証明から身心合一体の論理へと展開する、その大きな流れを形成しているわけではない。要するに、これら「四つの準則」は形而上学をどのように組み上げるのか、という問いに答えてくれない。その意味で、薄明を掻き分けながら先を進むときの方法、本論で後に論じることになる知性の行使の局面で働く明証性とこの「四つの準則」は区別される(3)。しかしながら、第一の準則の後半部、〈明晰判明に精神に浮かび上がるものだけに着目すること〉は思いの動きというダイナミズムを表現している。だからこそ、ライプニッツによる批判の重点はこの「明証性」の捉えがたさにおかれることになるのであろう。

ライプニッツは次のように記している。自分の「二つの規則」の方が、「『第一哲学』におけるデカルトの四つの規則よりも「遙かにいっそう絶対的だと私は断じる」、と。このライプニッツの二つの規則については以下に述べる。その前にここで気づいておかなければならないことは、ライプニッツが『方法序説』「第二部」の「四つの準則」、と『省察』の方法とを区別していないことである。それゆえに、ライプニッツは、第一に、デカルトの「四つの規則 quatuor regulæ」のうちの第一番目の明証性の規則は「無数の仕方で欺く」とする。(4)第二に、デカルトが方法として用いる「疑い dubitatio」は間違いか、有害か、役に立たないかであるとする。(5)結局のところ、第三に「判明な認識の標《しるし》を何も与えないのに、明晰判明な認識が真理の標であると言っても何の役にも立たない」。(6)ライプニッツがデカルトへの批判として挙げている四つをもう一度整理してみよう。それは第一に、明証性の規則であり、第二に、疑いという方法であり、第三に、判明な認識の標のなさである。もちろん、第一の批判と第四の批判は同根のものである。ライプニッツの批判している第一のものは、「第三省察」において手懸かりとして設定された「明証性の一般規則」の定式とほぼ同じである。第一の批判でライプニッツは、この規則は「無数の仕方で間違わせる」とする。それに対して第四の批判では、「判明な認識の標」のないことを指摘している。獲得された認識が判明であることの基準がないことと、明証性を頼りに思考を進めると無数の誤りに導かれるということとは、まったく同じことではない。この点については後でもう一度立ち返ることにする。一言でいえば、ライプニッツの批判は、そもそも明晰判明な「定義」がなされていないという点に向かう。もし、定義が精確になされており、そこからの展開が論理的であるならば、つまり、判明な認識に行き着くならば、「疑う」などということに何の役割もないはずである。このことは、ライプニッツが『方法序説』の「四つの準則」と『省察』とその「答弁」における記述に方法論上の区別を見ていないということを示している。言い換えれば、探究の進め方と記述の仕方の違いについて、ライプニッツがさほど気にしていないことがうかがわれる。先程、ライプニッツによる第一の批判と第二の批判が同根のものであると書いた。しかし、そこには探究を進めて行く際の明証性と探究の結果である認識の明証性という差異を認めることができる。以下に述べるライプニッツの規則にはその輻輳性を見ることはできない。デカルトの方法にはどのような局面でも適用される「四つの準則」と、形而上学を牽引して行く場合の「明証性の一般規則」と、記述の仕方にかかわる「分析」と「総合」とは適用される局面において輻輳している。それは「在る」と「知る」の輻輳、つまり、異質さと集中を表しているであろう。

次に、やや戻って、デカルトの「四つの準則」に対してライプニッツはどのような規則を対置させるのか。ライプニッツは「分析ないし判断法」を方法とし、次の二つの規則を立てる。[7] その二つの規則とは次のものである。「（一）説明されていないどんな語も認めないこと。（二）証明されないどんな定理＝命題も認めないこと」[8]である。先に見たように、この二つはデカルトの四つの準則よりも「遙かにいっそう絶対的」だと考えられている。ライプニッツにとってデカルトの規則は、ベラヴァルの表現を借りれば、やや不安定な表現ではあるが、「直観主義 intuisionisme」的で、[9] どれも論証にはなっていないということである。ライプニッツは次のようにも記している。「明晰判明に私が知覚することは真であるというこの命題は、〈すべての同一命題は真である〉さらに〈定義についての定義〉に戻るということが示されないかぎり証明されえない。（事柄は）そのようであるので、或る存在するもの〔「第一省察」と「第二省察」に現れる「欺くもの deceptor」と「悪しき守護霊 genius malignus」〕がいてわれわれを欺く、あるいはわれわれは欺きを蒙るという、このようなことをデカルトが怖れる必要はない」〔引用文中の〔 〕は本書著者の付け加えである〕[10]。ライプニッツに従えば、明証性を求めるというのは、自分以外の誰かによって欺されるというような事態を招くような方法なのだから、明証性だけでは論証にはならないのである。この方向線を辿って行くならば、ライプニッツにとってそもそも確実な知識を求めて「疑う」ということ事態が奇妙なことになるであろう。この対立を一言でいえば、ライプニッツにとって「デカルトは論証によって強いなければならない場合に、むしろ省察によって読者を導く」[11]ということになる。この点でライプニッツが闘ったデカルトは「私とともに省察する mecum meditari」(AT.VII, p. 9)ことを求めたデカルトである。「直観主義」という表現を使ってこの事態をすっかり表現できると看做すならば、両者の思考における決定的な差異を見逃すことになるであろう。むしろ「論証」と『省察』で予想される対立は次のように表現される。デカルトにとって哲学は誰にとっても自分のことでなければ哲学＝知恵 saggesse の探究にならない。ライプニッツにとって万人共有な証拠を示すことができなければ、哲学にならない。次に、この「論証」と「省察」を対立軸に据えて、デカルト形而上学の方法に迫ることにしよう。

第二節　幾何学的な記述の仕方

デカルトにとって「私」とともに『省察』という書物を読むということは、記述された順序に従ってともに思うということを意味する。つまり、デカルトは「省察」という仕方で『省察』を記したのである。「省察」の順序は、当然のことながら、記述の仕方と強く結びついている。デカルトは「第二反論」において「事柄全体を幾何学的な仕方で more geometrico」そして「一目で直視できるように」書くことを求められる（AT. VII, p. 128）。これに応じて『省察』「第二答弁」に「神の実在と心の身体からの区別を証明する幾何学的な仕方で配置された諸論拠 *Rationes Dei existentiam & animae a corpore distinctionem probantes more geometrico dispositae*」（AT. VII, p. 160. 以下、「諸論拠」と略す）という論考が付け加えられた。この表題からもわかる通り、「諸論拠」は定義、要請、公理、定理という幾何学的な配置で記述されている。ライプニッツによる先の批判をデカルト哲学の側からさらに細かく考えてみるために、この「第二答弁」において「諸論拠」の書き方を説明している部分、その部分の主題である「幾何学的な記述の仕方 modus scribendi geometricus」という概念を検討してみよう。当然のことながら、この「諸論拠」では証明の論拠が「幾何学的な仕方で配置」されており、デカルトが『省察』で用いた記述の仕方とは異なるという点については言うまでもない。しかし、「幾何学的な仕方」が省察という形而上学を構築する上での方法とどのように異なるのか、このことを精確に捉えるのは容易ではない。なぜならば、六つの「省察」の成果を省察とは異なる配置の仕方で述べるということは、考え方の道筋の異なりにまで及びかねないからである。否、思いを思いとして精確に記述することは思いの配置換えを、あまり精確ではない記述にせざるをえない。その端境《はざかい》にわれわれはデカルト哲学における「論証」と「省察」の隙間を見つけることができるのではないか。この点を次に考究してみよう。

「第二答弁」において、まず、デカルトは「幾何学的な記述の仕方」を、「順序 ordo」と「論証を進めることとの理由 ratio demonstrandi」、つまり、証明を行う際の理由の配列とに分ける。次に、「論証を進めることの理由」をさらに「分析 analysis」と「総合 synthesis」に区分する（AT. VII, 155）。「順序」は「幾何学的な記述の仕方」ならば「分析」でも「総合」でもその基礎を支えるものである。その「順序」は次のように規定されている。

「順序は、第一に定立される〈命題として立てられる proponuntur〉ことが後に続くどのようなものの助けもなしに、認識されねばならず、次に残りのすべては、先立つものどもだけから論証される、というように配置されねばならないという点にのみ存する」(AT. VII, p. 155)[12]。「私の『省察』においてはこの順序を能《あた》うかぎり入念に遵守すべく努めた」(*ibid.*)、とデカルトは述べる。このことは、「順序」が「幾何学的な記述の仕方」だけに要求される規範に留まらないことを意味している。

ライプニッツにとって、先に見たように、これでは論証の規則を提示したことにはならない。なぜならば、先ず第一に、そこから論証が出発するその出発点の命題、その命題の項となる概念が定義されていないからである。自明性の基準が確立されていないからである。第二に、先に見たライプニッツの「二つの規則」に則るならば〈語・解明 vox / explicatio〉と〈命題・証明 proportio / probatio〉という二つの水準の関係がデカルトによって明らかにされていない。言い換えるならば、語についての解明と、語を組み合わせることによって成り立つ命題を用いる証明とが一つの系をなしていなければならない。さらに突き詰めるならば、二つの水準をもった意味論が一つの意味論に納まるのでなければならない。語の解明が何らかの事態を必要とし、そして命題の証明にも何らかの事態が必要になる。そしてこの二種類の事態は一つの論理空間をなしているのでなければならない。そのためには〈事物の側から a parte rei〉と〈知性の側から a parte intellectu〉が一つになる場が得られていなければならない。ライプニッツによって「認識 cognitia」ないし「概念 notio」の「明晰な」、「不分明な」、「判明な」、「十全的な」という差異が認識内容、あるいは概念内容の差異と関連づけられているのもこのことを示唆しているであろう[13]。これとライプニッツの「コナトゥス・モナド」論についてのわれわれの検討結果を関連づけるならば、すべての「モナド」が或る一つの視点からの宇宙全体を映し出しているのであるから、意味論的探究は理由の系列を明らかにすることと別ではない。要するに、ライプニッツの先に掲げた「分析ないし判断法」は〈事物の側から〉と〈知性の側から〉という分別が不要であることを担保にしていると言えよう。[14] ライプニッツにしてみれば、一つの宇宙を構想する論理学・物理学に裏付けられていないデカルトの哲学は「真理の控えの間」に留まっているということになる。

これに対してデカルト形而上学にとっては「知ることから〈在る〉ことへと向かう結論は妥当である a nosse ad esse valet consequentia」（AT. VII, p. 520）という方向性が不可避である。ということはまた「語の解明」と「命題の証明」という二つの水準の問題ではなく、〈事物の側から〉と〈知性の側から〉という分別の方が、デカルト形而上学の結構を晒すのにはいっそうよい視点であるということになる。しかしながら、それは形而上学の基本設定を問うこと、たとえば、ライプニッツ形而上学においてわれわれが「コナトゥス・モナド」論を問うことである。われわれは二つの形而上学が折り合うことのできない点を「論証」と「省察」という方法に求めている。この点から見れば、ライプニッツに見出された水準の差異に対応するものは、デカルトにとっては「順序 ordo」と「論証を進めることの理由」の間に求められるであろう。しかしながら、「順序」は記述の方途を越えて守られるべき規範である。そのように捉えてみれば、「論証」と「省察」の隙間は「論証を進めることの理由」と「順序」の間ではなく、「記述」と「順序」の間に探されることになる。「幾何学的記述」と「順序」の間に「在る」と「知る」の輻輳が潜んでいそうに見える。

だが、われわれは「分析」と「総合」という区分をまだ評価していない。それらは「論証を進めることの理由」の下位分類になる。「分析は、事物が方法に従って methodice そして言わばア・プリオリに（より先なるものから）発見されたその真なる途を指し示す[15]」（AT. VII, p. 155）。そして「私の『省察』においては、教えるための真にして最善の途である分析にもっぱら従った」[16]（AT. VII, p. 156）。デカルトは『省察』において「順序 ordo」と「分析」に従っている。ということは『省察』は「方法に従って」発見されていくという仕方で進められるとともに、著者の省察が見出される順序に従って記述されているということになる。一方、「総合」は、「分析」と「反対の途、そしていわばア・ポステリオリに（より後なるものから）問われた途をとおして」「結論されたものを明晰に論証する」ことに存する。[17] 総合は「定義」、「要請」、「公理」、「定理」等を用いた長い系列を作る。「古代の幾何学者たち」の書物においてはこの総合が用いられるのが通常であった（AT. VII, p. 156）。繰り返しになるが、この二つともが「幾何学的な記述の仕方」である。ライプニッツの「分析ないし判断法」に見出された二つの水準という点に応じる区別を探してみて、われわれは「順序」と「幾何学的な記述」の間に着眼した。その「間」は順序に従うことと発見された途を示すこととの間である。ということは、もし真理に向けての思索の順序がそのまま発見の途である場合には両者の間に隔たりはないということになる。言葉を用いずには思索できないその思索を、言葉を用いて論証へと整える。順序に従って思い、その思いを、経過した思いとして書く。これが「順序」と「分析」の異なりである。だが、われわれが未だ評価していない要素がある。分析において思索は「方法に従って」いるのでなければならない。「幾何学的な記述の仕方」の一つの分肢となる「論証を進めることの理由」のまた一分肢である「分析」の説明のなかで「方法に従って」と言われている。それでは「幾何学的な仕方」は「方法」を含むのか。含むとするならば「幾何学的な仕方」は「方法」と異なる面をもつのか。いっそう的を絞り込めば、「幾何学」と「方法」との関係は何か。われわれの狙いが正当であるならば、この点がデカルトとライプニッツとの形而上学を構築して行く場合の差異になるのではないか。ライプニッツが咎めていたのはこの渡ることのできない橋の非存在だったのではないか。この咎め立てを解消するためにも、形而上学を紡ぎ出す方法を解明するためにも、われわれはさらに「幾何学 Geomethria」と「方法」との関連へと追究を進めなければならない。この二つを結びつける環は「マテーシス Mathesis」という概念に求められる。

第三節　マテーシスの広汎性

別のところで述べたようにデカルトの「マテーシス」という概念についてはその内実が明確になるほどには、デカルト自身による記述が与えられていない(18)。そのテクスト的な事情のために『理知能力指導のための諸規則 *Regulae ad directionem ingenii*』（以下『規則論』と略記する）における「普遍的マテーシス mathesis universalis」という概念が基礎におかれてデカルトの「マテーシス」という概念について解釈されることが多くなる。しかし、「普遍的マテーシス」を『省察』に使用される「マテーシス」に繋ぐためには、『規則論』が中断のまま終えられた作品であること、さらにその後に一六三〇年というデカルトの思索における大きな転回点がやって来ることを斟酌しなければならない。一六三〇年の転回点は「永遠真理創造説 la théorie des vérités éternelles」と呼ばれているころと〈認識からの出発〉と纏めることができる。言い換えれば、「意志」概念と「知性」概念とのデカルト的革新がそこに見出されるということである。それゆえに『規則論』の思索と『方法序説』、『省察』、『哲学の原理』などの後の思索とを切れ目なしの連続的展開と看做すことは難しい。しかし、多くの研究者は『規則論』における「普遍的マテーシス」と後の思索における「マテーシス」の間に切れ目を見てはいないように思われる。このことを念頭におきながら諸家の見解を少し参照してみることにする。注目すべき点は、「マテーシス」の広汎性と諸学における第一性と方法としての内実である。

この「普遍的マテーシス」という概念の系譜は、ラブイン（D. Rabouin）によって既に示されている。[19] そのなかでもデカルトへの流れの上流についてだけ簡潔に紹介してみよう。先行者であるクラプリ（G. Crapulli）の研究[20]を踏まえた上で、彼はデカルトがこの概念について受けたであろう影響の発信点として次の二人を挙げる。つまり、ファン・ローメン（Adrian Van Roomen (Adrianus Romanus), *Apologie d'Arichimède*, 1597）とアルステッド（Johan Heinrich Alsted, *Methodus admirandorum mathematicorum*, 1613）である。その二人は共通の源をもつとされる。その源とみなされているのはペレイラ（Benito Pereira, *De communibus omnium rerum naturalium principiis et affectionibus*, 1576）である。[21] この系列においては「共通な／一般的な数学、普遍的マテーシス、第一マテーシス mathematica communis, generalis, mathesis univeralis , prima mathesis はまったく等価な表現として看做されていた」とされる。[22] ファン・ローメンは「諸数学の確実性についての問題」というタイトルの下に、数学だけでも、数学の哲学だけでもなく、自然哲学についても扱っている。[23] また、ビュゾン（F. de Buzon）は、アルステッドの表の一つによれば、「マテーシス」は「抽象的なマテーシス」と「具体的マテーシス」に区別され、前者に代数学と幾何学が、後者に物体についての学などが含まれると書いている。[24] 要するに「普遍的マテーシス」もそうであるが、ファン・ローメンとアルステッドによって「普遍的マテーシス」だけではなく「マテーシス」も、それらが数学にかかわるとしても、しかし、さらに広く方法論をも含む学問の総称と考えられていた。

或る書簡によればデカルトは『方法序説』の表題として「或る普遍的な学の計画 le projet d'une Science universelle」を含んだものを考えていた（à Mersenne, 3-1636, AT. I, p. 339 / GB., p. 326）。また、『方法序説』を出版する意図について彼は別の書簡で次のように記す。「人々に道を用意し、川の浅瀬の底を調べる de lui préparer le chiemin, et sonder le gué」という「この事に向けて私は一つの一般的方法 une Méthode générale を提示する。私はそれを実のところ教えてはいないが laquelle veritablement je n'enseigne pas、それが以下に続く三つの試論を通して証明を与えようと努めた方法である」、と。その方法は「一つには、哲学と数学とが混じった主題、二つには、哲学についての純粋な全体、三つには、数学の純粋な全体」に、すなわち「屈折光学」、「気象学」、「幾何学」に「一般的に」適用される。もちろん、それぞれの分野に適用されるにはそれぞれに固有な仕方が述べられている。その一方で「一般的方法」とはこれらを覆う方法であり、「序説」本文ではこれ以外のものについて語る必要はなかった[25] (cf. à ***, 27-4-1637, AT. I, p. 370 / p. 380)。体系における位置という観点、その広汎性と諸学に対する第一性という観点から見た場合に、この「一般的方法」という概念は「普遍的マテーシス」および「マテーシス」という概念と体系構成の近傍に位置をもつ。それとともに、もう一つ留意しておくべきは、この「一般的方法」が「マテーシス」と重ねられるならば、それは既に与えられた方法ではなく、デカルトが自らの創意のもとに作り上げたと考えていることである[26]。

その一方で「マテーシス」は「オントロジア=存在論」という概念とも関係している。既に「存在論」概念と近代形而上学との関係については述べたところであるが、「存在論」という用語が「形而上学の歴史のなかに入ってくる[27]」のは、ゴクレニウス (R. Goclenius) の『哲学辞典』以来のこととされる[28]。この辞典の「思弁的諸学における質料の抽象 Abstractio materiæ in scientiis contemplatricibus」という項目の欄外に「オントロジア」というギリシャ語が現れる。そこに「オントロジアと存在についての哲学 'οντολογία et philosophia de ENTE」と記されている[29]。思弁的な学において理拠=理由に従ってだけ質料を捨象(抽象)する場合に、抽象は「数学的 Mathematica」とされる。この数学は「オントロジア的なものについての、言い換えれば、存在ないし超越的なもの(ども)についての哲学に Philosophiae de ente seu Transcendentibus」属すると述べられている[30]。同じく『哲学辞典』の別の項目を参照してみるならば、量の区分に応じた「マテーシス」と、運動する物体を扱う「物理学」とが「第一哲学 Prima Philosophia」の「理論学 Scientia theorica」に分類されていることがわかる。[31] 以上のことから、「オントロジア」あるいは「第一哲学」と「数学」あるいは「マテーシス」が互いに覆い合うということはないにせよ、「数学」あるいは「マテーシス」という概念が「第一哲学」の物理学への展開をも含めた方法論、別の視点から見れば、体系的位置において論理学に相当するということが看て取れる。クルティヌ（J.-F. Courtine）のようにゴクレニウスがギリシャ語で「オントロジア」という名前を与えた領域と、デカルトが「マテーシス Mathesis」という名前を与えた領域とを対応づけることはできないとしても、[32]「数学 Mathematica」ないし「マテーシス Mathesis」と「オントロジア」との語としての近接性は「顕著である」という点をわれわれも認めることができる。[33] 以上のことから考えるならば、「マテーシス」概念が数学的な学問、ないし、数学的学問方法論を指意すると考えていたフッサールの理解も、フーコーの理解も同じように歪んでいたことになる。[34] この理解の歪みは近代自然科学の特徴を捉える場合の歪みにも連関する。近代自然科学の中心的方法が、もっぱら数量化と機械論に見て取られるという観方は修正されなければならない。それらは、一方では、負の遺産とされながら、しかし、他方では、自然現象を把握するという事柄上、本質的に克服されえないことだからである。克服できないことを克服すると主張し、たとえば、数量化と機械論という方法に目的論ないし生命論という形而上学的思考が外挿されることによって、隔離と歪みが深まってきたのではないのか。一七世紀の哲学から失われたことは、自然科学と形而上学とが連携していたことであり、自然科学が真理と善に基盤をもっていたことである。現代科学はこのことを取り戻さなければならない。

第四節　方法としてのマテーシスによる諸学の成立

カンブシュネル（D. Kambouchner）は『規則論』における「普遍的マテーシス」について形式的には「一種の数学」であるが、その位置からするならば「数学的な諸学問 disciplines の実象的本質 *essence réelle*」を示し、「普遍的マテーシス」で構想されているのは「理由についての学問 discipline de la raison」だと述べる[35]。カンブシュネルは数学的であるという特徴を引き離さないにせよ、その「第一」という点と普遍性を『規則論』における「普遍的マテーシス」に認めている。先に見た『方法序説』に関する「方法」についてのデカルトによる言及をこれに組み入れるならば、そこに記されている「一般的学」という表現と『規則論』における「普遍的マテーシス」とが同じく諸学問の方法を示すという役割を果たしていることが明らかになる。『規則論』において「普遍的マテーシス」は「第四規則」で集中的に論じられており、「第八規則」で付加的に論じられている。後者では「屈折」の比の問題が「マテーシス」ではなく物理学に属するという例が述べられている。そもそも『規則論』における「マテーシス」の出現箇所は一二箇所とされ、「普遍的マテーシス」という連辞は二箇所にのみ見られる[36]。

その「第四規則」について少し詳しく「マテーシス」を追いかけてみよう。「第四規則」では「方法」の必要性が説かれている。まず、かつての「哲学の創設者達」の「マテーシス」について、その「マテーシス」を「彼らは、われわれの時代に通常なされているのとは別個なものと認知していた」（AT. X, pp. 375-376）と記される。その「マテーシス」を古代の人たちが「完全に知っていた」とはデカルトは看做していない。古代において

「哲学とマテーシスの真なる観念」は認知されていたのであるけれども、「哲学」と「マテーシス」という二つの学を古代の人たちは導き出すことはできなかった。つまり、パッポスとかディアファントスの作品には「真なるマテーシス」の「諸痕跡 vestigia」は現れているのだが、彼ら古代の人たちはその「マテーシスがきわめて容易で単純であったので quia facillima erat & simplex」[37]その「技術 ars」そのものを教えることをしなかった（AT. X, pp. 376-377）。そしてこのような経過を辿って、デカルトは「代数学と幾何学の個別的な研究からマテーシスについての一般的な或る探究へと」[38]呼び戻された（AT. X, p. 377）と記す。そこでこの「マテーシスという名前」によって何が理解されているのかということ、どうして「天文学ばかりでなく、音楽、光学、工学、その他の多く」が「数学の部分であると言われる Mathematicæ partes dicantur」のかということを彼は尋ねている（AT. X, p. 377）。「マテーシスという名前は学問 disciplina という名前が言おうとしていることだけを言おうとしている Matheseos nomen idem tantum sonet quod disciplina」（AT. X, p. 377）[39]。「何がマテーシスに属し、何が他の学問に属するかは」学院に入った者にはわかっている。これらの事柄を「いっそう注意深く考察する者にとっては」「順序あるいは尺度が吟味されるすべてだけがマテーシス」に関係し、これは数、図形、星、音など「尺度が探索されねばならない」ような対象には「関与せず nec interesse」、「順序と尺度が、どんな種別化された質料にも結びつけられることなしに探索されうる、或る一般的な学 generarem quamdam scientiam がなければならない」ということが知られる（AT. X, pp. 377-378）。この「一般的な学」を古代からの既に受け入れられている用語を使って「普遍的マテーシス」とデカルトは呼ぶ（AT. X, p. 378）。このうちには「数学的諸学の他の部分 aliæ scientiæ Mathematicæ partes」も含まれる（AT. X, p. 378）。この「普遍的マテーシス」という名前を「すべての人が識っている」にもかかわらず、人々はこれに依存する学問を熱心に求めるのに、「普遍的マテーシス」の方は「すべての人々にきわめて容易なものと看做されていて eam ab omnibus haberi facillimam」、誰も学ぼうと苦労しない（AT. X, p. 378）。「私はと言えば、自分の弱さを自覚しているので ego, tenuitatis meæ conscius,」「もっとも単純でもっとも容易なものから常に出発する」という「順序」を守ることにしていた（AT. X, pp. 378-379）。デカルトは「そういうわけでそれ以降、普遍的マテーシスを自分のなせるかぎりにおいて開発した」（AT. X, p. 379）のである。[40] 要するに、『規則論』における「普遍的マテーシス」は「マテーシス」の広汎性を明確に表示するために用いられており、そのことを最も縮約して言えば、「順序」を「順序」として、そして「尺度」を個々の質料を離れて論じるという方法を示している。それゆえに他のすべての学問がこの「マテーシス」に依存することになる。「マテーシス」はそのようにして「方法」概念と結びついているのである。

この「マテーシス」と自然学との関係はどのようであるのか。『規則論』における「普遍的マテーシス」の場合であるならば、すべての学問がこの方法に貫かれて横並びになるはずである。もう少し言えば、「単純本性 natura simplex」の「必然的結合 conjunctio necessaria」（AT. X, pp. 420-421）として一切の事象が記述される。その体系構成上、数学の確実性が物理学を支えるという基礎づけの関係は『規則論』の「普遍的マテーシス」には見出されない。『方法序説』の表題に関する先に見た書簡によれば「普遍的学 Science universelle」は「われわれの自然本性を完全性のいっそう高い段階へと高めることができる」学であるとされる。その一方で、この学は屈折光学、気象学、幾何学を含んでいるように見える（AT. I, p. 339）。このことは先に見た第二の書簡において、「一般的方法」が「哲学と数学の混合された主題」、純粋に哲学的な主題の全部、純粋に数学的な主題の全部に適用されるように記されていることとも符合する（AT. I, p. 370）。そしてまた、『方法序説』冒頭に記されている「六部」の構成からもこのことが看て取れる。それを簡潔に纏めるならば、「第一部」では諸学についてのさまざまな考察が述べられ、「第二部」では「著者が探した方法についての主要な規則 principales règles」が提起される。「第三部」では「彼がこの方法から引き出した」道徳についての幾つかの規則が記され、「第四部」では「彼の形而上学の諸基礎」である神と人間の魂の実在証明が提示される。「第五部」では物理学の諸問題についての「順序」が述べられ、とりわけても心臓の運動が解明される。「第六部」では自然探究を前進させるために求められることについて述べられる。[41] ここから読み取れるわれわれの探究にとって肝要なことは、第一に、形而上学と自然学との間に階層性が見られないこと、第二に、「方法」は彼自身が探し出したものとされていること、第三に、その「方法」はそこから道徳についての規則をも引き出すことができるような内容をもっていることである。これらは先に見た『方法序説』について言及している書簡に述べられていることと響き合っている。これらを纏めて言うならば「普遍的学」、「一般的方法」、「方法」は、それを適用してさまざまな学問が得られるという点で、諸学との間には線が引かれるにもかかわらず、諸学の間には階層関係が認められていないということになる。別の言い方をすれば、『方法序説』では仏訳『哲学の原理』「序文」に示されている樹状的な諸学の階層は構想されていないということである（AT. IX, pp. 14-16）。「普遍的マテーシス」も「普遍的学」も「一般的方法」も、それをさまざまな主題に適用することによって諸学が成立する。その意味で第一のものであったということになる。そしてこのことが『規則論』と『方法序説』において共通していること、また既に別の所で指摘したようにその「第四部」に展開されている形而上学が途上のものであること[42]、これらのことを考えるならば、一六三〇年がデカルトの思索上の大きな転回点をなすにもかかわらず「普遍的マテーシス」についての捉え方は一六三七年の『方法序説』まで存続していたと看做すことができる。

註

（1）この点について少しだけ記しておく。たとえば、ラブインによればプラトン『国家』537c に « μάθησις » という語が現れる（D. Rabouin, *Mathesis universalis : L'idée de « mathématique universelle » d'Aristote à Descartes*, PUF, 2009, p. 115）。『国家』の当該箇所日本語訳は次のようになっている。「ただそのような学び方だけが、それを受け容れることのできる人達において、確固とした力をもつのですからね」（藤沢令夫訳『国家』岩波書店、一九七六年、五四九頁）。「学び方」と訳されている。『希英辞典』（H. G. Liddell and R. Scott, *A Greek-English Lexicon*, Oxford, 1968）によれば、« μάθ-η=μάθησις » の第一の意味は「学ばれたこと」、第二の意味は「学ぶこと、知識」、第三の意味は「特殊的に数学的諸学」とされている。『希仏辞典』（V. Magnien et M. Lacroix, *Dictionnaire Grec-Français*,Librairie Classique Eugène Belin, 1969）は « μάθησις » を見出し語に挙げ、第一に「研究、学ぶこと」、第二に「学ぶ技法、学ぶ能力」、第三に「教育、認識」などを挙げている。直接的に数学に関わる意味は挙げられていない。ラブインはプラトンのこの語を「かなり稀な用語 un terme assez rare」と記している（*op.cit.*, pp. 114-115）。彼が «mathesis universalis » の起源として論じているのはアリストテレスの « καθόλου μαθηματική » つまり「普遍数学」である（*e.g. op.cit.*, p. 39）。また、一一世紀以前に写本が見出されず、一三世紀から写本が出回ったとされ、さまざまな写本の系列をもちながら伝えられてきた書物に Firmicus Maternus の八巻からなる *Mathesis* という書物がある（Firmicus Maternus, *Mathesis*, Texte établi et traduit par P. Monat, Les Belles Lettres, 2002, cf. p. 26 et p. 31）。これは「天文学 astrologie」を主題とする書物である。「マテーシス mathesis」という概念がどのようにして一七世紀まで伝えられたのかわからないが、「マテーシス」という語が数学に関わりがあったとしても、数学の枠を超えている面をもっていたと考えることができる。そういう点で « mathesis universalis » を「普遍数学」と訳し、デカルト哲学の方法を数学的であると解釈する強い伝統的な傾向はかなりの偏りを結果としてもたらしたことになる。

（2）« ingeniosæ Analyticæ Speciosæ, quam excoluit inprimis Cartesius », G. W. Leibniz, *Dissertatio de Arte combinatoria*, Ende März 1666. Druck B (Leipzig 1666) (A. VI, 1, p. 171 & p. 173). Cf. *Disputatio de casibus perplexis in jure*, 5. (15.) November 1666. Druck B(Nürnberg 1666) (A. VI, 1, p. 236).

（3）知性の発動である流れの局面については、本書「第二部第四章第三節」を参照。

（4）« quatuor illas［*scil.* regulas］Cartsianas in prima Philosophia, quarum primaria est quicquid clare distincteque percipio, illud est verum: Quae inifinitis modis fallit. » , G. W. Leibniz, *Nova methodus discendæ docendæque jurisprudentiæ. Ex artis Didacticæ Principiis in parte Generali praemissis, Experientiæque Luce:* Autore G. G. L. L. 1667 (A VI, 1, & pp. 279-280). ラテン語訳の『方法序説』では « précepte» を «præceptm» で訳し、«regula» で訳していない（AT. VI, p. 550）。しかし、フランス語原典冒頭の内容紹介では «règle» という語が用いられている（AT. VI, p. 1）。この部分はラテン語訳には欠けている。

（5） «Quod Cartesius de dubitatione jactat, aut falsum est et damnosum aut huc reducitur.» G. W. Leibniz, *Cartesius veram analysin amisit* [1683 bis 1695(?)] (A .VI, 4, b, p. 1472).

（6） « Il (*scil.* Descartes) ne sert rien de dire, qu'une connoissance claire et distincte est une marque de la verité, quand on ne donne point des marques d'une connoissance distincte. » G. W. Leibniz, *De la philosophie cartésienne*, [Sommer 1683 bis Winter 1684/85] (A. VI, 4, b, pp 1484–1485).

（7） G. W. Leibniz, *Nova methodus discendæ docendæque jurisprudentiæ. Ex artis Didacticæ Principiis in parte Generali præmissis, Experientiæque Luce*: Autore G. G. L. L. 1667. (A. VI, 1, pp. 279-280).

（8） « Ut nulla vox admittatur, nisi explicata », « ut nulla propositio, nisi probata » (G. W. Leibniz, *op.cit.* p. 279).

（9） cf. Y. Belaval, *Leibniz critique de Descartes*, Gallimard, 1960 の「第1章」を参照。

（10） « Haec propositio : quod clare distincteque percipio, illud est verum, non potest probari nisi quatenus ostenditur redire ad hanc: *propositio omnis identica vera est*, item Definitio de definitione.Itaque non est opus Cartesio metuere ne Ens aliquod sit, quod nos fallat, aut falli patiatur. » G. W. Leibniz, *De veritatibus, de mente, de Deo, de universo*, 15. April 1676 (A. VI, 3, p. 508). 括弧内は筆者の補足。

（11） G. W. Leibniz, An Honoré Fabri, [Hannover, Anfang 1677], A. II, i, p. 298.

（12） « Ordo in eo tantum consistit, quod ea, quae prima proponuntur, absque ulla sequentium ope debeant cognosci, & reliqua deinde omnia ita disponi, ut ex praecedentibus solis demonstrentur. » (AT. VII, p. 155).

（13） cf.G. W. Leibniz, *Meditationes de cognitione, veritate et ideis*, in Gerhard, t.IV, pp. 422-426. たとえば、かつて見た花、動物などは「不分明な概念」、色、香り、味などは「明晰で不分明な認識」、数、量、図形のように「唯名的定義」をもっているものは「判明な概念」。しかし、この系列と認識のされ方によって異なる場合も示されている。すなわち、「貨幣検査官が金についてもっている概念」は「判明な概念」とされ、また、「金の概念」が「複合的概念」とされる場合には、「判明だが不十全な概念」

とされる。

(14) ライプニッツの「実在」把握については、本書の続巻である『知の存在論』における所謂「存在論的証明」の解明のなかで論じる。

(15) « Analysis veram viam ostendit per quam res methodice & tanquam a priori inventa est » (AT. VII, p. 155).

(16) « Ego vero solam Analysim, quæ vera & optima via est ad docendum, in Meditationibus meis sum sequutus » (AT. VII, p. 156).

(17) « Synthesis e contre per viam oppositam & tanquam a posteriori quæsitam (etsi sæpe ipsa probatio sit in hac magis a priori quam in illa) clare quidem id quod conclusum est demonstrat, » ここでの括弧内補足によって述べられているのは、「総合」においても、証明が「分析」よりもいっそうア・プリオリに、つまり、いっそう先立つものからなされることがしばしばある、ということである。このことは幾何学的な記述の仕方でも、ユークリッド『幾何原論』的な叙述の仕方である「総合」の方が何かしら一貫性を欠きやすいものとデカルトによって考えられていたことを示している。「分析」と「総合」については『数学あるいは存在の重み』一二八頁以降参照。また、『ビュルマンとの対話』には神の実在証明の順序について次のように記されている。「『省察』においては、発見したとおりにア・ポステリオリな証明の後に、ア・プリオリな証明を配した」、と。『哲学の原理』では逆になっている。「というのも、一方は別の途によって発見の順序で、他方しかし『哲学の原理』では教えることの順序で教え、総合的に論じている」(*Entretien avec Burman*, Texte 11 de Beyssade, AT. V, 153)。さらに、à Mersenne, 11-10-1638, AT. II, p. 394 / BG. p. 892 : à Mersenne, 31-12-1640, AT. III, p. 276 / BG. p. 1358: *DM*, p. VI, AT. VI, pp.76-77」& *PP*. p. III, art.4 などを参照。

(18) 「マテーシス」については『感覚する人とその物理学』六一頁から六四頁をも参照のこと。

(19) D. Rabouin, *Mathesis universalis : L'idée de « mathématique universelle » d'Aristote à Descartes*, PUF, 2009.

(20) G. Crapulli, *« Mathesis universalis ». Genesi di una idea nel XVI secolo*, Dell'Ateneo, 1969.

(21) D. Rabouin, *op. cit*, p. 194.

(22) *op.cit.* p. 197

(23) *op.cit.* p. 198

(24) F. De Buzon, *La mathesis des Principia : remarques sur II, 64*, dans J.-R. Armogathe, G. Belgioioso, *Principia Philosophie (1644 - 1994)*, Naples, Vivarium, 1996, p. 309.

(25) « Véritablement » の訳については Jean Nicot, *Le Thresor de la langue francoyse* (1606), « Veritablement, Vere. / Veritablement j'ay cette opinion arrestée et fichée en mon esprit, Et quibdem ego sic apud animum meum statui. における « vere, et quidem » の意を採用した（http://artflx.uchicago.edu/cgi-bin/dicos/）。また、« Sonder le gué » は「瀬踏みをする」と訳されることがあるが、「瀬踏み」とは「予め」・「何かをする前に」「ちょっと試してみる」という意味だが、ここで「予め」という意味をデカルトは含めているのであろうか。アカデミー版の辞書において « sonder le gué » にあまり「予め」という意味はなさそうである。もちろん、『方法序説』は本格的な学問的記述の展開をしているわけではない。その意味では『哲学の原理』の「前」である。だが、『方法序説』の方法が「予め」であり、『省察』、『哲学の原理』の方法が〈予めの方法を先に伸ばした本格的な方法〉と考えることはできそうもない。このことは「方法」と諸学問の階層化にもかかわる。『方法序説』の「方法」が諸学問を方法で統一的に扱うという「方法」であるのならば、『省察』、『哲学の原理』の方法とは異質のものであると言えよう。

(26) cf. R. Descartes, *Epistola ad P. Dinet*, AT. VII, p. 571 & à Mersenne, 30-8-1640, AT. III, p. 173 / = à Mersenne per X***, 30-8-1640 / GB. 1274-1276.『感覚する人とその物理学』六一頁から六三頁参照。

(27) J.-L. Marion, *Sur le prisme métaphysique de Descartes*, PUF, 1986, pp. 79-80 et p. 29, n. 27. Cf. J.-F. Courtine, *Suarez et le système de la métaphysique*, PUF, 1990, p. 408, p. 410, n. 6, pp. 411-412.

(28) Rudolph Goclenius, *Lexicon philosophicum*, Francfort, 1613/ Marburg 1615 / Olms 1980. 以下 *Lex. Philo.* と略記する。

(29) R. Goclenius, *Lex. Philo.*, p. 16.

(30) R. Goclenius, *Lex. Philo., ibid.*

(31) R. Goclenius, *Lex. Philo.*, p. 1011, & cf. p. 828.）

(32) J. F. Courtine, *Suarez et le système de la métaphysique*, PUF, 1990, p. 488.

(33) Courtine, *op.cit.*, p. 412.

(34) この点については以下を参照。E. Husssel, *Die Krises der europäischen Wissenschaften und die transzendentale Phänomenologie*, Felix Meiner, 2012, II,§ 8 & § 9（E・フッサール（細谷・木田訳）『ヨーロッパ諸学の危機と超越論的現象学』中公文庫、一九九五／二〇一一、「第二部第八節」および同「第九節」）et M. Foucault, Les mots et les choses, Gallimaard, 1966, ch. III, § 6（ミシェル・フーコー（渡辺・佐々木訳）『言葉と物』新潮社、一九七四、「第三章題六節」）。

（35） D. Kambouchner, *L'Homme des passions*, Albin Michel, 1995, t. II, p. 311.

（36） J.-R. Armogath & J.-L. Marion, *Index des Regulae ad directionem ingenii de René Descartes*, Ateneo Roma, 1976.

（37） «quia facillima erat & simplex» = qu'elle était très facil et simple (R. Descartes, *Règles utiles et claires pour la direction de l'esprit en la recherche de la vérité, Traduction selon le lexique cartésien, et annotation conceptuelle*, par J.-L. Marion, Nijhoff, 1977, p. 14)

（38） «ad generalem quamdam Matheseos investigationem». これに対するJ. Brunschwigの訳は、« à une sorte d'investigation générale de la mathématique »（René Descartes, *Oevres philosophiques (1618 - 1637)*, t. I, Édition de F. Alquié, Garnier, 1963, p. 97）である。一方、J.-L. Marionは« à la recherche d'une certaine Mathesis générale »（*op.cit.*, p. 15）と訳している。『規則論』のテクストには難しい点がつきまとってきた。それどころではなく、『規則論』のこれまで知られていない写本がケンブリッジ大学で二〇一一年に発見された。これについては山田弘明・池田真治による報告を参照していただきたい（「新発見のデカルト『規則論』の写本」『フランス哲学・思想研究　一七』日仏哲学会、二〇一二年、二二九頁から二三一頁）。この写本が校訂されて出版されるまでは予断を許さない状況である。二〇一二年には出版されると言われていたが、本著を記している二〇一四年夏までにはまだ出版されていない。

（39） この次の一節、つまり«non minori jure, quam Geometria ipsa, Mathematicæ vocarentur»について読み方は定まってはいないようである。AT版はここには何かが欠けている、つまりは« vocarentur »の主語が欠けている、それはたとえば« omnes ou cæteræ disciplinæ ? »か、とする（AT. X, p. 377, b.）。Brunschwigもほぼ同様である（*op.cit.*, p. 98, n. 1）。MarionはCrapulliの説を紹介する。Crapulliは« disciplinæ »が了解済みのこととして省略されているとする（René Descartes, *Regulæ ad directionem ingenii*, Texte critique établi par Giovanni Crapulli avec la version Hollandaise du XVIIème siècle, Nijhoff, 1966, p. 86, n. 13）。その場合にクラプリはClaviusからの引用を使用している。「数学的諸学問 Mathematicæ disciplinæ」という表現である。そう解すると、「幾何学そのものに劣らず数学も、数学的諸学問と呼ばれる権利をもつ」ということになりそうである）。これに続いてMarionは「デカルトの推論」の流れを記した後に、『規則論』における「マテーシス」と「数学 Mathematica」の用例を分析する。そして両者が「同意語」ではないことを明らかにし、「結局のところ、マテーシスは個別的な学として数学を含む」とする（Marion, *op.cit.*, pp. 156-157）。このことは「普遍的マテーシス」との関連でも問われることである。しかし、« quam Geometria ipsa, Mthematicæ vocarentur »と「数学」が複数形になっていることの可能性について上述の研究者たちは問うてはいないようである。

（40）この後に次の表現が続く。« adeo ut deinceps me posse existimem paulo altiores scientias non præmatura diligentia tractare. » (AT. X, p. 379)「そのようにしてそれ以降は熟し切った慎重さによって私はもっと高度の学知を論じることができると看做している」。『デカルト著作集』（4）白水社、一九九三年は scientias(pl.) を「学問」と訳し（二九頁）、註においてその学問は「物理学を指す」としている（二二三頁（12））が、それは誤りである。知識を高めることができるということが言われている。

（41）R. Descartes, *Oeuvres complètes*, sous la direction de J.-M. Beyssade et D. Kambouchner, t. III, Gallimard, 2009, p.81: AT. VI, p. 1.

（42）『デカルト形而上学の成立』「第二部第三章」参照。

第四章　コギトの形而上学とモナドの形而上学

第一節　諸学の樹状的構成

「普遍的マテーシス」による構想は先に見たように『哲学の原理』における諸学問の配置とはまったく異なる。『哲学の原理』「第一部」の表題には「人間的認識の諸原理について」(AT. VIII, p. 5) と記されている。その「第二部」は「物質的事物の諸原理について」(AT. VIII, p. 40) である。仏訳『哲学の原理』(*Principes de la philosophie*, 1647) の「序文」では「哲学の第一の部分は形而上学であり、それは認識の諸原理を含む」(AT. IX-2, p. 14) とされている。『哲学の原理』「第一部」は形而上学、ないし第一哲学であり、その「第二部」には物理学の基礎が提示されている。つまり、認識の原理の解明が物理学の確実性に基礎を与えるという点で、形而上学ないし第一哲学と物理学との間には階層性がある。『方法序説』には見られない階層性が『哲学の原理』には見出される。これが『省察』における「マテーシス」の問題なのである。「純粋で抽象的なマテーシス」(AT. VII, p. 65 / E. p. 65)、「純粋なマテーシス」(AT. VII, p. 71, p. 74 & p. 80 / E. p. 72, p. 75 & p. 83) という表現は「第五省察」から「第六省察」への方法的基盤の橋渡しを示している。言い換えれば、「マテーシス」によって数学から物理学への移行が成し遂げられる。この限りでは「純粋で抽象的な」学問から「純粋な」学問への移行である。ビュゾンは『規則論』・『方法序説』から『哲学の原理』への「マテーシス」概念の変容について、物理学が感覚される事物を対象に組み入れるという点に着目する。『哲学の原理』「第二部」から「第三部」への移行にその問題が生じる。ライプニッツの或る時期の考えを参照軸にとってみれば、「抽象運動論ないしは感覚と諸現象に依存しない運動の普遍的理由」(1)と「具体運動論ないしは地球における諸現象の理由についての仮説」(2)との関係に相当するであろう。ライプニッツの思考の展開、ホイヘンスなどとの影響関係を別にして、フィシャンの言い方を借りて両者の差異を述べてみるならば、次のようになる。事柄は「物体についての概念化」と「運動を分析する手段」とにかかわる。それはまた「理性的な物体」と理性だけに従う計算可能性との関係である。ここに「抽象運動の法則と具体運動の法則との間の分離」を見ることができる。それはまた「運動の無限小解析の要素であるコナトゥス *conatus* が幾何学的に合成されて、単純な加算ないしは減算によって二つの物体に共通な結果になる運動を定義する」ということでもある。(3)フィシャンのこの見解によれば、抽象運動論と具体運動論との間に方法上の差異はないということになる。

これに対して、デカルトの場合に『哲学の原理』「第二部第六四項」に「マテーシス」が記されているということはどのような意味をもっているのであろうか。この「第六四項」の表題を纏めてみると次のようになっている。「物理学においては、幾何学あるいは抽象的マテーシスおける」原理以外のものを「私」は認めも望みもしない、と(*PP*. p. II, a. 64, AT. VIII, p. 78)。これは物理学と「マテーシス」の平準化を示しているのか。つまり、物理学も幾何学も「マテーシス」という方法を適用されて得られるということを示しているのか。そうではない。一つにはこの「第六四項」が先ほど見たように、「第二部」である「物質的な事物の原理について」から「第三部」の天体論である「可視化可能である世界について De Mundo adspectabili」への移行を示しているからである。第二に、表題が示しているのは幾何学と「抽象的マテーシス」の言い換えであり、それらと物理学の差別化だからである。ビュゾンは『哲学の原理』「第二部第六四項」と『省察』における「マテーシス」に着目しつつ次の解釈を提示している(4)。すなわち、「第六省察」における純粋なマテーシスの対象は「一般的に見られた generaliter spectata」物体の性質であるが「個別的なもの particularia」も物理学の対象になる(5)。結局のところ、感覚についての解明という回り道をして、すべての現象はマテーシスの原理によって解明されることになる。感覚の理論が一般的物理学と個別的物理学を要求する以上、この回り道を避けることはできない(6)。「感覚についての理論は現象のマテーシスへの還元が実効性をもつ場 lieu effectif である(7)」。さらに彼は「ビュルマンとの対話」における、マテーシスの対象は「真にして実象的存在で verum et reale ens、真にして実象的本性をもち、まさしく物理学の対象に劣らない」(AT. V, p. 160 / Beyssade, *op.cit.*, p. 73) という文を引用して、この考えに基づけば数は対象に入らないとしている(8)。「ビュルマンとの対話」そのもの、さらにこの箇所については、それがデカルトの述べたとおりかどうかについて慎重さが求められる。しかし、既にわれわれが明らかにしたとおり、数学的真理の可能的実在が、個々の物体の現実的実在から何かを差し引いた実在ではないのであるから、この箇所における「数学の証明すべてが真なる存在と対象にかかわるように、マテーシスの全体的普遍的な対象もそうである」(*ibid.*) という点を、デカルトの立場を示すものとして認めることができる。

第二節　数学と物理学の関係

次にこの点を「第五省察」から「第六省察」への展開において確かめてみよう。「第五省察」において想像力の働きが空間を開くことであると見出され、ここに幾何学の基盤が成立する。この広がりである空間を区切ることによって数が取得される。換言すれば連続量の分割として離散量が得られる。(9) 幾何学が開かれて代数学が成立する。この流れのなかで「第五省察」において「純粋で抽象的なマテーシス」(AT. VII, p. 65 / E. p. 65) という表現が用いられ、「第六省察」において「純粋なマテーシス」(AT. VII, p. 71 & p. 74 / E. p. 72 & p. 75) という表現が用いられる。つまり「第五省察」で確立される数学は「純粋で抽象的なマテーシス」と表現される。それに対して「個別的な」事柄を扱う物理学の基礎理論は「純粋なマテーシス」と呼ばれ、用語上の使い分けがなされる。この数学と物理学の関係とライプニッツの「抽象運動論」と「具体運動論」の差異を参照してみるならば、デカルトにおいて物理学の基礎としての確かさを確立するためには感覚の確実性を評価しなければならないということが見えてくる。ビュゾンの言う「回り道」である。このように明らかになってくれば、デカルトが『省察』と『哲学の原理』で用いている「マテーシス」は形而上学の方法論ではけっしてないことも明らかになる。形而上学から数学と物理学へと移行する際に、その移行の印となっているのが「マテーシス」という概念である。その点で先に見たカンブシュネルが指摘しているように、「マテーシス」という概念から数学的意義を引き離すことはできない。しかし、形式的論理学によって代替されるような「方法」でもない。というのもわれわれが既に明らかにしたように、「マテーシス」が「第六省察」冒頭に「第五省察」の成果として捉え直されるそのときに、明証性という真理基準もともに改変される。(10) もう少し内容に即して言うならば、次のようになる。すなわち、「第六省察」ではこの明証性という基準を用いて「純粋数学の対象」であるかぎりの物質的な事物について可能的実在を帰結することがその冒頭で確認される。「明晰判明に私が知覚するのであるから、当の純粋マテーシス pura Mathesis の対象はそのかぎりで実在しうる」(AT. VII, p. 71 / E. p. 72)。この実在しうる対象、これが「個別的なものども particularia」という相においてみられる場合に、言い換えるならば個々の物体として考察される場合に、感覚の確実性が評価されなければならなくなる。感覚という認識能力の評価は「第六省察」で解明されるべき最重要な課題である。

この「マテーシス」という概念の特質を纏めてみるならば、次のようになる。(11) 第一に、デカルトは「マテーシス」は自分こそが肝心要なものとして用いていると考えていた。デカルトはスコラ学者からの攻撃に応答するなかで、「マテーシス」を「私こそ最始的 præcipue に用いていると私は言われている」(*Epistola ad P. Dinet*, AT. VII, p. 571) と書いている。第二に、それは哲学における論証の方法であるとされている。この点については次のように言われる。スコラ学者たちは「マテーシス」と哲学の間を区別するが、自分にとっては哲学の問題に「数学的証明 Mathematica probatio」を与えることが重要である、と。(12) 第三に、「マテーシス」という概念は発見することと発見された学知を包摂する概念である。オランダの若い研究者に向けた書簡においてデカルトは「マテーシス」を「記誌 historia」と「学知 scientia」に区別し、前者は発見されたもののすべてであり、後者は問題を解決し「人間の理知能力 humanum ingenium によって」発見できるものを独力で見出すための「技法 industria」とされ、「マテーシスの理論」の重要性が説かれている。(13) 第四に、ガサンディが「第五反論」において「純粋マテーシス pura mathesis」と「混合マテーシス mixta mathesis」の区別 (*Resp. V*, AT. VII, p. 329) を持ち出しているのに対して、デカルトはこの区別を立てない (AT. VII, 384)。デカルトはこの言い方を受け容れるか否かについては答えていない。ガサンディの再反論もこの点に関してはそれ以上に深入りをしていない。(14) デカルトにとってガサンディの区別は反論の必要を見出すことのないものだったのであろう。その一方で「純粋マテーシス」の対象を「物体的本性」とするデカルトからすれば、個別的で (空間において生じ感覚によって捉えられる）物体的現象も物体的本性に支えられていることは確かである。それゆえデカルトがこの点での「純粋」と「混合」という区分を受け容れなかったとしても、もっともなことと言える。

『省察』、『哲学の原理』、諸書簡を通して明らかになることは「マテーシス」が方法であり、しかし、形而上学を構築して行く際の方法ではなく、空間性が開かれてから使用される方法だということである。つまりは「マテーシス」は幾何学という場で働く方法であるが、それは感覚の確実性の評価を介して物理学にまで浸透して行く方法である。別の視点から見るならば、思いを思いとして論じる領域において適用されるのではなく、広がる世界に適用される方法だということである。その意味で『方法序説』「第二部」に記されている「四つの準則」と同じ次元にはないし、同じ内容でもない。それではこの空間に適用される方法は、先に見た『省察』「第二答弁」に述べられている「幾何学的な記述の仕方」とはどのように異なるのか。この「記述の仕方」は『省察』全体に及ぶ「仕方」であった。そして「マテーシス」がそれとして説明される場合に既に見たように「記誌」と「学知」を含むもの、前者は発見されたすべてを含み、後者は「人間の理知能力によって」発見できるものを独力で見出すための「技法」であった。この後者は「幾何学的な記述の仕方」のうちの「論証を進めることの理由」に含まれる「分析」に対応している。先にわれわれは「順序」と「論証を進めることの理由 ratio demonstrandi」の区別を、思索の進行としての記述と、その進行の捉え直しとしての記述と区別して解釈した。われわれが言葉を用いて思考するという事実を基盤におくならば、思考するそのありさまそのものと、言語表現として系列化された思考との区別になる。判断が「知性と意志の協働」によって成立することを酌量するならば（AT. VII, p. 56 / E. p. 54）、思いの流動とその流動に意志の働きが加わる流れとの差異になる。「マテーシス」は空間性の原理（幾何学の原理）と空間的で個別的な変化の規則（運動論）という場面で成立し、それとの対応を思いの領域で示すならば「順序」と「論証を進めることの理由」として露わになる。これがライプニッツによって、デカルトは論証すべき場合に省察を求めると言わしめたところであろう。デカルトの『省察』は発見の途を辿り、つまり思いが動いていくままを記述するところに論証構造が開かれてくるという道筋を辿る。その開かれてくる論証構造が明証性という真理基準に落ちる。思いがそのまま動いて行くということは順序を追うということ、すなわち「第一に定立されたことが、後に続くどのようなものの助けもなしに、認識されねばならず、次に残りのすべては、先立つものどもだけから論証されるというように配置されねばならない」ということである。

第三節　知ることの存在論

「第五省察」によれば延長量を切断することによって離散量が得られる。そして「第五省察」において想像力によって空間が開かれ、そのことによって数学の場が創始される。また「第五省察」が「第六省察」において開かれるべき物理学に基礎を与える論理的な仕組みを示す。つまりは学問的知識の成立に必須の必然性の範型と推論を積み重ねる記憶力に保証を与える。要するに「第二答弁」で述べられている「幾何学的な記述の仕方」とは学問的知識の記述の仕方であり、それは同時に論証の展開の仕方でもある。その本質として示されているのが「順序」である。その「順序」とは第一の項は自明であり、その自明な項を使って次の項が認識される。そのように先立つものから後なるものへと流動することによって論証がなされる仕方を「順序」と言う。認識の順序が正しければ、認識の順序通りに並べて行くことが論証になる。その通り記述にもたらすことが「分析」という仕方である。「認識の順序が正しければ」と述べたが、その正しさ、真っ直ぐであることは何によって測られるのか。このことについてデカルトは述べていない。何らかの自明なことが見出され、その次に見出されたことが先に見出された自明なことによってだけ知られるならば、この思考の流れの順序は正しいことになる。先には「認識される」、つい今は「知られる」と書いた。或る一つのことが他のことによって認識される、あるいは知られるとはどのようなことか。もし、知ることとの条件が予め確保されているのならば、この「順序」はその条件に依存することになる。否、知ることとの論理的条件が確立されているのならば、それに従うだけでよく、順序は不要になる。デカルトに従えば論証が形式をもった論証として確立される前に、認識し認識されること、知り知られることが成り立っていなければならない。知られなければ論証もない。知ることが成立することは順序を追うということである。第一の項は自明的と述べたが、デカルトが記していたのは「続くどのようなものの助けによっても」知られないということである。しかも「第一のもの」をデカルトは複数形で書いていた。このことが示しているのは思考の流れが、まず知っているものから始まるということである。もっと言えば探究の始まりは前提なしの既知である。その次のものは第一の既知のものを知っていれば認識される、つまりは〈わかる〉。第三のものは第一のものと第二のものを認識していれば、理解される。第二〇番目のものは第二一番目のものを必要とすることなく、それまでの系列の上に立てば認識され、理解される。まだ到達していない第二一番目を必要としないとはどのようなことなのか。それは順序のないところにも順序をつけて行くということであり、仮説を予め立てないということではない。仮説を立てる、目標を定めるということも、順序の始まりになる。そしてまた二〇番目から二一番目に進めずに呻吟を重ねる。そのあげくに二一番目に進む、そして繰り返す。それが慣れるということである。傾向性を身につけるということである。このことは一見するとまったく当たり前のようにみえる。その通りである。これが思いの流動の真っ直ぐな方向であり、空間性の下にこの〈真っ直ぐさ〉を成し遂げるのが方法としての「マテーシス」である。数学と物理学の確実性を基盤において支える知ることの方法であり、知られることの系列、つまり学知である。

この順序ということをさらに経験に近づけて捉えようとするときにどのようなことが見えてくるのか。「認識する」ということが知性の動きとして捉えられるということを先ずもって明確にしておこう。「認識する」とは、感情と感覚と想像力を別にして、そして意志の動きも別にして、知性の動いているさま、知るということである。言い換えれば、先の三つの働き、つまり、感情と感覚と想像力を〈縮約して〉看た場合の「思う」ということである。意志は知性によって内容を備給されるのでなければ、内容をもたない。〈縮約してみた〉場合の思うことは感覚内容も想像内容も感情の内容も含んでいるが言語表現としてだけそれらを含んでいる。手の先に感じていない暑さ、空間性のない三角形は、それぞれ感覚と想像力を引き離された思いであり、知られていることである。「知ること」は「感覚すること」、「想像すること」の「形相的概念 conceptus formalis」に含まれている（AT. VII, p. 78）。言い換えれば、感覚すること想像することが成立しているときには知ることは既に動いている。そうでなければ、たとえば、「暑い」という感じはこの「暑い」という表現をもたず、留まることなく消失する。その点で知るということは言葉を使って知ることである。もちろん、その言葉が国語であるのかどうか、単語なのか文なのかということに類することは別問題である。「感覚する」、「想像する」は「知る」ことをも含めた〈思いの流れ〉である。それらのなかで知ることの継起を〈知の流れ〉と呼ぶことにする。この継起のどの段階をも知の流れと呼ぶことの理由は、第一の項、始まりを示す項は無前提の既知であり、それ以降の項はそれ以前の項のあとに生じる項として知られているからである。言い換えれば、或る系列の始まって終わるまでのすべてが知られているのでなければならないからである。もし、或る項から別の或る項まで記述されるならば、後者の項はそれに先立つ項によって論証されていることになる。知の流れが論証されるために、この流れ以外の手続きないし基準が要求されるわけではない。それでは知の流れの記述には真偽はないのか。或る意味でそうである。「或る意味で」とは〈意志が働いて判断にまでもたらされていない場合には〉、ということを示す。「私」はいつでも意志が発動しないように意志を働かすことができる。したがって、知の流れのどのような纏まりについても真偽を宙づりにしておくことができる。逆に言えば、知の流れのどの段階についても「私」は意志を発動して真偽の主張をすることができる。このことが示しているのは、知の流れを考察する場合には意志の働きとともに真偽を「私」から疎遠な事態にしておくことができるということである。そのように「私」の「私性」の行使である意志の発動を不発動にすることによって、知の流れ、順序ということを「私性」の行使とは異なる次元で考察することができる。そのことによって知ることの存在論の次元が開かれる。この次元は通常は論理学とも呼ばれるであろう。それはまた伝統的には数学の次元でもある。この数学は先に述べたように幾何学も数論も数学であるような数学、想像力が空間を開いて幾何学が成立する次第を支えている数学である。知ることの流れだけに支えられる空間化された数学である。しかし、この「マテーシス」を上位の、それゆえ包括的な言葉で表現するならば「知ることの存在論」ということになる。

この「知ることの存在論」において「私」は消失する。なぜならば、「知ること」があるがままに、言い換えれば、通常の意志の発動とは別のところで、つまり、意志を発動しないという意志の下で、さらに言えば「私性」の行使とは別の地平で捉えられることになるからである。このあるがままに捉えられるということが「知ることの存在論」の一つの特徴である。真偽はどのような局面であれ成立する。意志の発動を留める意志を発動すれば、どのような局面においても真偽は生じない。知の流れを真偽に保護されながら真偽にかかわらず考察できる。これが「知ることの存在論」がもっている第二の特徴である。「知ることの存在論」にはさらに、もう一つの特徴、第三の特徴がある。というのも、これまでのわれわれの探究が示しているように、知の流れは始まりをもたないからである。知ることの始まりは既知であると先に記した。その既知はまた自明でなければならない。自明ということは他の知による説明を要しないということである。そして自明性の基準はそれ以外にはない。自明な知を定義することは不可能である。なぜならば、定義を受け付けるならば当該の自明な知は自明ではなくなるからである。ということは、どこから始めることもできるということである。しかしながら、それが「知ること」であるのならば、「私」が「知る」以外にはない。「あなた」が知ろうと、「彼女」が知ろうと、「彼」が知ろうと、それはすべて「私」が知ることである。自明な知が既知であるかぎりどこからでも順序を辿ることができる。しかし、どこから初めても「私」が知るという出発点に到達する。確実なものを求めて疑うことはここへの道筋を示すことであった。

自明な事柄から、あるいは、既知の事柄からその先へと知性の流動が生じる。その流動が真っ直ぐ流れて、「一つ」の留まりを得る。それが明晰判明な知である。言い換えれば、明証性とは思いの真っ直ぐな流れとして表現される。その最後の項はそれまでの項のすべてを含んでおり、それまでの項のすべてに支えられて安定する、つまり明晰判明な知となる。もう一度辿り直して記述することが分析的記述である。辿り着いたところを出発点としてこの流れを既存の論理形式に組み替えて記述することが総合的記述である。いま「項」という語を用いたが、これは単位ではない。予め区切りが得られている知の内容でもない。ライプニッツの言い方を借りれば、「コナトゥス」であり「モナド」である。つまり、知の流動の出発点も、途中も、最後も、それ自体においては「一つ」という外的な区切りをもっていない。多を表出する「一つ」としての「一」である。知の流動としての系列は流出として得られ、後なるものは先なるものを含んでいるばかりでなく、先なるものはいずれ後になるものとして後なるものを含んでいる。その圧力を減殺させることによって流出が生じ、知の系列が得られる。縮約はまた凝縮であり、流出は希薄化を帰結する。そのどの段階も一切を映し出しているにもかかわらず、縮約の適切さが明証性として帰結する。流動の始まりはあまりの凝縮に判明性を欠き、明晰判明の度を超すとあまりの希薄に明晰性を欠くことになる。

これまで「省察」と「マテーシス」との対比のもとに述べてきたすべてのことから、「知ることとの存在論」の基本結構として次の二点を指摘することができる。その第一は、「知る」ということが〈ずれ〉として既にいつも発せさられているという点である。既にいつも発せられていなければ「知る」ということ、思いの流れはない。このことは無から生じている。いつでもどこからでも思いは発する。思いが発するということは生成として思われが在るということ、それはまた「私である」という事実に他ならず、それが思いの存在をもたらす。知ることの動きが無から存在をもたらす。その存在はしかし、何であれ、どのようであれ、世界のなかに位置をもつという実在ではない。その実在を現実的実在と呼ぶならば、知ることである知られるものの存在は可能的実在と呼ばれうる。知的狂気の、知性の創造性の源はここに存する。「知の存在論」の基本結構の第二は〈無の産出〉にある。知られる内容から切り離された意志は、内容的には空虚な〈為すか、為さぬと為すか〉のいずれかを働きとしてもつ。そしてこの二つの働きしかない。この意志が働くことによって「私」は自らを超え出る、つまり、脱自を成し遂げる。知性の提供するところに意志が働き判断が下されるとは、「私」において知られた内容を真であると主張すること、真であると主張することによって歴史をも超え、空間をも超えたすべての人々との交流の場に入る。意志が働くとき、〈為さぬと為す〉という働きをすることもある。〈為さぬと為す〉とは作用性を行使して無作用性を現出することである。このことが人間的自由の根幹をなしていることは言うまでもないことである。すべてを無にする力をもっていることが人間の「人」としての尊厳の根拠である。「私」は思うことの作動性と意志の力によって、存在と無を我がものにする。ただし、このことは「私」が「他人」と交流し合う社会性を引き離して見出されることである。引き離すとは、感情、感覚、想像力の提供する内容を、身心合一体である「私」の身体を介した世界との交わりの説明としては用いないということである。

註

（1）*Theoria motus abstracti seu Rationes motuum universales, a sensu & phaenomenis independentes* (A. VI, 2. pp. 258 – 276).
（2）*Theoria motus concreti, seu Hypothesis de rationibus phaenomenorum nostri Orbis* (A. VI, 2, p. 248).
（3）cf. *De corporum concursu* dans M. Fichant, *G. W. Leibniz, Laréforme de la dynamique*, textes inédits, J. Vrin 1994, p. 34.
（4）F. De Buzon, La *mathesis* des *Principia*: remarqes sur II, 64, dans J.-R. Armogathe, G. Belgioioso, *Principia Philosophiae* (1644-1994), Naples Vivarium, 1996, pp. 303-320.
（5）F. De. Buzon, *op.cit.*, p. 312.
（6）拙論「デカルトと近代形而上学」（講談社選書メチエ『西洋哲学史』第三巻、講談社、二〇一二年所収）参照。
（7）F. De Buzon, *op. cit.*, p. 320.
（8）F. De Buzon, *op. cit.*, p. 310.
（9）『感覚する人とその物理学』一二九頁から一三〇頁参照。
（10）『数学あるいは存在の重み』二九頁から三〇頁参照。
（11）前掲書五九頁から六四頁参照。
（12）à Mersenne, 30-8-1640, AT. III, p. 173: GB. pp. 1274-1276.

(13) à Hogelande, 8-2-1640, AT. III, pp. 721-724 / GB. pp. 1154-1156.

(14) P. Gassendi, *Disquisitio metaphysicæ*, texte éabli, traduit et annoté par Bernard Rochot, 1962, J. Vrin, p. 525 *sqq*.

第Ⅲ部　超越

序論　無限への超越——デカルトの途

超越とは「私」が「私」ではないという視点に到達することである。有限なるわれわれが無限の実在を証明する。これが有限から無限へと超越することである。そこには無限は有限を包摂し、しかも有限のいかなる拡大によっても無限になることができないという機制がある。無限とはこの上なく「私」ではないもの、すなわち、絶対的他である。いつまでも地平退行を繰り返す無際限的思考では超越に至ることがない。無限の実在を証明するということは、無限についての真なる言明を得ることである。この意味で、「私」は絶対的な意味で〈私でないもの〉との対峙の下におかれる。「私」を無限への上昇として超越するということは、この超越の証である知が「私」という標をもたないということである。「私」を超えて拓かれる地平に「私」はない。これが真理の成り立つ領域である。有限から無限への超越が成し遂げられるということは、また、そのまま真理の領域を切り拓くことである。無限の実在証明を「私」の知を基盤にして成し遂げるということは、「私」が「私」を不要にすること、真理に到達できるということである。

この超越がはたして可能であるのか。『省察』「第三省察」における第一の神証明はこのことを成し遂げようとするものである。その途は、神についてわれわれが思う内容に在ることを認め、それの在ることの原因を求める途である。この超越の途を考える上で、「実象性 realitas」という概念の役割を明確にすることが求められる。なぜならば、観念の表象する内容を伝わって「私」を超えるためには、梯子が必要だからである。『省察』における第一の超越は神の観念が表象する実象性の度合いを用いてなされる。それとともに超越への方途を照らし出すためには、「第一省察」における数学的意見についての疑い、「第三省察」における「判断」の問題、さらに観念の三分類の役割を明らかにしておかなければならない。なぜならば、第一に、「第一省察」における神についての「古い意見 vetus opinio」（AT. VII, p. 21）という仕方で、「私」は〈この上なく私ではない〉という意味での絶対的他に触れるからである。このことを通して超越がヴェールの向こう側に見出される。第二に、「第三省察」における「超越」という課題設定は「判断 judicium」という岩盤の上に据えられているからである。真理の探究において判断は他人へと越境することとの論理形式として機能する。その岩盤を跳躍台にして神についての第一の実在証明がなされ、「私」を超えて「われわれ」にとって〈真である〉と「判断」可能であることの根拠が示される。第三に、「第三省察」における超越の途、つまり「他の途 alia via」（AT. VII, p. 40）は、観念という未開拓の土地を切り拓いて見出される途だからである。超越への途の前に立つために、予めこの三つの点について「デカルトとともに省察し mecum meditari」（AT. VII, p. 9）、超越を可能にするための経験を取り戻しておこう。その上で、超越を成し遂げるためにはどのような論理が必要であるのか、その仕組みを明らかにすることにしよう。

第一章　超越への準備

第一節　他なるものと真理

「私の外 extra me」（*e.g.* AT. VII, 33.18）とは〈私ではない〉ということを意味している。それでは〈それが私ではない〉という事態に「私」はどのようにして触れることができるのか。この問いに答えるためには、「第一省察」での疑いの道における数学的意見という段階を振り返ってみればよい（AT. VII, 21.01-16 / E. 11.17-12.06）。〈二＋三＝五〉のような単純な計算について「他の人たちが誤っていると私はときとして判断する judico interdum alios errare」（AT. VII, 21.07-08 / E. 11.25-26）。この判断は人々のなかで「私」も同じく間違えた判断をしているという可能性を開く。誰かによって〈私が間違っている〉と判断されることがある。そのことは「私」が人々のなかで真理を求めていることを示す。〈私が間違えていない〉という主張は判断として他人に向けられている。「私」が間違えるという事実は間違えないという可能性を担保に要求する。言い換えれば、他の人によって間違えていないと判断される可能性を開く。そのように気がつくということは、「私」が「私」を超えた真理に導かれていることの証拠である。なぜならば、「私」の間違えないという可能性、すなわち、真理到達の可能性は「私」による根拠づけを超えているからである。「私」が理由を与えるだけでは真理にはならないのである。

数学的意見への疑いを取り戻しておこう。〈単純な計算を繰り返して行い、検算をして確かめる。そうすればその答えは真である〉。このような論理を組み立てることができるのは、「私」が自分の計算能力を用いて真理に至り着きうるということが保証されているからである。しかし、「私」は自分の能力を保証することができない。もし、保証できるのならば、「私」はすべての真理とともにすべての虚偽を〈すっかり摑んでいる〉、「第二省察」に初めて表れる表現を用いて言い換えれば、真理を〈包括的に把握している comprehendo〉ことになる(1)。もしそうであるならば、「私」は間違えたと気づくこともない。ここからわかることは、「私」は自分の計算能力を自分で保証することができないということである。にもかかわらず、計算結果は真か偽である。つまり、「私」が〈私の計算能力〉を用いるならば、その結果として真か偽かである判断が生じてしまうことを「私」は免れることができない。その意味で「私」の無垢は奪われている。一方では、「私」は真か偽である判断を避けることができない。他方では、真理到達の可能性の条件である「私」の能力を「私」は保証できない。このことは「私」の能力を評価するのが「私」ではないということを示している。ここで「私」は〈私ではない何か〉に触れることになる。

こうして、数学に基づく意見が「私」ではない何かを疑いの理由としてもつことがわかる。私の能力を評価するという地点に立つことによって、「私」ではない何かである「私の起源の作者 originis meæ author」(AT. VII, 21.24-25 / E. 12.15-16)についての意見が浮上する。ここに「作る」ということが介入する。その理由は以下の通りである。「私」の能力を「私」が評価することはできない。なぜ「私」の能力を「私」が評価できないのか。それは「私」が「私」の能力を対象化することができないからである。「私」にとって「私」の隠れた力は隠れているがゆえに「私」には見えない。能力は働きの一つの纏まりであるがゆえに潜在性を巻き込む。たとえば、「私」の見る能力を、「私」は「私」を抜け出すことなしには測ることはできない。というのも、視力を測ることができるのは測定装置との関係においてであり、その測定装置は「私」ではないからである。また、何を思い、何を思うことができないのか、「私」にはわからない。なぜならば、「私」が思うことをやめれば、在ることもやめるものであることを認めるならば、何を思うことができないかということが「私」を超えていることは自明だからである。そのように「能力」が働きを一つに纏める名前であるかぎり、「私」は「私」の能力を評価することはできない。それでは「私」の能力を評価することのできる「私」ではない何かとは何か。それが「私」を真上に超えた存在であることもまた自明である。というのも、その存在は「私」の能力をそっくり覆う能力をもっていなければならないからである。「私」の能力を、そこを基点にして測ることができるのであるから、その何かは起源の作者である。

最後に問われるべきことは次のことである。すなわち、その起源の作者は「私」の計算能力を、それが真理に到達するという可能性の下に作ったのか、あるいは、虚偽に到達するという可能性の下に作ったのか。いま、「私」はこの問いに肯定で応えることも否定で応えることもできない。いずれであるのかわからない。いずれでもないのかもしれない。最高の疑いにおいて「私」が出会うのはこの上ないものである。何であれ最高のもの、伝承はそれを「神」と言うかもしれない。古くも新しくもない、それゆえに古くも新しくもある理拠はそれを「無限」と呼ぶかもしれない。疑いの道の尽きるところにおいて「私」は神についての「古い意見 vetus opinio」(AT. VII, 21.01-02 / E. 11.18-19) に出会う。その意見が「私の起源の作者」を射当てているかどうかわからない。起源の作者と言ったが、振り返ってみれば、「私」が手にしたのは次のことである。すなわち、「私」の能力が〈私ではない何か〉によって評価されなければならない、それゆえに〈私ではない何か〉によって与えられなければならない。これである。能力を疑うということは、そのように疑うことを「私はどこから知るのか Unde autem scio」（AT. VII, 21.03 / E. 11.20-21）と問うことである。それは起源への問いであり、能力への疑いが「私」を起源への問いへと促したのである。数学的意見への疑いが「私」を「私」の限界へと押し出した。もはや「私」を超えて「私」ではない何かを疑うことの理由にすることしか残っていない。上からの眼差しを辿って見下ろすならば、そのことは真理を探究するかぎり、「私」の能力の保証が要求されるという事態を照らし出している。照らし出す光線が生じるためには、〈この上なく私ではない他なるもの〉である「起源の作者」という光源が点灯されなければならない。この光の放射を受けて〈私は他に触れる〉。「私」は〈私ではないもの〉にこうして出会う。

第二節　判断とは他人へと越境することの論理形式である。

「第三省察」が最初に為すことは、真理と虚偽の成り立ちを明らかにするために「私の思い meæ cogitationes」（AT. VII, 37.01 / E. 30.18-19）を分類することである。その分類の結果として「そこにおいて間違えて誤らないように私が警戒すべきは、判断である judicia, in quibus mihi cavendum est ne fallar」（AT. VII, 37.21-22 / E. 31.14-15）とわかる。「最始的で最も頻繁なる誤謬は判断のうちに見出されうる。その誤謬は、私の内にある観念が、私の外に設定された事物に似ている、ないし、合致すると、私が判断する点に存する」(2)。「私」が真理を主張するときのこの判断は「私」の内に納まることがない。判断するとは「私」から「私」が氾濫することでなければならない。というのも、〈私だけの真理〉とは、これが比喩的使用でないとしたならば、「真理」という言葉の使用規則に反するからである。真理は誰にとっての真理でもある。権利上、判断することは真理を「他人」へと表出することである。このことに基づいて〈判断することは他人へと越境することの論理形式である〉と呼ぶことができる。別の見方をすれば、判断するとは主語と述語を結びつけて文を作ることだけを意味しているわけではない。判断するとは、繰り返しになるが、「私」が或る文を「私の外」である「他人」に向けて真であると主張することである。もちろん、このことが沈黙の内に行われていても同断である。そのときの真理は〈「私」が納得し、他人をも説得可能であると「私」が知る〉という形式へと展開できる。以上のことから、判断について言われうる越境は脱自、すなわち、〈自分自身から抜け出すこと〉であることも理解される。このことは「第四省察」において明示的に確立される。そこに示されていることによれば、判断の真偽は知性と意志との協働によって成立し、判断における意志の働きとは肯定ないしは否定することである(3)。意志を脱自の働きとして確立する以前の「第三省察」においてであれ、この脱自ということが判断するという働きの成立条件になっていることに変わりはない。何らかの表現を肯定したり、否定したりすることを通して「私」は〈私の外に向かって〉何らかの態度を取る。そのときの肯定し、否定する意志、つまり、判断に関わる意志は脱自としての作動である。

第三節　思いの様態の区分

纏めてみよう。『省察』における最初の超越は「第三省察」における第一の神証明によってなされる。これを神への超越として真上への超越、あるいは垂直の超越と呼ぶ。この超越は次の二点を準備としてもっていた。第一は「絶対的他」である〈私ではないもの〉に触れること。この〈他〉は〈他人〉ではない。この〈他〉には他人との関係という相対性が染み込んではいない。その意味で、「私の起源の作者」は〈絶対的に言って私ではないもの〉である。この絶対的他に触れることによって〈私の思索〉が励起される。上昇へのエネルギーが与えられて、第二に目的が定められる。つまり、真理の表出形式である判断の条件を明らかにするという目的である。絶対的他と真理、この二つが、無限なものは実在するという一つの判断において結びつく。「第三省察」第一の神証明がこの判断を実現する。それは妥当性の条件である明証性の規則の保証をともなっている。別の言い方をすれば、垂直の超越に支えられた判断という越境によって「私」を超え出た真理を表現することの可能性が拓かれる。「神は実在する」という判断が保証を得るためには、神の実在の証明過程が確立されなければならなかった。ここに循環論証が見出されるのは道筋と到達地点とが平準化、つまり、同じ次元におかれるからである。[4]明証性の「一般規則 regula generalis」（AT. VII, 35.13-15 / E. 28.19-21）が出発点に仮設される。しかし、それが仮設されたときには未だ判断という越境の形式には届いていない（「確立しうると私には思われる videor ... posse statuere」AT. VII, 35.14 / E. 28.20-21）。保証が求められるのは判断という越境の一般的形式のもとにおける明証性の規則である。保証を与えるのは、〈無限なものが実在する〉という判断が証明されるという事実である。言い換えれば、証明された垂直の超越による「私」の乗り越えが「私」の他人への越境の可能性を保証する。同じことであるが、〈無限なものが実在する〉という証明に到達することが判断の一般的形式の保証になる。

垂直の超越に向かっての出発点は「私」にとっての所与となる「さまざまな思い cogitationes」である。「第二省察」で見出されたこの「思い」という表現の内容を繰り返して述べてみれば、「思うもの」とは「疑い、知解し、肯定し、否定し、意志し、意志すまいとし、また想像もし、そして感覚するもの」であった。[5]「第三省察」の冒頭でこの成果が繰り返される。その「第二省察」との差異は「わずかを知解し、多くを識らず pauca intelligens, multa ignorans」（AT. VII, 34.18-21 / E. 27.22-23）という現状の確認によって示される。「疑う」ことは知性の働きであり、「肯定すること、否定すること」は意志の働きであるのだから、知性を働かすもの、意志するもの、想像するもの、感覚するものによって上記八つの働きを代表させることができる。「私」は「第三省察」の冒頭において、これらの内の想像することと感覚することを引き離す、つまりは封印する[6]。封印するとは、想像された内容、感覚された内容を消してしまうことではない。これらの働きがもっている認識価値について、「私」が評価しないまま残しておくこと、別言すれば、これから始まる探究にそれらの働きを使わないということである。重ねれば、形而上学を構築する作業に、この二つの働きを働きとしては混ぜ込まないということである。想像すること、感覚することを引き離しても、想像されるもの、感覚されるものは「さまざまな思いの様態 cogitandi modi」（AT. VII, 34.23 / E. 28.03）として探究の素材になる。この事態を「第四省察」の表現を用いて肯定的に提起すれば、次のようになる。すなわち、「ただ知性によってだけ私は観念を知覚し、それらの観念について私は判断を下すことができる」、と[7]。「私」は思いである「観念」（rerum idea, sive cogitationes, AT. VII, 35.21 / E. 28.28-29）という場に知性を働かせる。こうして神証明に向けた探究の推進力として残っているのは知性の働きと意志の働きであることがわかる。知性におけるすべてばかりでなく、意志は内容を知性によって与えられるのだから意志するすべてについても観念をもつ[8]。

デカルトは、これらに「判断 judicium」と「感情 affectus」（AT. VII, 37.12 / E. 31.02-03）を付け加える。「判断」は、知性と意志の協働に依存し、真なる判断の可能性の根拠解明は「第三省察」の最も喫緊の課題である。明日を望み、昨日を顧みれば、判断することは「第二省察」の「思い」の一覧にその要素が含まれ、先に望見したように「第四省察」で知性と意志の協働とされる。つまり、ここに「判断」の登場を欠かすことはできない。それでは「感情」についてはどうであろうか。はたして「感情」に演じるべき役割は与えられているのだろうか。先に列挙した「思い」の一覧に挙げられている項目を組み合わせても、「感情」を特色づけるには足りない。そもそも未だ「受動（情念）passio」ということがわかっていない。というのも、感覚と受動性が結びつくのは「第六省察」においてだからである。[9] この受動性の確立は精神と物体との実象的区別に依拠している（AT. VII, 78.15-20 / E. 81.04-06）。それ以前に姿を垣間見せる「感情 affectus」（AT. VII, 74.27 & 76.03 / E. 76.22 & 78.05）についても、それが受動であることは実象的区別によって初めて確定する。しかし、身体とのかかわりがあらわになる以前、しかも物体の本性も定まっていないこの「第三省察」において「感情」を受動性において解することには、理も益も見出されないであろう。それでは「第三省察」の思いの分類にこれが付け加えられることの理由は何であろうか。それはまた、『省察』をフランス語に直したリュインヌ侯 Duc de Luynes による「愛するもの、憎むもの qui aime, qui hait」（AT. IX, p. 27）という付け加えの、デカルトによる容認と、どこかで繋がりをもっているのではないのか。このことも次第にわかることになるであろう。[10] しかし、今は、「順序 ordo」（AT. VII, 36.30 / E. 30.17）に従ってどのようにして「真と偽」が生じるのか、このことをさまざまな思いのなかに探す。課題は「私の外」への垂直の超越であり、そのために判断という〈他人へと越境することの論理形式〉の成立する次第が探られる。それゆえ、意志も感情も探究の素材を提供しない。というのも、一つには、判断の真偽における意志の働きは「第四省察」の課題だからであるとともに、二つには、意志はいつも何かの意志であり、感情も何かの感情であり、その「何か」は観念として与えられ、観念は知性による考察の対象だからである（AT. VII, 37.07-11 / E. 30.26-31.01）。「私の内に在る観念を私の外におかれた何らかの事物に似ている、ないし、合致する、と私が判断する」[11]。この判断が喫緊の検討対象である。事物とのかかわりが問われるのであるから「事物の観念 rerum idea」(AT. VII, 35.21 / E. 28.28-29)、「あたかも事物の像 tanquam rerum idea」(AT. VII, 37.03-04 / E. 30.22)のように想われている観念が探究に素材を提供することになる。

第四節　観念の起源

「省察」における第一の超越において問われているのは「私の内に在る観念 ideæ in me esse」と「私の外に措定された事物 res extra me positæ」との関係である(AT. VII, 37.23-24 / E. 31.17-18)。観念と事物との間に類似関係が成立しているのならば、その類似を橋にして事物の側へと渡って行くことができる。しかし、「私」は事物と観念とを比較することはできない。というのも、「私」には観念しか与えられていないからである。したがって、この課題に応えるためには、「私」に与えられた観念を出発点にして事物に届くような説明方式が探されなければならない。そのことは観念の起源を調べることである。なぜならば、「私の外に措定された事物」から由来しているという標《しるし》を、観念がそれ自身のうちにもっているならば、それに基づいて当の観念がそこから来ている当の事物のなければならないことが明らかになるからである。それでは観念がどのようにして生じてくるのか。観念の起源として考えられるのは、「外来観念 idea adventitia」、つまり、外からやって来たか、「本有観念 idea innata」、つまり、思いの様態としてもともとあったか、最後に「作為観念 idea a me ipso facta」、つまり、自分で作り出したかのいずれかである(AT. VII, 37.29-38.01 / E. 31.23-25)。「私の内に」もともとあるのか、「私」が自分で作ったのか、「私」ではない「外に措定された事物」からやって来るのか。観念の起源についての分類はこの三つで尽きる。「もともとある」とは過去のことを言っているのではない。現在、既にあるということを示している。それとともに「外からやって来る」とは今現に到来してしまっているということである。この三つの起源のなかで検討されなければならないことは、「外来観念」がそれ自身のうちに外から来たという標をもっているのかということである。これを調べるためには、「私」が何故この種の観念が外から来ると看做しているのか、そのことを探ってみればよい。当該の観念が外からやって来たと考えたくなる理由は二つある。(一)そのように「自然によって教えられたと私には思われる videor doctus a natura」ということ(AT. VII, 38.14-15 / E. 32.11-12)、(二)「観念が私の意志にも、したがって私自身にも依存しない、と私が経験している」ということである(AT. VII, 38.15-16 / E. 32.12-13)。[12] 以下、順番に見て行こう。

(一)「自然によって教えられた」ということは、「或る自発的な衝動 spontaneus quidam impetus」(AT. VII, 38.24-27 / E. 32.22-24)、あるいは「さまざまの自然な衝動 impetus naturales」(AT. VII, 39.01-02 / E. 33.03)を意味する。なぜこの自然による教えが「自然の光 lumen naturale」を意味していないことがわかるのだろうか。「自然の光」とはこれまでの省察を導いてきた働きのことであり、「私が疑うことから私の在ることが帰結する ex eo quod dubitem, sequatur me esse」という場合のように「どんな仕方でも疑わしくはありえない nullo modo dubia esse possunt」からである(AT. VII, 38.27-30 / E. 32.26-30)。一言でいえば、「自然の光」は、それに基づいて明証性の規則が提起された、その命題と同じぐらいの確かさを「私」に与える。別の見方をすれば、「自然の光」の場合には、明白であると見定められる理由が与えられている。観念と外に設定された事物との一致が「自然の光」によって照らされているのならば、「私」は「私には思われる videor」という水準から「私にとって確かである sum certus」という水準へと理由の系列を辿って論じ進めることができる。それに対して、衝動とは、理由の系列を辿ることができない、理由なしにそう思っているということに他ならない。「私は、自然な衝動によって、よいことを選ぶことが問題である場合に、いっそう悪い側へと押しやられた me ab illis in deteriorem partem fuisse impulsum, cum de bono eligendo ageretur」(AT. VII, 39.02-04 / E. 33.04-05) という経験をしてきた(13)。水を飲みたいときの「飲みたい」という衝動のように、「自然な衝動」は理由の系列を構成しない。人間的行為をしばしば誤りに導いてきた「自然な衝動」を真理探究に利用するという場違いを、いまは咎めないことにして、「私が太陽を見ている」(AT. VII, 38.04-05 / E. 31.30) という例について考えるならば、見られた太陽が「私」の外に在ると思うのは、そのように突き動かされている、つまり、そう思っているからだということになる。このことが教えているのは、「私」の外に在る太陽から太陽の観念を得てきていると思うことの理由のなさである。言い換えれば、事物は「私」に見えているとおりに在るという思い込みに理由がないということである。理由のない思い込みは、飲みたいから飲みたいという「自然な衝動」と異ならない。外来観念という説明の仕方が「自然な衝動」と関係づけられているのは、この説明方式の基礎に、〈そう思いたい〉から〈そう思っている〉ということが見出されるからである。

(二)　或る思いを「外来観念」であると「私」が思い込むもう一つの理由は「私」に依存しないということであった。「私」が自分の意志に反して、「不意に invito」(AT. VII, 38.16 / E. 32.14) 或る観念を抱いたとしても、だからといってその観念が「私」ではない事物によって産出されるとは言えない。夢の場合を考えて見ればそのことはよくわかる。夢の場合 (dum somnio) (AT. VII, 39.13 / E. 33.16) には「外的な事物の助け absque ulla rerum externarum ope」なしに観念が「私のうちに形成される」(AT. VII, 39.13-14 / E. 33.16-17)。ここには注意を払って考えてみなければならないことがある。それは、この場合に「私」の身体は「私」の外なる事物として認知されていない、ということである。言い換えれば、私と物体との境界線は、明瞭にはなっていないが、皮膚にあるかのようである。「私が騒音を聞く strepitum audiam」のであれ、「私が太陽を見る solem videam」のであれ、「私が火を感覚する ignem sentiam」のであれ、これらの観念は「私の外に設定されている或る事物からやって来るとこれまで私は判断していた」(AT. VII, 38.04-06 / E. 31.30-32.02)[14]、それらの「事物」のなかに「私」の身体は含まれていない。つまり、何であれ観念が生じる原因としての外として、ここでは身体の外、つまり、外的物体が意味されている。だからこそ「私が眠っている間」「外的な事物の助け」なしに観念が「私のうちに形成される」ことが外来観念の否定に結びつく。言い換えれば、この「外的な事物の助け」には『人間論』における「腺H」の上での動物精気の運動は含まれていない(*e.g. Traité de l'homme*, AT. XI, p. 176)。『哲学の原理』によれば、「睡眠は独り脳においてのことである somnus, qui est in solo cerebro」とされる(*PP*, p. IV, art. 196, AT.VIII, p. 319)。この脳もここでの「外的事物」に含まれていない。外的物体からの刺激がなくとも、あるいは、もしあったとしても、その刺激をそのまま伝えるわけではない脳の働きによって夢を見るという場合が、この「第三省察」では除外されている。また、上記の三つの表現は聴覚と視覚と触覚の例である。味覚と嗅覚の例は示されていない。とはいうものの、たしかに口蓋と鼻孔が「私の外」とされていないという証拠も見つからない。

以上のことから明らかなのは、「外来観念」を論じる際に、「私」の内と外との境界が顕示的にはどこにも引かれていないということである。「私」の内と外との境界が最初に論拠をもって引かれるのは神の実在証明がなされ、まず第一に、有限実体と無限実体との間においてであり、第二に、「私」ではない他なる有限実体の実在が見出されるときである。いずれにせよ「私」と「私」の身体の区別ではない。「第三省察」第二の神証明によって論拠をうるのは、「私」という実体の外に、有限実体が他なるものとしてありうるということである。外来観念にかかわりながら、「私の内」と言われ、「私の外」と言われる場合の「私」は、内と外との境界線が不分明なままの「私」である。「外」との判明な区切りをもたない「私」である。このことから明らかに言えることは、「第三省察」のここにおける「私」は「思うもの」でありながら、身体との実象的区別が未だ見出されていない「私」だということである。逆に言えば、自然的態度における経験に支えられて、暗く不分明な仕方で「私」の身体も「私」と思われている「私」である。想像力や感覚の働きについて、知解する用意の未だ整っていない「私」である。というのも、想像力や感覚について確実さをもって語るためには、身体とのかかわりを明確にしなければならないからである。「第五省察」における想像力の議論は身体（物体）の本質を広がりと見出すことと連動している。また、「第六省察」では「実象的区別」が確立した後で、「感覚するという、言うなら、感覚可能な事物の観念を受け取るという、或る受動的働き」（AT. VII, 79.07-08 / E. 82.01-03）という感覚の規定が明確になる[15]。纏めて言えば、「第三省察」のこの段階では、区別がないという仕方で、身体も「私」である。夢という想定で否定されるのは、観念の材料が「私」の身体ではない物体から得られるということの確かさである。逆に言えば、動物精気の運動によって夢が生じるということは考慮の外になる。そのような夢がここで見られている。「第六省察」における物体の実在証明において、精神と身体（物体）との実象的区別が確立された後で、「感覚可能な事物の観念」が「不意に invito 産出される」（AT. VII, 79.14 / E. 82.09-10）ことが、「私とは別個の実体」に当該の観念を産出する「能力 facultas」を求めることの理由とされる（AT. VII, 79.14-18 / E. 82.13-15）。「第六省察」のこの場合に、夢は「広がるもの」としての身体（物体）によって産出される。つまり、「私」の身体も「感覚可能な事物の観念」を産出しうる。それに対してここでは「知解する実体 substantia intelligens」（AT. VII, 78.25 / E. 81.16）に対する外であるかぎりの身体を原因にして、この実体に感覚の生じることが含まれている。

このことに基づいて、先に残しておいた問題、つまり、思いの分類に「感情」が付け加えられていること、リュインヌ侯の「愛するもの、憎むもの je suis une chose ... qui aime, qui hait」(AT. IX, p. 27)という付け加えをデカルトが少なくとも受け容れたこと、この問題に答えることができる。「第三省察」の冒頭、これから形而上学の立論を構築しようとしている「私」は精神と身体との実象的区別を知解していない「私」である。この事態を肯定的に表現するのは難しいが、敢えて試みるならば、次のようになる。その「私」は、身心合一体としての「私」、より精確に言い換えてみるならば、合一体としての「私」について身心という分別なしに「わずかを知解し、多くのことを識らぬ pauca intelligens, multa ignorans」(AT. VII, 34.19-20 / E. 27.22-23)ままに、すべてを不分明な仕方で具えていると思っている「私」である。では、デカルトが「感情」という語を付け加えていることにどのような積極的役割が想定されているのか。「第三省察」の末尾に記されているように「神への観想 Dei contemplatio」(AT. VII, 52.12 / E. 49.10-11)をとおして「この世においてわれわれが受け容れうるかぎり最も大きな悦楽を知覚することができると経験する maximam, cujus in hac vita capaces simus, voluptatem percipi posse exeprimur」(AT. VII, 52.19-20 / E. 49.19-21)からであろうか。むしろそれよりも、『省察』のあらゆる局面が「経験する」ことに裏付けをもち[16]、形而上学が、われわれの生活を指導する智恵の探究として、道徳へと通底していることの現れではないだろうか。神の実在を証明することをとおして形而上学を構築して行く「私」は天使ではない。「感情」という語を、デカルトがいわば〈そっと〉付け加えることによって、彼は形而上学的探究の主体である「私」が人間であるということの標を書き込んだのである。

さて元に戻れば、次に、すべての観念はこの三つの起源のどれによっても説明できるということが示される。たとえば、「太陽の観念 solis idea」は自分で作り出したという説明も、もともとそのような観念が思いの形式としてあったという説明も、感覚を通して外からやって来たという説明をも受け容れる（AT. VII, 39.17-29 / E. 33.20-21）[17]。かくして、事物の似姿である「感覚的形質 species sensibilis」が外的な事物から飛んでくるように、観念が外から入って来るということ、外来観念という〈外的事物についての認識を説明する方式〉には何らの理由もないことがわかる。観念の起源を辿ることによって「私」は「私」の外に出ることはできない。このことを明らかにするのが観念三分類説の役割であった。

第五節　包括的把握の不可能性（了解不可能性）

超越への準備作業の最後に「包括的把握の不可能性 incomprehensibilitas」（了解不可能性）という概念について付け加えて述べなければならない。この概念は、ラカンが「シュレーバー症例」の分析に使用していた概念であり、われわれが妄想と知的狂気を区別する際に用いた概念である（本書第I部第三章第三節「ラカン（了解可能性）」参照）。この概念は「わかりそうでわからない」ということを伝える。そしてこの概念を用いることによって「私」と「あなた」との相互理解における決定的な区切りを表現することができる。これらのことも示しておいた。しかし、そこでは哲学史的背景とともに明確な概念規定と形而上学における用途を示しはしなかった。この概念は、これまでさほど着目されてこなかったが、超越の論理を考察する場合に重要な伝統的概念である。現代哲学においては神（無限）への超越ということ自体が哲学の問題になることが少ない。この事情のために「包括的把握の不可能性」という概念の現代哲学における意義を探ろうとしても、そもそも超越の場を探すことが困難になる。レヴィナス（E. Levinas）は現代において「超越」を論じた稀な哲学者である。しかし、その彼も

「超越」の論理を提起するというよりも、「情感性 affectivité」をエネルギーにする超越への上昇を示した[18]。そのことを象徴的に示しているのが次の点である。レヴィナスは『超越と知解可能性』という小篇において、デカルトの「第三省察」の最後の部分を引用している。デカルトの超越の方法とレヴィナスのそれとの異なりが判明に浮き上がる箇所である[19]。レヴィナスはここで「包括的把握の不可能性」という論理の代わりに「崇拝というこの情感性とめまいというこの受動性 cette affectivité d'adoration et cette passivité de l'éblouissement」を超越の梯子にしている[20]。「第三省察」終了間際の「留まり arrêt」がデカルトの形而上学において何を意味し、そこに記されている「神の広大無辺なる光の美しさを、私の知能の冥い眼が耐えうるかぎり、見つめ、驚嘆し、崇拝する」ということの神証明における役割は何であるのか[21]。ここにおける「留まり」について積極的な解釈が可能かもしれない[22]。しかし、第一に、デカルト哲学において「情感性」ないし「感情」がそれとして解明されうるのは身心合一体という場においてである。もちろん、『省察』の道を支え、その省察に経験的内容を提供しているのは身心合一体としての「私」である。「超越」に関わる経験内容の備給という意味で当該箇所を、「神の像 imago Dei」における光と闇、至福直観と鏡に映った朧《おぼろ》な像という対比を組み込み、「私の生まれもったぼんやりと暗い（身体を伴う）眼差しが受けとめることのできるかぎりで、直視し、驚嘆し、賛美する」と訳すこともできるであろう。しかし、第二に、この「留まり」の役割が神の実在証明に寄与しているわけではない。というのも、デカルトが身心合一体である「私の在ること」を確実性の根拠として形而上学を組み上げていないことは確かなことだからである。形而上学に向けての出発点は『省察』の順序が示しているように「思うもの」である「私」に据えられている。結局のところ、この「留まり」の意義は、形而上学においてあらわにならない仕方で支えている身心合一体としての「私」の経験へと「超越」の論理を浸透させ、思いの新しい習慣を安定させることとして解することができるであろう。レヴィナスは「超越」のために情感性を必要とした。「超越」の知性的論理が提示されたわけではない。むしろ、「超越」の論理そのものが現代哲学に欠けていると言うべきであろう。情感性ではなく、理由に基づいて超越の論理を解明しようとするときに「包括的把握の不可能性」という概念についての着目が不可避になる。簡潔に言えば、自我論的眺望に従って「私」の内から外への超越のために、「私」における特有な認識の仕方が求められる。なぜならば、「私」の内に〈そっくり〉取り込むことのできない「私」ではない何かを、「私」は認識しなければならないからである。デカルトは「包括的把握の不可能性」という概念を観念の表象する実象性、つまり「観念の対象的実象性 realitas objectiva ideæ」の認識に対して直接的に適用してはいない。しかし、この概念によって示されている考え方は有限と無限との差異をどのように捉えるのかという点で決定的な役割を果たす。「超越」そのことの論理が放棄されている現代において、「包括的把握の不可能性」という概念を取り戻すことは、われわれの思考を広げることにとっても重要である。そのためにも、また、この概念のデカルト的特徴を捉えるためにも、デカルトがどのように中世哲学におけるこの概念を換骨奪胎したのかということを次に明らかにする。

この概念は中世スコラ哲学において神認識の一つとして使われてきた。この点をアンセルムス、トマス・アクィナス、スアレスについて瞥見してみよう。この三者を取り上げるにはそれなりの理由がある。アンセルムスは『プロスロギオン *Proslogion*』において神についての思いを出発点にア・プリオリな証明を行った。(23) トマス・アクィナスは『神学大全 *Summa theologiæ*』「第Ⅰ部第二問題第三項」においてアリストテレス的な宇宙論的眺望のもとに神証明をア・ポステリオリな五つの仕方で遂行した。(24) スアレスは『形而上学討究 *Disputatio methaphysicæ*』において、「神」概念を明らかにする以前に「存在 ens」概念の究明と分析を遂行し、その後に神証明を配置した。その神についての認識の仕方として「包括的把握の不可能性」という概念を「第三〇討究第一二節」で論じる[25]。

アンセルムスは哲学史的な大きな流れからすれば、アリストテレス形而上学の全面的導入以前に位置し、トマス・アクィナスはアリストテレス形而上学を土台に非アリストテレス的な主題である神についての議論を組み上げ、スアレスはアリストテレス的形而上学を基礎に、その基礎構築の次に、神についての議論を展開した。彼らの、このように相互に異なる結構をもった形而上学的順序において「包括的把握の不可能性」という概念は神の存在証明のために用いられてはいない。それではデカルト哲学においてはどのようであるのか。この概念の使用法に彼らとの差異があるのだろうか。差異があるとしたならば、それはデカルト的「神」概念の特有性と関わっているのだろうか。この点に着目する。デカルトは神（無限）についての認識にこの概念を適用する。一六三〇年のメルセンヌ宛の書簡から、一六四九年のクレルスリエ宛の書簡まで、神について「知解する intelligere」、ことはできるが「包括的に把握する comprehendere」ことではきないという教説が貫かれている[26]。有限なものは無限なものを無限であると知ることはできるが、無限を包括的に把握すること、つまり、〈すっかりわかる〉ことはできない。無限が人間知性にすっかりわかるならば、それは既に無限ではなく有限として捉えられた〈無限擬《もどき》〉である。デカルト自身は次のように記している。「というのも、無限なものの観念は、まさしく、どんな仕方でも決して包括的に把握されてはならない。それは当の包括的把握の不可能性が無限なものの形相的根拠に含まれているのだから」（*Resp.* V, AT. VII, p. 368）、と[27]。

アンセルムスのテクストには「神の包括的な把握不可能な智慧」という表現が見出される[28]。また「無限なもの（ども）はおよそ包括的に把握不可能である」ともされている[29]。『モノロギオン *Monologion*』において神は「この上ない本質 summa essentia」(*ex.gr.* cap. XII title, t. I, p. 26, *etc.*)、「この上ない本性 summa natura」(*ex.gr.* cap. V, t. I, p. 19-20, *etc.*)、「この上ない霊 summus spiritus」(*ex.gr.*, cap. XXIX, p. 48, *etc.*) と呼ばれる。その神の技に人間的認識が届かないということが「包括的に把握できない」という表現で示されている。[30] また、『プロスロギオン』では神である「あなたの善性は包括的に把握不可能である」とされている。[31]「包括的把握が不可能である imcomprehensibilis」という否定を含む場合はほぼこの用例で尽きると思われる。それに対して肯定表現である「包括的に把握する comprehendere」(了解する) は必ずしも「すっかりわかる」、「包括する」という意味ではなく、「わかる」、「含む」という意味で使われているように捉えられる (*Opera Omnia*, t. I, 一一箇所、t. II, 六箇所、t. IV, 二箇所、t. V, 一箇所)。そして『モノロギオン』においても『プロスロギオン』においても神の存在を証明する際には用いられていない。アンセルムスの『モノロギオン』における神証明はア・ポステリオリな方向をもち、(一) さまざまな善いものがあるということから (「第一章」と「第二章」)、(二) さまざまな事物が存在することから (「第三章」)、(三) 価値の序列から (「第四章」) 証明がなされる。それらにおいて神についての認識の仕方が証明の方法になることはない。それはこの証明が存在するもののありさまという宇宙論的眺望の下に展開されていることと連動していると言える。しかし、『プロスロギオン』の「第二章」から「第四章」に展開される証明の場合には、先に述べたように「思い」からの超越が問われている。そこには自我論的な眺望が認められるのではないか。そうではない。「あなたは、それ以上大きい何も思われえない何かであると、私たちは信じている」。[32] この「それ以上大きな何も思うことのできない何か」が神証明の出発点におかれる神の規定である。さらに「知性の内 in intelletu」と外との対が提起され、内から外への超越として神証明が提示される。しかし、この証明のなかでは「包括的把握の不可能性」という概念は用いられない。上に見たようにこの概念はア・プリオリな証明が終えられた後、「第九章」に現れる。「思われている」、ないし「知性の内」と言われていても「私」のうちに「私」を超えたものを見出すということではない。そうではなく、宇宙論的眺望から見られた「思い」である。言い換えれば、被造物の働きとしての「思い」である。それとともに「それ以上大きな何も思うことのできない何か」という比較級表現に着目して次のことを指摘することもできる。つまり、『プロスロギオン』の「第二章」から始まる証明は、「この上ない本質」、ないし「この上ない本性」というように最上級を使って神を表現してはいない。「この上ない本質」を表現する「思い」が証明の出発点になってはいないということである。「それ以上大きな何も思うことのできない何か」は「知解され intelligi」、その知解に基づいて証明が進められる。「私」の「思い」を溢れ出すという構造が証明に用いられているわけではない。ここでアンセルムスは「わかっているがすっかりはわかっていない」〈最も「私」ではない何か〉に、論証の道筋で直面しているわけではない。

トマス・アクィナスについて見るならば、彼による「包括的把握の不可能性」という表現の使用は、『トマス・インデックス』によれば一二箇所に一八回出現するとされる[33]。また『神学大全』の或る箇所には次のように記されている。ディオニシウス（Pseudo-Dionysius Areopagita）の『神名論』（Dionysius, *Div. Nom.*, cap. IX）から引いたものとして「神の深さによって神の本質の包括的把握の不可能性が知解される」、と[34]。もう一つ典型的な使い方と思われる箇所を引いておけば、そこでは「われわれの知性は、神である最も単純なものを、それの包括的把握の不可能性のために、別個の形式によって表象することを強いられる」とされている[35]。このように神に対する被造物の認識の仕方としてこの概念が使われている。これに対応する肯定的語形である「包括的把握 comprehensio」が神認識にかかわって使われている場合として次の例を挙げることができる。すなわち、「包括的把握は、神を現前のうちにもち、神自身において保持すること以外の何ものでもない」という例である[36]。しかし、被造的知性にはこのことは不可能である。肯定的語形は、神認識とのかかわりなく、「包括」、「統括」、「把握」などの意味をもつとともに、この箇所に見られるように神認識とのかかわりの下で「享受 fruitio」、「直視 visio」のように「感情 affectus」ともかかわりながら至福直観の近傍で用いられることがある。いずれにせよ、神証明の「五つの途」が提起される『神学大全』「第Ⅰ部第二問題第三項」にはこの動詞は出現しない。「五つの途」の証明は「私」の思いを上ることも、「私」という標《しるし》の消えた「思い」を上ることもない。「私」とも「思い」とも異なる宇宙論的眺望から見られた原因の系列を上昇する。

スアレスは先に見た箇所において「神は包括的に把握もされず、何性的に認識もされえないということは論証されうるかどうか」という問いを立てている。(37) スアレスはここで「包括的把握」と事物の本質を捉える認識の仕方とを対にしながら、主題的に前者について論じている。「包括的把握」は対象に対する「直視 visio」に、さらに「対象の十全性を付け加える」。かくして「包括的把握」は「対象についての厳密でおよそ完全な認識 exacta et omnino perfecta objecti cognitio」になる。また、「神は自然的には不可視としても、超自然的には見られうる」のだから、それと同じように神を超自然的に包括的に把握することができるのではないのか、という問いに対しては、「この理拠の下での討究は神秘的なものには属さない」にもかかわらず、信仰という点からも、神を「被造的な知性によって包括的に把握することは不可能である」とされなければならないとされる。そして「神は無限であるのだから、有限的な力によっては包括的に把握されえない」と論決される。(38) この書物において存在論的な諸概念が整備された後に、「第二九討究」において「第一の存在であり、創造されない実体である神について、自然的理性によってそれであると認識されうるかぎりで」論じ、(39)「第三〇討究」において「自然的理性によって認識されうるかぎりにおいて、第一の存在が在ることと、それがどのようにあるのか、ということについて」、つまり、神の存在について、その論証をも含めて論じられる。(40)神の論証について論じられた後で、同じ「第三〇討究第一二章」において「包括的把握の不可能性」という概念が問題にされる。論究の順序としてみれば、「存在ens」に関する基礎的論究を終えてから神の論証に入り、その後に神についての被造的知性による認識について論じられる。トマス・アクィナスの『神学大全』における順序は以下の通りである。「第一問題」で「聖教についてDe sacra doctrina」から始め、「第二問題」で「神は在るかan Deus sit」が課題になり、その次に「第三問題」から「第一三問題」で「神はどのようであるか、あるいはむしろ、神はどのようでないのかquomodo Deus sit, vel potius quomodo non sit」が論究される。(41)トマス・アクィナスも、スアレスも、神の存在から神の何であるのかに向かうという点では同じ順序を踏む。しかし、スアレスは神の存在を論じる前に存在一般についての問いを立てる。また、「包括的把握の不可能性」という概念の位置に着目するならば、スアレスの用いるこの概念は、神についての認識にかかわる概念であるが、明確に無限と有限との対比の下にその意味が示されている。言い換えるならば、「包括的に把握の不可能性」という概念はスアレスによって信仰とのかかわりを離れて論理的に規定された概念に仕上げられていると言えよう。

デカルトは無限を包括的に把握できないとする点で、スアレスの規定を踏襲している。しかし、もう少し精確に見るならば、デカルトの規定は無限なものの観念について言われていることに気づく。もう一度引用してみる。「無限なものの観念は、まさしく、どんな仕方でも決して包括的に把握されてはならない。それは当の包括的把握の不可能性が無限なものの形相的根拠に含まれている」(*Resp*. V, AT. VII, p. 369) からである、と。包括的把握の不可能性は「無限」ということ自体に由来する。その理拠に従って「私」は「無限なものの観念」を包括的に把握できない。あからさまに「無限なものの観念」とは表現されていず、「無限なものを包括的に把握できない」とされていても事柄に違いはない（*ex.gr.* AT. VII, 46.18-22 / E. 42.08-13, *etc.*）。なぜならば、「第三省察」における神証明は観念が表象する内容を足場にしてなされているからである。それでも、包括的把握が不可能であるということは論証を補完するものとして論証の結論（« Deum necessario existere », AT. VII, 45.17 / E. 40.30-41.01）の後に提示されているのではないか（AT. VII, 46.18-22 / E. 42.08-13 & AT. VII, 52.02-06 / E. 48.28-49.03）、と反論されるかもしれない。この点についてはは次の二つのことを指摘しておく。第一に、「第三省察」第一の神証明は論証の結論を提示した後、想定される四つの反論に答えることによって終結するということである(42)。第二に、この証明において観念の対象的実象性の度合いは「私」を超えて、言い換えるならば、〈「私」のうちにあることの決してないもの〉へと上昇するということである。「私」の観念が表現する対象的実象性が形相的にそこに存するものが探される。この点については以下、「実象性」について（本書「第Ⅲ部第二章第三節」）、および「優越的に／形相的に」の区別について（同上「第二章第四節」）の論述において明らかにする。一言でいうならば、「私」にとって、その内実はすっかりとはわからないが、それの本質を知解することができる、この上なく「私」でないものという「無限」の規定が、この証明を通して定まるのである。

こうしてデカルトが、スアレスの与えた規定を「私」の思いという場、すなわち観念という場に適用し、そのようにしてこの「包括的把握の不可能性」という概念を、形而上学的概念として仕上げていることがわかる。この概念は、超自然的な認識へのかかわりを断って、人間的認識の仕方ではあっても知性の或る特有な使い方を示す概念になっている。この捉え方によって知解することの限界が乗り越えられる。明晰判明に知解されながら、すっかりとはわからない、そのような対象が見出されたのである。「無限」について、われわれはそれが限定をもたぬ「すべて」であることを知っている。しかし、その「すべて」を並べ立てることができないことも知っている。デカルトによって「包括的把握の不可能性」という概念は「無限」についてのわれわれの認識の新しい仕方として提示されたのである。この概念は「永遠真理創造説」と呼ばれるデカルト形而上学に固有な考え方と一組になっている。神が永遠真理を創造するという考えは、どのようなことが永遠真理になるのかということに、われわれの知が及ばないことを示す。しかし、われわれは永遠真理が神によって創造されるということを知っている。「第四省察」の言葉で言えば、「神の目的を探索できると私が考える」のは単なる「無謀さ」のゆえでしかない（AT. VII, 55.26 / E. 53.17-18）。かくして「包括的把握の不可能性」という概念が、デカルト形而上学に特有なものであり、その特有な「神」概念、特有な「永遠真理」についての捉え方と連関していることがわかる。

註

（1）　*e.g.*, « vulgo putantur omnium distinctissime comprehendi » (AT.VII, 30.03-04 / E. 22.08-09).

（2）　« Præcipuus autem error & frequentissimus qui possit in illis repreriri, consistit in eo quod ideas, quæ in me sunt, judicem rebus quibusdam extra me positis similes esse sive conformes » (AT.VII, 37.22-25 / E. 31.15-19).

（3）　« illos (*scil.* errores mei) a duabus causis simul concurrentibus dependere, nempe a facultate cognoscendi quæ in me est, & a facultate eligendi, sive ab arbitrii libertate, hoc est ab intelleutu & simul a voluntate » (AT.VII, 56.11-15 / E. 54.05-10) : (voluntas, sive arbitrii libertas) ... « tantum in eo consistit, quod idem vel facere vel non facere (hoc est affirmare vel negare, prosequi vel fugere) possimus » (AT.VII, 57.21-23 / E. 55.27-29).

（4）　いわゆる「デカルトの悪しき循環 cercle vicieu de Descartes」については、『デカルト形而上学の成立』二三八頁から二四三頁、二八七頁註（60）、および『数学あるいは存在の重み』「第二部第二章第二節　新たな循環からの脱出」一〇七頁から一一六頁参照。

（5）　« dubitans, intelligens, affirmans, negans, volens, nolens, imaginans quoque, & sentiens » (AT.VII, 28.21-22 & 34.18-21 / E. 20.17-20).

（6）« Claudam nunc oculos, aures obturabo, avocabo omnes sensus, imagines etiam rerum corporalium omnes vel ex cogitatione mea delebo. » (AT.VII, 34.12-14 / E. 27.13-16).

（7）« per solum intellectum percipio tantum ideas de quibus judicium ferre possum » (*M4*, AT.VII, 56.15-16 / E. 54.10-12).

（8）« Je prétens que nous avons des idées non seulement de tout ce qui est en nôtre Intellect, mais même de tout ce qui est en la Volonté. Car nous ne saurions rien vouloir, sans savoir que nous le voulons, ni le savoir que par une idée; mais je ne mets point que cette idée soit différente de l'action même » (à Mersenne, 28-1-1641, AT. III, p. 295 / BG. p. 1392).

（9）« passiva quædam facultas sentiendi, sive ideas rerum sensibilium recipiendi & cognoscendi » (AT. VII, 79.07-08 / E. 82.01-02).

（10）cf. D. Kambouchner, La subjectivité cartésienne et l'amour, dans P.-F. Moreau (sous la direction de), *Les passions à l'âge classique*, PUF, 2006, pp. 77-97. そこで彼は一六四五年九月一五日のエリザベト宛の書簡までは、「「私」（デカルト的主体）は、何らかの愛の主体ということを本質に含みながらも構成するような仕方では現れていなかった」としている（*op.cit.*, p. 78）。われわれの分析は、この「第三省察」においても、デカルト的「私」に愛の主体でもあることが消極的な仕方では含まれているということを許容することになる。

（11）« ideas, quæ in me sunt, judicem rebus quibusdam extra me positis similes esse sive conformes » (AT.VII, 37.23-25 / E. 31.16-19).

（12）« experior illas［*scil.* ideas］non a mea voluntate nec proinde a me ipso pendere » (AT. VII, 38.15-16 / E. 32.12-13).

（13）« me ab illis［*scil.* impetibus］in deteriorem partem fuisse impulsum, cum de bono eligendo ageretur » (AT.VII, 39.02-04 / E. 33.04-05).

（14）« a rebus quibusdam extra me positis procedere hactenus judicavi » (AT.VII, 38.04-06 / E. 31.30-32.02).

（15）« passiva quædam facultas sentiendi, sive ideas rerum sensibilium recipiendi » (AT.VII, 79.07-08 / E. 82.01-03).

（16）「経験する experior」（とその変化型）の出現する箇所をAT版の頁づけで示すならば、次のようになる。AT. VII, 38.15: 47.01: 48.24: 49.18: 52.20: 53.30: 54.11: 55.17: 56.30: 57.13: 58.06: 59.24: 62.03: 71.21: 75.10.

（17）テクストには「二つの別個な太陽の観念 duæ diversæ solis ideæ」と書かれている。その一つが外来観念に分類されていることは明らかである。もう一つは「天文学の理拠から rationes Astronominæ、言い換えれば、私に本有的な何らかの諸知見から選び取られた、あるいは、何らかの他の仕方で私によって作られた ex rationibus Astronomiæ desumptam, hoc est ex notionibus quibusdam mihi innatis elicitam, vel quocumque alio modo a me factam」観念とされている。「二つ」と言われているのは、片方で「私にきわめて小さく現れ mihi valde parvus apparet」、もう一方では「地球よりも何倍も大きく表示される aliquoties major quam terra exhibetur」からである（AT.VII, 39.21-22 & 39.25-26 / E. 33.27 & 33.30)。

（18） cf. E. Lévinas, *Transcendance et intelligibilité*, Labor et fides, 1996, pp. 11-29.

（19） 『数学あるいは存在の重み』「第Ⅲ部第一章」、とりわけ一六八頁以下参照。

（20） E. Levinas, *op.cit.*, p. 27.

（21） « immensi hujus luminis pulchritudinem, quantum caligantis ingenii mei acies ferre poterit, intueri, admirari, adorare » (AT. VII, 52.12-16 / E. 49.10-15).

（22） cf. Denis Kambouchner, L'éblouissement de l'esprit: sur la fin de la *Méditation III*, 2014 はこの「留まり arrêt」の意義を解明している（未公刊論文)。

（23） Anselmus, *Opera Omnia*, Hrsg. F. S. Schmitt, F. Frommann, 1984.

（24） Thomas Aquinas, *Corpus thomisticum*, http://www.corpusthomisticum.org/index.html.

（25） F. Suàrez, *Disputationes metaphysicæ*, Salamanca 1597 / Paris 1866 / Olms 1965.

（26） デカルト哲学における神認識については以下のように纏めることができる。

① à Mersenne, 06-05-1630, AT. I, 146.04-10 / GB. p. 146. 神の力能が包括的に把握不可能（imcompréhensible）であること、私たちが包括的に把握できるすべてを神は為しうるが、私たちが包括的に把握できないことを神が為しえないということはないこと。

② à Mersenne, 27-05-1630?, AT. I, 152.09-1 / GB. p. 152.「神を知る savoir と自分は言うが、神を概念する concevoir とも包括的に把握する comprendre とも言わない」。「包括的に把握するということは思いによって抱き込む embrasser de la pensée ことである」。「知るためには思いで触れる toucher de la pensée ことで充分である」。

③ à Mersenne, 21-01-1641, t. III, 284.04-12 / GB. p. 284.「ここで関連している聖アウグスティヌスの一節、つまり、神はえも言えず表現できない、という一節は、すぐにも理解される小さな区別に依存している。〈神の内にあるすべてを私たちは言葉によって包括できず verbis complectum esse、また精神によって包括的に把握すること comprendere mente もできない。したがって、神はえも言えず表現できず、包括不可能なのである。しかしながら、神の内に実際ある、言うなら神に属する多くのものを私たち

は精神によって触れることができ、言葉によって表現することができ、他のどのような事物の内よりも多くのものがある。したがって、この意味では神は最高に認識しえ、表現されうるのである〉」。〈 〉内はラテン語。

④ 1641 / 1642, *MM*, M3, AT. VII, 46.18-22 / E. 42.08-13.「また、私は無限なものを包括的に把握できないということ、あるいは、神の内には、私が包括的に把握も、あるいはひょっとして思いによって触れることさえ、けっしてできない無数の他のことがあるということ、このことも妨げにはならない」。

⑤ 1641 / 1642, *MM*, M3, AT. VII, 52.02-06 / E. 48.28-49.03.「神と私が言うのは、それの観念が私のうちにあるのと同じその神、言い換えるならば、（この私には包括的に把握することはできないが、何らかの仕方で思いによって捉えることのできる）あの完全性のすべてをもっていて、いかなる欠陥によっても全く拘束されることのない、あの神のことである」。

⑥ 1644, *PP*. p. I, a. 19, AT. VIII-1, 12.12-16.「というのも、神の諸完全性を私たちが包括的に把握しない、それはつまるところ無限なものの自然本性に、有限的である私たちによって包括的に把握されないということが属しているからであるのだが、にもかかわらずしかし、どんな物体的な事物よりも神の諸完全性を私たちはいっそう明晰にいっそう判明に知解することができる」。

⑦ 1648, *Entretien avec Burman*, AT. V, p. 154 / Beyssade, texte 15, pp.47-49. 神を知解すること（intelligere）はできるが、「想像すること imaginari」も、「概念すること concipere」もできない。

⑧ à Clerselier, 23-04-1649, AT. V, p. 356 / GB. p. 2694.「神を知解すること intelligere」はできるが、包括的に把握する（comprehendere）ことはできない。

また以下も参照のこと。『デカルト形而上学の成立』「第Ⅰ部第一章第二節・第四節」、『数学あるいは存在の重み』「序」および「第4部第二章」、『感覚する人とその物理学』「第Ⅰ部第一章第一節」、『新デカルト的省察』「第四省察」「包括的把握の不可能性」、J.-M. Beyssade, Création des vérités éternelles et doute métaphysique, *Studia Cartesiana* 2, pp. 86-105, Quadratures, Amsterdam, 1981.= dans J.-M. Beyssade, *Descartes au fil de l'ordre*, PUF, 2001, pp. 107-132.

（27）« idea enim infiniti, ut sit vera, nullo modo debet comprehendi, quoniam ipsa incomprehensibilitas in ratione formali infiniti continetur » (*Resp. V*, AT. VII, p. 368).

（28）« incomprehensibilis sapientia sua » (*Cur Deus homo*, cap. 7, tom. II, p. 57).

（29）« infinita et omnino incomprehensibilia sunt » (*Oratio* 14, tom. II, p. 59).

（30） *Monologion*, cap. 36, t. I, p.54 : cap. 64, t. I, p. 75: cap. 65, t. I, p. 76.

（31） « bonitas tua est inomprehensibilis » (*Proslogion*, cap.9, t.I, p.107).

（32） « redimus te esse aliquid quo nihil majus cogitari possit » (*Proslogion*, cap. II, t. I, p. 101).

（33） Corpus Thomisticum / Index Thomisticus, by Roberto Busa SJ and associates / web edition by Eduardo Bernot and Enrique Alarón, 2005.

（34） « per profunditatem Dei intelligitur incomprehensibilitas ipsius essentiæ » (*Summa Theologiæ*, I, q. 3, a. 1).

（35） « Quia rem simplicissimam, quæ Deus est, propter eius incomprehensibilitatem, intellectus noster cotitur diversis formis repræsentare » (*De potentia*, q. 1, a. 1, ad 12).

（36） « comprehensio nihil est aliud, quam in præsentia Deum habere et in seipso tenere » (*Super Sent.* , lib. 4, d. 49, q. 4, a. 5, qc. 1 co.).「包括的把握の不可能性 imcomprehensibilitas」が出現するその他の箇所は以下の通りである。*Super Sent.*, lib. I, d. 9, q. 1 pr.: *op.cit.*, lib. I, d. 37, qu. 1, pr.: *Super Isaiam*, cap. 40: *Super Iob*, cap. 23: *op.cit.*, cap. 36: *Super Psalmo* 50, n. 1: *Super Io.*, pr. 1 × 5: *Super Eph.*, cap. 3 l. 5 × 2 : *Super I Tim.*, cap. 6 l. 3 × 2. これに対して多数出現する肯定的語形の « comprehensio » について、シュッツの『トマス辞典』（L. Schütz, *Thomas-Lexicon*, 3. Auflage von Enrique Alarcón vorbereitet Pamplona, Universität von Navarra, 2006: http://www.corpusthomisticum.org/tl.html は、(a) Umfassung, Einbegreifung, Einshließung (b) Begreifung, Verständnis (c) Ergreifung, Festhaltung, Besitz とともに (d) Besitz Gottes という意味を示し、本文中に引用した箇所はこの (d) の文例として採用されている（Corpus thomisticum: http://www.corpusthomisticum.org/index.html による）。また、デフェラリの『トマス辞典』（R. Deferrari, *Lexicon of St. Thomas Aquinas* based on the summa Theologica and Selected Passages of His Other works, Catholic University of America Press. Inc., 1949）もシュッツの辞典とほぼ同様に、«comprehensio» の意味を (a) encompassing, inclusion, (b) comprehension, undersatanding, (c) apprehension, holding fast, possession, (d) possession of God の四項目に分類している）。

（37） « An demonstrari valeat, Deum nec comprehendi, nec quidditative cognosci posse » (*Disp. meta.*, d. XXX, sect. 12, title).

（38） « infinitus est, ideo finita virtute comprehendi non potest » (*Disp. meta.*, d. XXX, sect 12, 1-3, t. II, p. 159).

（39） « De Deo primo ente et substantia increata, quatenus ipsum esse ratione naturali cognosci potest »（*Disp. meta.*, d. XXIX, t. II, p. 21, title）.

（40）« De primo ente, quatenus ratione naturali cognosci potest, quid et quale sit » (*Disp. meta.*, d. XXX, t. II, p. 60, title).

（41）*Summa theologiæ*, Marietti, 1952, Tabula principialis, p. XXIII.「問題」の流れを表題で示してみれば以下のようになる。«Quaestio I. De sacra doctrina, qualis sit, et ad quae se extendat ». « Quaestio II. De Deo, an deus sit ». « Quaestio III. De Dei simplicitate ». « Qu. IV. De Dei perfectione ».

（42）『デカルト形而上学の成立』二六七頁から二七四頁参照。

第二章　超越への途

第一節　デカルト思索史における「実象性」概念の誕生

「実象性 realitas」という概念は『省察』本文では「第三省察」と「第六省察」においてだけ使われる。つまり、神の第一の実在証明と物体の実在証明においてだけ「実象性」という概念が実効性をもつ。このことは、この概念が超越の局面で使用される概念であることを示している。「第三省察」において観念生成の起源を三つに分類して探求を進める途が超越へと通じていないことが判明して、その後で開かれる「他の途 alia via」（AT. VII, 40.05 / E. 34.11-12）にこの「実象性」という概念が適用される。その「他の途」とは観念の表象内容を探究の場にする途である。「第六省察」における物体の実在証明もこの途の上を進む証明であることに変わりはない。この二つの超越は観念の内容を開き出すことによってなされる。「第三省察」では「私」からどのようにしても引き出すことのできない内容が「私のうちにある観念 ideas in me esse」（AT. VII, 35.22 / E. 28.30-29.01）に見出される。そうして「私」は「私」を真上に超える。「第六省察」では物体について「私」がもつ観念の「広がり」という内容を自らの本質としてもつものが探される。そうして「私」は横に超える。神へ向かって超越し、物体に向かって超越する。前者を垂直の超越、後者を水平の超越と呼ぶことにする。しかし、他人に向かって超越する必要はない。なぜならば、他人は「私」と同じく「思う実体」として「私」である実体とともに神による創造の産物だからである。言い換えるならば、「この私」ではない「私」も実在する。「私」が有限なる「思う実体 substantia cogitans」(AT. VII, 48.14 / E. 44.15)として創造されたということはこのことを示す。「私」という実体の唯一性が消極的に否定されるのは「第三省察」第二の神証明においてである。神の創造物がただ一つの実体であるという根拠は何もないのである。

観念の表象内容である「対象的実象性」は「対象的に在る esse objectivum」。この「対象的に在る」という概念を神の実在証明に適用しようとデカルトが考えたのは、一六三八年頃のように思われる。精確に言えることは、『方法序説』においてこの概念は用いられていないこと、一六四四年のラテン訳『方法序説』では欄外注記でこの概念が用いられていることである(1)。一六三七年から一六四四年の間には『省察』が入る。年代順に並べてみるならば、一六三七年に使われていず、一六四一年に使用され、一六四四年に一六三七年の不足を補っている。この事情は一六三八年二月二二日付ヴァティエ宛の書簡(à Vatier, 22-2-1638, AT. I, pp. 560-561 / GB. p. 548)に示されている。要点だけを述べてみよう。デカルトはここで『方法序説』における「神の実在」に関する自分の記述の曖昧さを認め、その理由を述べている。その理由は、第一に「懐疑論者たち」の論拠について敢えて詳述しなかったこと、第二に「諸感覚から精神を引き離すために」必要なすべてを記さなかったことであるとされている。この二つはデカルトが払った読者への配慮を示している。このように配慮したために記述の曖昧さが生じたのは次のことによるとされている。すなわち、デカルト自身は「馴染み深く明証的 familières et évidentes」なる「思いの習慣 habitude de penser」にしてしまった「いくつかの基礎概念 certaines notions」が、読者にとってもそうであるに違いないとデカルトが「想定した j'ai supposé」ことである。この「いくつかの基礎概念」のなかには次の考え方が潜んでいる。繰り返しになるがその考え方を引用しよう。「われわれの諸観念は、何らかの外的対象から、あるいは、われわれ自身からでなければ、それらの形相もそれらの存在も受け取ることができないのだから、これらの対象の内に、あるいは、まさしくわれわれの内にないどのような実象性いうなら完全性も、表象しえない」(2)。「実象性」という概念は、公刊された書物のなかでは、「第三省察」における第一の神証明に出生地をもっている。以上から、われわれは「実象性」という概念は神の実在証明を判明に論じるために必要とされた概念であると結論することができる。

第二節　「実象性」概念の歴史的背景

「実象性」、および、「対象的に在る esse objectivum」という概念の哲学的使用はドゥンス・スコトゥスのそれよりもさらに遡行されて見出されることはないであろう。これらの概念のデカルトに先立つ哲学的先行形態については、多くの研究がなされている(3)。これらの先行研究を参考にした上で、「観念」という概念をも含めて、以下の四点を指摘することができる。第一に、デカルトが「観念」を「神的精神の知覚の形相 formæ perceptionum mentis divinæ」(*Resp. III*, AT. VII, p. 181) という意味では用いず、人間知性によって思われたもの、つまり「思いの様態 modus cogitandi」(AT. VII, 40.07-08 / E. 34.14-15) という意味で用いていることである。第二に、「対象的実象性」という概念を、デカルトは事物の本性が感覚を介して知性によって受け止められたものを意味するためには用いず、観念によって表象されている内容を意味していることである。このことは次の結果をもたらす。すなわち、事物を構成する認識素の感覚を介した受容によって、知性認識がなされるという説明を拒絶する、ということである。さらにこれと連関するが、第三に、デカルト的「観念」は「私」が事物を知る知り方を説明する場合に用いられる概念であるにもかかわらず、そのために「概念 conceptus」という用語をデカルトが用いいなかったことである。カントの言う「存在論的証明」の可能性の一端はここに存する。つまり、感覚を介して知性にもたらされ事物の本質が把握された形態である「概念」の理論を認識理論に適用するかぎり[4]、存在論的証明は成立しない。なぜならば、概念が実在を含むというのは、概念矛盾になるからである。概念が実在を含むならば、それは概念ではなく実在する事物だからである。第四に、デカルトは、観念が表象する内容のあり方を「対象的に在ること」としたが、このことによってデカルトは知識成立の過程に因果の原理を適用できる存在を割り当てたことになる。こうして「感覚に前もってなかった何ものも知性の内にはない」というスコラ的なテーゼの逆転が可能になる。なぜならば、知解内容がどれほどうっすらとであれ、事物の実在をその延長上に展望する存在性格をもっているからである。そして「対象的に在る」という存在様態に基づいて実在を帰結できる場合が少なくとも一つ見出されるからである。すなわち神の観念の表象内容である対象的実象性が対象的に在るということに因果の原理が適用されて、神の実在が帰結する。以上の四点は、デカルトのテクストとともに、先行研究にも支えられていると考える。

第三節　「第三省察」における「実象性」の度合い

「第三省察」における「実象性」という概念について、次に指摘されるべきことは比較級によって示される度合いについてである。すなわち、「実象性」は観念が表象する内容の差異として、「実体 substantia」と「様態ないしは偶性 modus, sive accidens」の区別、および「有限実体 finita substantia」と「或るこの上ない神 summus aliquis Deus」（AT.VII, 40.12-16 / E. 34.20-27）の区別に適用され、それ以上の細分化をもたない(5)。テクストのより後の表現を借りて神を「無限実体 substantia infinita」（AT. VII, 45.11-12 / E. 40.23）と呼ぶことにすれば、「実象性」が示している度合いは、昇順に従って、様態、有限実体、無限実体ということになる。「実象性」の段階としてはそれだけである。「実象性」のもっている存在論上の差異は〈様態の在ること〉、〈有限実体の在ること〉、〈無限実体の在ること〉という差異に対応する。この差異が「いっそうの或る何か majus aliquid」という関係で示される(6)。この差異は「熱さ calor」の観念、「石 lapis」の観念（AT. VII, 41.11-12 / E. 35.25）、「神」の観念の差異にも適用可能である。少し先走りをして、三つの区別の存在論上の表現を探すならば、われわれは次の三つの実在様相を見つけ出すことができる。（有限的）実体は「私の外に実在する extra me existere」（AT. VII, p. 40.07 / E. 34.14）とされ、これを「現実的実在 existentia actualis」（*Resp. I*, AT. VII, p. 117）と呼ぶことができる。それに対して無限実体である神に帰せられる実在は「必然的実在 existentia necessaria」である（AT. VII, p. 383）。最後に「第六省察」を参照すれば、「純粋マテーシスの対象であるかぎりの物質的事物は実在しうる illas [=res materiales], quatenus sunt purae Matheseos objectum, posse existere」（AT. VII, 71.08-09 / E. 72.15-16）、つまり「可能的実在 existentia possibilis」（*Resp. V*, AT. VII, p. 383）という実在様相も付け加えなければならない。

この可能的実在は先の段階のなかでは〈様態の在ること〉に対応する。このように実在するものを、たとえば「純粋数学の対象」として三角形のような図形を考えることも、数式を考えることもできるであろうし、「それらの真にして不変的な本性」（AT. VII, 64.11 / E. 63.29-30）を含めることもできるであろう(7)。これらが「純粋数学」の対象として可能的に実在するということはテクストに支えられているとしても、これらを「様態」と呼ぶことができるのであろうか。というのも「第五省察」においては本質、属性、様態という区別の上に立って前記のことが言われているわけではないからである。しかし、或る書簡（Descartes à X***, AT. IV, pp. 348-350 / GB. p. 2132）を参照すれば、その点についての疑念は消失する。物体の運動、形は物体の様態と言え、愛も、憎しみも、肯定することも、疑うことも「真なる様態 veri modi」と呼ぶことができる。それに対して、「実在、持続、大きさ、数」などは「神における正義、慈悲と同じように」「元来の意味では様態と言われない、と私には思われる」。しかし、「何らかの或る事物の本質をなるほど、実在するかしないかということを引き離して、或る様態でわれわれは知解するが、当の事物が実在するものとしても考察され、また別の様態によってわれわれはそれを知解するのだから、いっそう広い意味でそれらは属性ないし思いの様態とも言われる」[(8)]。要するに、「様態」には思いの様態も物体の様態も含まれ、属性も「思いの様態」としては様態に含まれる[(9)]。この観点からすれば、「純粋数学の対象」も思いの様態として、在ることの度合いとしては同じく「可能的実在」に割り振られると言うことができる。「思いの様態」も、事物の様態も、事物の属性も可能的に実在することがわかる。

以上のことから、「実象性」の度合い、それと並行する「対象的実象性」の度合いは、可能的実在、現実的実在、必然的実在に対応していることがわかる。もちろん、「反論と答弁」付の『省察』を読み終えて獲得した認識から振り返えってみる場合に、上記のように言うことができるということである。これに対して次のような反論が想定される。すなわち、「第二答弁」「諸根拠」「定義三」（AT. VII, p. 161）において「実象性」は「観念のうちに在るかぎりの、事物の、観念によって表象された存在性」と定義されている。そこに「同じ仕方で、対象的完全性、あるいは、対象的技巧などと言われうる」と付け加えられている[(10)]、あるいは、「第一答弁」には「対象的完全性、あるいは、対象的技巧」と記されているのだから、「実象性」は度合いではなく、あるいは、度合いだけではなく、個別的事物の規定内容（デカルトは事物を類種系列で分類することをしないのだから、相応しい例ではないかもしれないが、たとえば、人間であること、植物であること、などの種的本質）をも含意しているのではないか、と。[11] このように反論されるかもしれない。しかし、この定義における言い換えの肝心な点は、「対象的実象性」の「対象的」という点でのわかりにくさを解消する点にある。このことはデカルトがさらに次のように付け加えていることからも明白である。デカルトは「というのも、われわれがいわば対象の観念どものうちにあるかのように知覚するものは何であれ、当の観念のうちに対象的にあるのだから」と付け加えている。[12] したがって、「対象的完全性、あるいは、対象的技巧」の例示に基づいて、「実象性」という概念が存在者の実在の度合いではなく、個別的な存在者の何であるかにかかわるさまざまな規定性の集まりが意味されている、と考えることはできない。[13] 以上のことから「いっそうの対象的実象性」ということが実象性の度合いを示し、その度合いは三つだけの段階をもち、けっして事物に帰属する規定性も、それの量的な差異をも示してはいないと結論することができる。このことはカントが示している「実象性の総体 omnitudo realitatis」[14] という神についての把握、つまり、実象性を事物の規定性として捉え、そのすべての実象性を具えたものとしての「神」概念を考える上で重要になる。このような把握は、「神」概念が「凡通的規定の原則 der Grundsatz der durchgängigen Bestimmung」[15] に反したものという批判を呼び寄せ、また、実在をさまざまな実象性と同列な〈実象性の一つ〉であるとする批判を帰結する。[16]

第四節　「第六省察」における「優越的に／形相的に」の区別

「第六省察」では「実象性」について比較級で述べられることはない。その代わりに「優越的に eminenter」／「形相的に formaliter」という対が用いられる。次に、「実象性」について「第六省察」においても数量的な多さが問われていないという点、「優越的に」／「形相的に」が実象性の度合いをどのように補完しているのかという点、これらについて確認することにしよう。「第六省察」において「私」は別にして、「物体」、「神」、「物体よりも高貴な何らかの被造物 aliqua creatura corpore nobirior」のなかで、「感覚可能な事物の観念 ideæ rerum sensibilium」（AT. VII, 79.06-22 / E. 81.30-82.20）によって表象されている実象性、つまり、そのなかに「対象的に在る実象性の一切が形相的にか、優越的にか、内在しなければならない」（AT. VII, 79.15-18 / E. 82.12-15）、そのような実体が探される。(17) その候補のなかで、物体以外は広がりという表象内容を形相的に含むことがない。つまり、〈神は広がっている〉とも〈精神は広がっている〉とも言えない。しかし、神は広がる事物を創造するのであるからには、それを知解する。また、精神は広がる事物の観念をもつ。つまり、神も精神も「広がり」を優越的に含む。求められているのは〈何かが広がっている〉と言うことのできる、そういう〈何か〉である。言い換えれば、広がりを形相的に含んでいる実体が何かということである。ここでなされているのは、「第三省察」と異なり、有限実体から無限実体へという垂直の超越ではなく、水平的超越の遂行である。言い換えれば、有限実体から本質を異にする有限実体への飛び越えである。それゆえ、実象性の比較級は用いられることがない。ここでは「優越的に」と「形相的に」との差異だけが問われる。

別の言い方をすれば、物体的実体の観念が表象するすべての実象性を、それを代替するような仕方ではなく、「直接に immediate」もっている実体が求められる。この課題に応えるために「優越的に」と「形相的に」という対が再び用いられる。「再び」というのも、この対にわれわれは「第三省察」において四回にわたって出会っているからである。[18] それをもう一度捉え返しておこう。（一）石を産出するものは石のなかにあるすべてを「形相的にか、優越的に」もっていなければならない（AT. VII, 41.07-08 / 35.19-20）。（二）神の観念の表象する実象性は「私のなかに形相的にも優越的にもない nec formaliternec eminenter in me esse」（AT. VII, 42.20 / E. 37.13-14）。（三）「私」が物体的事物の観念によって表象するすべては、私のうちに形相的には含まれていないが、「私」も物体も実体なのだから「優越的には私のなかに含まれうると思われる vedentur in me contineri posse eminenter」（AT. VII, 45.07-08 / E. 40.19）。（四）「私によって包括的に把握されない a me, ..., non comprehendatur」ものも、「神のうちには形相的にか、優越的にかある vel formaliter vel eminenter in Deo esse」（AT. VII, 46.26-27 / E. 42.18）。[19]
これらのテクストによると、第一に、「優越的に／形相的に」という対は、当の特性というありさまと、その特性を補って余りがあるというありさまの差異を示していることがわかる。言い換えれば、当の特性というありさまと、その特性を引き起こしうるほどの特性というありさまとの差異である。「優越的に／形相的に」という対をこの意味で使用するのは、伝統的であると言える。[20] 第二に、しかし「実象性」という概念が先に見たように、存在論的度合いと知識論的依存関係の下に使用されるのに対して、「優越的に／形相的に」という対は表象内容が、当のものにとって表象内容としてあるのか、それ自身の特性なのかという差異を示している。この点はデカルトによって伝統的使用に付け加えられている点である。これに対して「対象的実象性」と「形相的実象性」との対比は「実象性」が表象されているという仕方であるのか、「実象性」が「実象性」そのものとしての役割を果たしているのかという違いであった。これを言い換えれば、「対象的実象性」とは観念によって〈表象された実象性〉、この意味では〈実象性の表象〉に当たり、「形相的実象性」は「実象性」そのものに当たる。これに「形相的に」、「優越的に」を重ねてみるならば、「形相的に」は、やはり〈そのものとして〉という役割を示し、「優越的に」は〈表象内容としてそれを包み込むように〉ということになる。これら四つの概念を並べてみるならば、次の三つになる。〈表象されたもの〉、〈そのもの〉、〈表象するもの〉という連関である。「第三省察」における第一の神の実在証明は〈表象されたもの〉から〈そのもの〉への超越、「第六省察」の物体の実在証明は〈表象するもの〉から〈そのもの〉への超越と表現することができる。そして前者は実象性の度合いを上に登ることによって果たされ、後者は実象性の度合いを登ることのない超越である。

次に「優越的に／形相的に」という概念に見出されたこの新しい内容の存在論的含意を探ってみよう。たとえば、物体は広がりを特性としてもっている。「私」は広がりの観念をもつ。観念によって表象された「広がり」の存在様態が「対象的に在ること esse objectivum」である。「私」に「広がり」が優越的に含まれるということは、「私」が「広がり」の観念を観念としてもつことを意味する。[21] 簡潔に言えば、物体の様態は、物体の属性に依存し、それを認識する精神からすれば、物体の属性は、それが知られるという点で、精神の知性という属性に依存する。物体の様態は、物体の属性への依存性を介して、認識という点では、精神の様態である観念に依存し、観念は様態として知性という属性に依存する。物体の様態が精神の属性に知識依存性をもっているということになる。[22]「形相的に」でなく、「優越的に」ということが示しているのは、この（物体の様態ないし属性である）「広がり」と（精神の様態である）「広がり」の観念との差異である。物体の様態としての「広がり」は広がりという規定をもつ。それに対して精神の様態としての「広がり」の観念には広がりの他に「広がりの観念」という規定がなければならない。一言でいえば、「優越的に」とは当の規定に当の規定の観念という規定が付け加わることを示している。そしてこのことが「秀でている、際立った、盛り上がった eminens」事態とされる。繰り返して確認すれば、「広がり」よりも「広がりの観念」の方が「いっそう」「突出する・目立つ eminere」ということになる。そしてそのことはまた「いっそう高貴 notior」という事態とも重なるであろう。それゆえに、実象性の度合いにおける上昇ではないが、やはり「形相的に」に対して「優越的に」は上昇という方向性を指している。二つの事物が「実象性」の同じ度合いにある場合、たとえば、同じく（有限的）実体である場合にも当の二つの実体の間に度合いの違いがある。それが「形相的に」と「優越的に」という区別によって示されていることである。デカルト哲学においてこの上昇は、先に見たように、〈そのもの〉から〈表象するもの〉へという上昇である。これを纏めて一般的な仕方で定式化してみるならば次のようになる。同じく実体であるという実象性の段階のなかでの、片方の実体における様態・属性に対応するもう一つの実体における様態が先の様態・属性についての精神の様態という余剰をもつ。これが「優越的に」という事態である。つまり、「優越的に」という事態が成り立つためには、片方の様態・属性を自分の様態として取り込むための属性を必要とする。それゆえ、この優越的という事態は、「第六省察」における物体の実在証明における三つの選択肢、つまり、物体と精神、物体と「物体よりも高貴な何らかの被造物」、物体と神との間にしか成り立たない（AT. VII, 79.21 / E. 82.19）。なぜならば、或る様態の様態ということは、先の様態を表象する観念という仕方での様態しかありえないからである。デカルト哲学において「優越的に」は〈在る〉に対する〈知る〉の優越性を含意しているのである。

「第六省察」における物体の実在証明はこの「優越的に」から「形相的に」への移行によってなされる。この移行は神の誠実に保証された「大いなる傾向性 magna propensio」に支えられている。この移行が示していることとは、精神の知識論的優越性から物体の存在論的独立性が帰結されるということである。言い換えれば、「第二省察」において示されていた、物体を広がるものとして知っているという点での精神の優越性に基づいて（「精神は物体よりもいっそう識られる ipsa[=mens humana] sit notior quam corpus」（「第二省察」の表題 AT. VII, 23.21-22 / E. 14*2-*3)、「第六省察」において物体が精神によって知られていなくとも実在するという結論が導かれる。

ここで、次の二つのことを指摘しなければならない。第一に、先に引用したように「観念のうちに対象的に在る実象性の一切が形相的にか優越的にか内在しなければならない」と言われる場合の「一切の実象性」についてである。(23) 着目したいのは、少なくとも、「すべての実象性 omnes realitates」、あるいは、「実象性の総体 ominitudo realitatis」とは記されていないということである。「第六省察」の表現が示していることは、先に引用したカントの表現「実象性の総体」との対比の下に考えれば、さまざまな実象性が集まっているということではない。つまり、数え上げられる規定性のすべてがここで指示されているのではない。また、「全実象性 tota realitas」と言われているのでもない。つまり、「実象性」という概念が覆い尽くす領域としての個々の何かの全体が意味されているのでもない。数量的なすべてでも、質的全体でもない。それでは「一切の実象性 omnis realitas」という表現は何を意味しているのだろうか。ここで『哲学の原理』に示されている実体と属性との関係を参照すべきである。というのも、「第六省察」の当該の箇所において属性という用語は用いられていないが、実体と属性の関係についての思考を巻き込むからである。『哲学の原理』「第一部第五三項」には次のように記されている。すなわち、「なるほど、実体は任意の（一つの）属性から認識されるが、しかし、当該実体には一つの最始的特性があって、それによって当の実体の本性と本質とが成り立ち、他のすべての特性はそれに関係づけられる」（*PP*, p. I, art. 53, AT. VIII, p. 25)、と。その関係づけられ方は「物体に帰されうる他のすべては広がりを前提する」（*ibid.*）

というようにである。[24]「一切の実象性」という表現は実体と属性とのこの関係を示しているのではないか。もう少し内容を開きだしてみれば、この表現によって一つのうちに包み込まれているすべての規定性が示されているのではないか。さらに言い換えれば、「広がり extensio」という「理由 ratio」のうちに包み込まれるすべての規定性を数量的な観点なしに表現しているのではないか。このことは「第三省察」における「実象性」についてのわれわれの分析と軌を一にしている。

纏めてみよう。「実象性」は様態、有限実体、無限実体という上昇段階をもつ。この段階は実在の段階に対応し、より下位なものはより上位のものに対して存在依存性をもっている。それに対して「優越的」は有限であれ、無限であれ、同じく実体のなかでの上昇性を示すとともに、属性に対する様態の、そして知性に対する物体的様態の知識依存性を示す。それゆえ「優越的に」は因果の原理を自分が働くための条件としてもっていない。そしてともに数の多さに還元することはできない。[25]実象性の度合いとは、既に指摘されているように「内包量 quantité intensive」における度合いではあるが、[26]しかし、数量的把握を拒絶する度合いである。すなわち、「いっそう完全である、言い換えれば、いっそうの実象性を自分のうちに含む」（AT. VII, 40.28 - 41.01 / E. 35.10-11）という二つの比較級の表す表現が同じことになるような度合いである。[27]次に、超越のためのもう一つの装置である因果の原理について検討してみよう。

第五節　因果の原理

因果の原理は次のように定式化されている。「作用的で全体的な原因のうちには、当の原因の結果のうちにあるのと少なくとも同じだけがあらねばならない、ということは自然の光によって明白である」[28]（AT. VII, 40.21-23 / E. 35.01-04）。この「作用的で全体的な原因」という連辞にわれわれは既に出会っている。一六三〇年、メルセンヌがデカルトに「どのような種類の原因において神は永遠真理を配したのか」と質問をした。デカルトはこれに次のように答えた。すなわち、神は永遠真理の「作用的で全体的な原因 efficiens & totalis causa」であり、このことは神が被造物の「実在」とともに「本質」の作者であることを示す、と。[29]デカルトの定式はまた、スアレスの定式の響きを伝えている。少し長いが引用する。「結果は完全性において一緒に捉えられたその（結果の）すべての原因を超え出すということがありえない、ということは確実である。このことは証明される。なぜなら、結果のうちには、それの諸原因からもってくるのではないどのような完全性もないからである。ゆえに、結果は、自分の諸原因のうちの或る何かども、（つまり）諸原因がどんな仕方でも自分のうちに含んでいない或る何かどものうちに、形相的にか優越的にか、先立ってあるのではないどのような完全性ももつことはありえない」[30]。さらに遠くはプラトンの「同名因果の原理」の谺《こだま》を聞くことができるかもしれない。[31]スアレスの定式化と比較して見出されるデカルトの「因果の原理」のもっている特徴は二つある。第一に、観念の「対象的実象性」にこの原理を適用した点である（AT. VII, p. 41）。第二に、原因を「作用的で全体的原因」、つまり、実在と本質の原因に限定したことである。スアレスの定式における「完全性において一緒に捉えられたその（結果の）すべての原因」には、完全性の内に実在が含まれていないのであるから、彼の言うこの原因のうちには実在の原因は含まれていない。

デカルトのこの原理が適用されるためには、結果である「対象的実象性」が、それについて作用因を求めることができるようなあり方をしなければならない。そのあり方を、デカルトは「事物が観念を介して対象的に知性の内に在る res est objective in intellectu per ideam」こと、つまり、「観念についての対象的に在ること esse objectivum ideæ」（*ibid.*）と呼ぶ。「第一答弁」を参照してみよう。そこでカテルスは「知性のうちに対象的に在るとは何か quid est esse objective in intellectu?」と問い、それは事物にとって「外的命名 extrinseca denominatio であり、どんなものでもない nihil rei」、そういうあり方をするものに原因を求めることはできない、と述べている[32]（*Obj. I*, AT. VII, p. 92）。これに対してデカルトは以下のように答えている。答えの要点は次の三点にある。（一）「対象的に在ること *esse objective*」は「諸対象が知性のうちに在るのが通常である、その様態で知性のうちに在ること以外の何ごとも意味表示しない」。（二）この「在ることの様態 essendi modus は事物が知性の外に実在するという在ることの様態よりも遙かにずっと不完全であるが、だからといって、全面的に無であるということではない[33]」（*Resp. I*, AT. VII, pp. 102-103）。要するに、（三）「対象的に在ること」も〈在る〉ことなのであるから「対象的実象性」の原因を求めることができる[34]。この場合に、二つの条件が考えられている。（一）或る観念が「あのではなくこれ」を表すのであるから、そのように表されていることの原因を求めることができる。（二）その表されている実象性、つまり、対象的実象性は無ではなく在るのであるから原因を求めることができる。つまり、表象内容の差異と表象内容の存在が、観念の表象する内容に因果の原理が適用できることを妥当にしている。かくして、観念の表象する実象性に因果の原理が適用されることになるが、その因果の原理は、結果の何であるかと結果の生成を説明する際に用いるすべての要素が、原因の内に含まれていることを示す。そのような原因が「作用的で全体的な原因」と呼ばれている。言い換えれば、この原理は結果をその内容においても、生成においても凌駕する原因、先に述べたように、本質と実在の原因を求めるための原理である。それゆえにこの原理を適用することによって求められていることは次のいずれかである。すなわち、そのような全体的で作用的な原因を構想することができるのか、あるいは、そのような構想に到達する道筋を少なくとも一つわれわれが提示することができるのか、そのどちらかが成立することである。要するに、問われていることは、無限をどのように構想するのかということである。これを繰り広げて述べるならば、「私」から出発する知識体系における「無限 l'infini」の位置が有限性を超越しつつ、有限を包摂する位置にある、そのような体系を組むことができるのか、ということである。結局のところ、「私」のうちに「私」ではないものが見出される場合にだけこの因果の原理は適用の結果をもつことになる。

第六節　超越を歩む

こうして垂直の超越が可能になる。そのための条件になる経験を纏めてみよう。（一）「私」ではないという意味での「他」を「私」の起源として認めること。（二）真なる判断が「私」ではないという地点を求めること。言い換えれば、判断が「私」の思いを横溢した事態であると思い至っていること。（三）「感覚に前もってなかった何ものも知性の内にはない」というドグマを先入的で理由のない意見として、もう一度、観念という場において否定しておくこと、つまり、外来観念という説明方式の理由のなさを明らかにすること。これらが無限の方へと超越するために予め捉え返されておかなければならない経験である。これらの経験をもって探究の途に入る。つまり、「観念」、「実象性」、「対象的に在ること」、因果の原理を経験の場に適用する。しかし、この途に実質を与えるためには先の三つの経験だけでは足りない。もう一つの経験、「無限」についての経験が求められる。われわれの一人一人が「私」でないものを「私」のうちに見つけるという経験である。これを見つけるためには、われわれが「すべて」という言葉を有意味に使うことができるにもかかわらず、限定されていない「すべて」という語の使用法を説明できないことが要点になる。「すべて」という語の使い方を説明しようとすると、次の二つの選択肢に拘束されていることに気づく。第一は、「すべて」が時間・空間的に限定されるか、あるいは、「すべて」が内容をなす項目によって限定されるか、である。もっと簡潔に言えば、「すべて」という語は、その使用法が理解されるために「何々のすべて」の「何々」という限定を求めるということである。この途を閉ざすならば、第二に、地平退行のように無際限への進行を認めなければならなくなる。つまり、「すべて[1]」は「すべて[2]」に限定され、この系列が無際限に続くというように。後者の選択肢は、しかし、事柄としても、無限退行という論理的難点を生み出すだけであるとともに、デカルトによって否定されてもいる（cf. AT. VII, p. 42）。無限退行を拒絶するかぎり、「すべて」という言葉の使用法を説明するためには、前者のような仕方での「すべて」についての限定、つまり、「すべて」という語の作用域の限定を必須とする。「すべて」という言葉の使用法を説明するためには、集合の要素の次元を超えて集合を外から限ることが求められる。われわれは世界全体、宇宙全体の外に出ることはできない。にもかかわらず、われわれは「宇宙全体」という表現を有意味に使うことができる。つまり、われわれは何らかの仕方で宇宙全体を超えている。しかし、宇宙全体を超えて、さらにその先に在るものを超えなければならない。しかも、この系列を無際限に続けることはできない。ということは、それを超えると何もないという事態を認めなければならないということである。しかし、それを超えて何もないということを「私はどこから知るのか unde scio」（AT. VII, p. 24）。この起源への問いに導かれて、限定のない、終わることのない「すべて」に向かって進み続け、われわれの知も尽き果てることになる。その一方で、われわれはどこかで終わることのない「すべて」を使わずに「すべて」という語の使い方を説明することはできない。そのように、どこかで終わる「すべて」はいつもどこでも終わらない「すべて」に支えられている。もし、「ない」よりも「在る」が認識の秩序において先立つならば、「私において有限よりも無限の知覚の方が或る仕方でいっそう先立っている priorem quodammodo in me esse perceptionem infiniti quam finiti」（AT. VII, 45.28-29 / E. 41.13-14）。そのようにして、「私」は「私」を超えなければ説明することのできない「無限」の観念を「私」のうちに見出すことになる。「無限」の観念を見出したその後は、その観念の対象的実象性に因果の原理を適用すればよい。四つの経験をあからさまにしながら纏めて言えば、次のようになる。第一の経験は絶対的に〈私ではない〉という何かに出会うという経験、第二の経験は判断するとは真理を「他人」へと表出することであるという経験、第三の経験は「私」の思いである「観念」という場に知性と意志を働かせて判断が得られるという経験、第四は無限という経験、逆に見れば、「私」が有限であるという経験であった。この上なく「私」ではない何かについて、実象性の段階に導かれ、無限なものという観念の表している内容に因果の原理を適用して、判断を下す。これがデカルト的超越の途である。

哲学史的に振り返ってみるならば、中世スコラ哲学から、デカルト哲学、ヒューム・カントの哲学から現代までの哲学という流れのなかで、〈思うことをやめると在ることをやめる〉比類なき存在としての「私」、その「私」の思いから「超越」を介して宇宙論的眺望を切り拓くという立場は、デカルト哲学に特有のもののように思われる。われわれが自我論的眺望と呼ぶものは決して主観性の哲学によって到達できるものではない。主観性は客観性に対する主観性であり、その意味でどうしても宇宙論的眺望を招き入れることになる。「在るかどうか」という問いから「何であるか」という問いへと進む限り、自我論的眺望の根づくところを開披することはできない。「知ることから在ること」へと進む場合でも、「私」の〈思いである〉ことが基点になると反論されるかもしれない。その自我論的眺望における〈思いである〉その思いが思われであることに「在ること」の生成が捉えられる。動きである「私」の思いから思われである「在る」が生成されるのである。客観性を免れる主観性が見出されるわけでも、取って付けたような「主客未分」という秘教化でもない。順序を追って進む「私」という事実の開披以外の何ものでもない。

註

（1）欄外注記は次の通りである。« Nota hoc in loco et ubique in sequentibus, nomen Ideæ generaliter sumi pro omni re cogitata, quatenus habet tantum esse quoddam objectivum in intellectu »「ここにおいて、また以下のどこにおいても、観念という名称は、知性のうちに何か対象的に在ることだけをもつかぎりでの、思われた事物すべて、と一般的に解されることに注意せよ」（AT. VI, p. 559）

（2）「何らかの釈明 quelque éclaircissement」（AT. I, 561.05-06）が、たとえば、『方法序説』の「二刷り une seconde impression」でなされたかどうか、そもそも、二刷りなどあったのかどうか。A. J. Guibert, *Descartes : Bibliographie des œuvres publiées au XVIIe siècle*, Centre National de la Recherche scientifique, 1976 に第二刷についての記述はない。おそらく一六四四年の『方法序説』ラテン訳（AT. VI, p. 559）においてこの「何らかの釈明 quelque éclaircissement」がなされたと考えるのが穏当であろう。

（3）*e.g.* R. Eucken, *Geschichte der philosophischen Terminologie*, Olms, 1891 / 1964, S. 68: R. Dalbiez, Les sources scolastiques de la théorie cartésienne de l'être objectif, dans *Revue d'Histoire de la philosophie*, 1929 (III), pp. 464-472: É. Gilson, *Études sur le rôle de la pensée médiévale dans la formation du système cartésien*, Vrin, 1930 / 1967, p. 204, n. 3: T. J. Cronin, *Objective Being in Descartes and in Suarez*, Gregorian University Press, 1996, p. 167 *sqq.*: N. J. Wells, Objective Being: Descartes and His Source, dans *The Modern Schoolman*, XLV, 1967: N. J. Wells, Objective Reality of Ideas in Descartes, Caterus, and Suarez, in *Journal of the History of Philosophy*, 28, 1, pp. 33-61: C. Normore, Meaning and Objective Being: Descartes and His Sources, dans A. O. Rorty (ed. by) *Essays on Descartes' Meditations*, University of Calfornia Press, 1986, pp. 223-241: J.-F. Courtine, La doctrine cartésienne de l'idée et ses source scolastiques, dans *Les catégories de l'être*, PUF, 2003, pp. 242-265: Francesco Marrone, Res e realitas in Descartes -- Gli antecedenti scolaistci della nozione cartesiana di « realitas objectiva », Lecce, 2006. また、「実象性」については『観念と存在』「第一部第一章」、「観念」については同書「第二部第三章」参照。

（4） 以下、『数学あるいは存在の重み』一三五頁から一三六頁を引用しておく。「ゴクレニウスによれば、「対象的概念」とは「形相的概念」によって表象される何かであり、たとえば、ライオンの「形相的概念」とは「それを知解しようとするときに、知性がライオンの何性 quidditas について形成する似像 imago seu idolum である」とされる（R. Goclenius, *Lexicon philosophicum*, Frankfurt 1613 / Marburg 1615 / Olsm 1980, p. 429）。この点はスアレスについてもフォンセカについてもほぼ同じように捉えられていると言える（cf. F. Suárez, *Disputationes metaphysicæ*, Salamanca 1597 / Paris 1866 / Olms 1965, disp. 2, sect. 1 / P. Fonseca, Commentariorum in Metaphysicorum Aristotelis Stagiritæ Libros, 1615 Köln / 1985 Olms, l. IV, cap. II, qu. 2, sect. 1）。もう少しゴクレニウスの説明を見てみると次のようになる。人間の知性による「概念（把握）conceptio」の第一の意味は、「心の外に実在する事物の相似 similitudo rei extra animam existentis」であるという点にある（Goclenius, *op.cit.*, p. 430）。「相似」とは実在を離して何であるかを捉えているかぎりの相似ということである。なぜならば、第二の意味は、相似ではなく、「事物を知解することの仕方から帰結する何か」とされ、第三の意味として、事物に基礎をもたない名前によって意味表示される場合が挙げられる。第二の例としては「類、種」が挙げられ、第三の例としては「キマエラ」が挙げられている（Goclenius, *ibid.*）。これらが「概念（把握）」の三つの意味の例である。また、エウスタキウスによれば、「形相的概念は、知性によって事物を表出するために産出された当の事物の現実的な相似である actualis similitudo rei quæ intelligitur ab intellectu ad eam exprimendam producta」。たとえば、知性が人間の本性を知覚する場合に、「人間の本性について知性が表出する現実的相似が、知解された人間の本性の形相的概念である」。形相的概念はまた、「表出された形質、ないし精神の言葉 species expressa, seu verbum mentis」とも言われる（Eustacius, a Sancto Paulo, *Summa philosophæ, quadripartita, de rebus Dialecticis, Moralibus, Physicis et Metaphysicis*, Paris 1609, l. IV, p. I, disp. 1, q. 2）」。

（5） « summus aliquis Deus æternus, infinitus, omniscius, omnipotens, rerumque omnium, quæ præter ipsum sunt, creator » (AT. VII, 40.16-18 / E. 34.26-28).

（6） « nam proculdubio illæ quæ substantias mihi exhibent, majus aliquid sunt »、さらに「いっそうの対象的実象性を自分のうちに含む [ideæ] plus realitatis objectivæ in se continent」と言い換えられる（AT. VII, 40.14 / E. 34.23）。

（7）《[rerum quæ, etiam si extra me fortasse nullibi existant, non tamen dici possunt nihil esse] suas habent veras & immutabiles naturas》（AT. VII, 64.11 / E. 63.29-30）

（8）《latiori vocabulo dicuntur Attributa, sive modi cogitandi》（Descartes à X***, AT. IV, pp.348-350 / GB, p. 2132）当該箇所の訳を付け加えておく。「こうして形と運動は元来の意味で物体的実体の様態である。というのも、同じ物体は或る場合にはこの形とともに、或る場合には他の形で、或る場合には運動とともに、或る場合には運動なしに実在しうるが、にもかかわらず、反対に、この形も、この運動もこの物体なしにはありえないからである。同じように、愛、憎しみ、肯定作用、疑いも精神における真なる様態であるが、しかし、実在、持続、大きさ、数、そしてすべての普遍は、元来の意味での様態であるとは私には思われない、それは神における正義、慈悲などと同じである。しかし、もっと広い意味において、それらも属性、ないしは、思いの様態と呼ばれる。というのも、なるほど、われわれは或る事物の本質を、それが実在するかしないかということを捨象して、或る様態で知解するが、当の事物を実在するものと考察して、他の様態でも知解するからである」。

（9）cf. *PP.* p. I, art. 61,《inter duos modos ejusdem substantiæ》(AT. VIII, p. 29),《modus unius substantiæ differt ab alia substantia vel a modo alterius substantiæ》(AT. VIII, p. 30).

（10）引用箇所の原文はそれぞれ次の通り。《entitatem rei repræsentatæ per ideam, quatenus est in idea》,《eodemque modo dici potest perfectio objectiva, vel artificium objectivum, &c.》

（11）「実象性」と「完全性」については『数学あるいは存在の重み』二四八頁から二六七頁を参照。われわれの結論は次の五点に纏められる。「（一）完全性は一つ二つと数えられる規定とは考えられていない。度合い、ないし、強度を核心に据えながら、デカルト的「完全性」概念は理解されるべきである。（二）神における完全性は完全性の超出（ないし、逸脱）である。すべての完全性が一つになるところに必然的実在が立ち上がる。この「すべて」は数え上げられる〈すべて〉ではない。一つになってすべてであるような「すべて」、言い換えれば、無限ということである。（三）神において、必然的実在がその他の一切の完全性を締めくくる。神の本質をなすという点で、神について言われる実在は完全性である。（四）被造物について言われる（現実的）実在は完全性ではない。（五）可能的実在は完全性とされる。可能的実在とは本質領域におけるさまざまな本質・特性の在ることを示している。そこでは三角形もその内角の和も同じく可能的に実在する」（同上二六四頁）。

この（二）についてデカルト・コーパスのなかで例外として見出される箇所、つまり、「完全性」が数量的に考えられているのは以下の一箇所であろう。「「天使がわれわれ精神よりもはるかにいっそう多くの完全性 quominus angelus multo plures habeat perfectiones quam mens nostra をもつこと」を妨げるわけではない、という言い方を/すことができる（*Entretien avec Burman*, AT. V, p. 157 - Beyssade, Texte 20）。この言い方がどこまで精確にデカルトの思索を反映しているか不明であるが、この引用の次には「いっそう大きな度合いにおいてのように *sc.* in majori gradu, *etc.*」と省略的に記されており、その意味するところを確定するのは難しいことかもしれないが、このことと併せて「種」としての差異についても述べられていることから、完全性の数量的な多さが、度合いの高さに基づいて理解されていると推定することができるであろう」（同上二五三頁から二五四頁）。

度合いを示している用例としては次の箇所を挙げることができる。「「第四省察」では選ぶことができないことよりも、できることの方が「私において何らかの仕方でいっそう大きな完全性 major in me quodammodo」であるとされている（AT. VII, 60.29-30 / E. 59.29-30）。類似の表現はこのすぐ後（AT. VII, 61.20 / E. 60.27）にも見出される。それだけではなく、「いっそう大きな完全性」（*Resp.1*, AT. VII, p. 118 / *Resp.2*, AT. VII, p. 138 / *Resp.5*, AT. VII, p. 376 / *DM*, AT. VI, p. 33 & p. 196 / à Plempius, 3 octobre 1637, AT. I, p. 415 = GB. p. 426 / à X***, août 1641, AT. III, p. 434 = GB. p. 1526）、「完全性の度合い gradus perfectionis」（Resp.2, AT. VII, p. 134 & p. 134 / *DM*, Dioptrique, AT. VI, p. 82 / à Mersenne, mars 1636, AT. I, p. 339 = GB. p. 326.「完全性の大きさ la grandeur de la perfection」/ à Elisabeth, 1er septembre 1645, AT. IV, p. 284 = GB. p. 2076）という表現はデカルトのテクストの諸処に見出される。これはデカルトだけのことではない（*e. g. Obj. 5*, AT. VII, p. 287 & p. 298 *etc.*）。完全性という名詞に形容詞の最上級が付け加えられた「この上ない［最高の］完全性 summa perfectio」という表現も見出される（*PP*, p. I, a. 18, a. 19 & a. 20）」（同上二五三頁）。

（12）《Nam quæcumque percipimus tanquam in idearum obiectis, ea sunt in ipsis ideis objective》（*Rationes*, AT. VII, p. 161）

（13）「実象性」と「技巧」について。「第一答弁」においても、デカルトは「知性の内にこの上なき技巧で考案された何らかの或る機械の観念を、誰かがもつならば si quis habeat in intellectu ideam alicujus machinæ summo artificio excogitatæ」（*Resp. 1*, AT. VII, p. 103）、「この機械の観念は、他のではなくむしろこのような対象的な技巧を含む hæc idea machinæ tale artificium objectivum contineat potius quam aliud」という例を出してその原因を問うことができる理由を説明している（*ibid.*）。そこには「案出されうる技巧の一切 omne excogitabile artificium」（*Resp. 1*, AT. VII, p. 105）、神の観念は「思うことのできる完全性の一切 omnis perfectio cogitabilis」を含む（*ibid.*）という表現が用いられている。「技巧」には複数形が用いられ、「完全性」には単数形が用いられている。これはデカルトの考え方を反映してのことであろう。

（14）　I. Kant, *Kritik der reinen Vernunft*, 1781 / 1787, A575 / B603, 熊野五八六頁。

（15）　I. Kant, *op.cit.*, A571 / B599, 熊野五八二頁。

（16）　この批判は「存在は決して実象的な述語ではない Sein ist offenbar kein reales Prädikat」（*op.cit.*, A598 / B626, 熊野六〇四頁）と表現される。

（17）　« omnis realitas vel formaliter vel eminenter inesse debet, quæ est objective in ideis » (AT. VII, 79.15-18 / E. 82.12-15).

（18）　AT版の頁づけで列挙するならば次の通りである。AT. VII, 41 : 42: 45: 46.

（19）　この他に、神の観念が表象する内容である実象性の原因のなかには「対象的」との対の下で「すべての実象性が形相的に含まれている in quo omnis realitas formaliter contineatur」（AT. VII, p. 42.09-10 / E. 36.30-37.01）という使用もある。

（20）　ゴクレニウスの『事典』における「優越的に eminenter」の項には以下のように記されている。「すべての尺度を超えて、すべての度合いを超えて優越的にある」。「善性、智恵等々の名前でわれわれが意味表示する被造物の諸完全性は、神のうちに形相的にあり、それらの原因と原理のうちには優越的にか、形相的にかある。物理学的な事物に属するすべては［神のうちに］優越的に、最も高貴な仕方でもっとも完全にある」（R. Goclenius, *op.cit.*, pp. 146-147）

（21）　cf. *Resp. 5*, AT. VII, p. 360「そこに幾つかの属性が認識されるならば、それらを精神が認識するということから、それだけの数の属性が精神のうちにもまた数え上げられうる」。

（22）　この点については『数学あるいは存在の重み』の二二六頁を再掲しておく。「「実体の本性と本質を構成する」とされる「最始的特性 præcipua proprietas」（*PP*, p. I, a. 53）、ないし「最始的属性 præcipuum attributum」（*Notæ in programma*, AT. VIII-2, p. 348）は、思いと広がりがそれであると看做される場合には、それぞれ思う実体および精神、あるいは広がる実体および物体と「別様には概念されてはならない」とされる（*PP*, p. I, a. 63）。また他方、思いと広がりは実体の様態とも解されうる。「ものの様態」として看做され、実体とは看做されない場合にそうであるとされる（*PP*, I, a. 64）。つまり、思いなり広がりなりを、どのような視点から捉えるかによってそれが属性であるとされたり、様態であるとされたりしうるのである。それゆえに、様態として知解されている何かが別の場合に属性と知解されることになる。実体における変化するさまが様態として捉えられ、実体に内在すると看做される何かが属性とされる（*PP*, p. I, a. 56）。様態が変化のもとに捉えられるのに対して、属性は「当のものの全く不変な本質そのもの」とされ、また「何であれ実体の諸属性のうちの一つは、それ自身によって存続する per se subsistere」とされる（*Notæ*, AT. VIII-2, p. 348）。この一つの属性が「最始的属性」である。ということは、他の諸属性も認められており、それらも「不変な本質」であり、「実体の本質と本性を構成する」のでなければならない。とするならば、最始的属性とその他の属性との差異は、前者が実体と別様には概念されてはならないという点に存するであろう。したがって、実体と属性との間、および同じ実体の「そのような二つの属性」との間に成立する「理拠的区別 distinctio rationis」における属性とは、最始的属性ではなくてその他の属性と考えられるのである。そこ（『哲学の原理』「第一部」「第六二節」）には「持続」と実体の区別の例が挙げられており、広がりの例は挙げられていない。或る書簡を参照すると次のような考えが見出される。広がっていて形状をもつ実体の観念、広がりの観念、形状の観念、という三つの観念の関係は、形状について広がりを否定することができず、広がりについて実体を否定することもできないが、実体について広がりを否定でき、広がりについて形状を否定することができる、という関係にある（au P. Gibieuf, 19-1-1642, AT. III, p. 475 / GB. p. 1562）。広がっていて形状をもつ実体の観念とは物体的実体の観念に他ならない。そしてここでは或る形状のこと、つまり様態としての形状のことが考えられている。とするならば、様態について属性を、属性について実体を否定できないが、実体について（或る）属性を、属性について（或る）様態を否定することができるということになる。例を挙げるならば、われわれが〈四角い〉と見定める場合、広がりが巻き込まれているのであり、広がりを広がりとして見定めるとき実体が前提されている、ということである。また、実体を捉えようとする場合に、その様態が〈四角〉ではないとすることができる、というようにである。〈四角い〉、〈丸い〉と言い、〈長い〉、〈短い〉と言い、それぞれを形状として、広がりとして纏め上げる。次に形状と広がりをさらに一つに纏め上げて〈広がり〉と呼ぶ。そして物体（的実体）として括り上げる」。また、『哲学の原理』「第一部第五六項、六一項、六四項」、*Notæ in programma*, AT. VIII-2, p. 348, Descartes à X***, 1645 ou 1646, AT. IV, p. 349 / GB. p. 2132 参照。

（23） « omnis realitas vel formaliter vel eminenter inesse debet, quæ est objective in ideis »（AT. VII, p. 79.16-18 / E. 82.12-15）この«omnis realitas »をM・ベサッドは« toute la réalité »と訳している。

（24） 原文はそれぞれ以下のとおりである。« Et quidem ex quolibet attributo substantia cognoscitur; sed una tamen est cujusque substantiæ præcipua proprietas, quæ ipsius naturam essentiamque constituit, & ad quam aliæ omnes referuntur », « omne aliud quod corpori tribui potest, extensionem præsupponit » (AT. VIII, *PP*. p. I, art. 53, p. 25).

（25）　たとえば、「第六省察」において、« earum [*scili.* idearum] realitas objectiva »（AT. VII, 79.25-26 / E. 82.24）と言われている。つまり、複数の観念について、単数形の「対象的実象性」が用いられている。このことは感覚されて受け取られると考えられる諸観念が或る一つの対象的実象性を表現しているということを示している。つまり、有限的で広がった実体、物体性を示している。

（26）　cf. « une détermination quantative (intensive) du réel » (J. Benoist, La réalité objective ou le nombre du réel, dans *Descartes et Kant* sous la direction de M. Fichant et J.-L. Marion, PUF, 2006, pp. 179-180).

（27）　« id quod magis perefectum est, hoc est quod plus realitatis in se continet » (AT. VII, 40.28-41.01 / E. 35.10-11).

（28）　« lumine naturali manifestum est tantumdem ad minimum esse debere in causa efficiente & totali, quantum in ejusdem causæ effectu » (AT. VII, 40.21-23 / E. 35.01-04).

（29）　à Mersenne, 27-5-1630, AT. I, pp. 151-152 / GB. p. 152.

（30）　« 2. Primo igitur certum est non posse effectum excedere in perfectione omnes causas suas simul sumptas. Probatur, quia nihil est perfectionis in effectu, quod non habeat a causis suis ; ergo nihil perfectionis habere potest effectus quod non præxistat in aliqua caussarum suarum, vel formaliter, vel eminenter, quia causæ dare non possunt quod nullo modo in se continent. »（F. Suarez, *Disputationes metaphysicæ*, d. XXVI, sect. 1, art. 2）.

（31）　今井知正によれば、いわゆる「同名因果」と呼ばれる原理は J. Barnes によって次のように定式化されている。「もし、ａが、ｂはｆであるということを生じるのならば、その場合に、ａはｆである」（J. Barnes, *The Presocratic Philosophers*, vol. 1, 1979, Synonymy Principle of causation: If « a » brings it about that « b » is f, then « a » is f）。今井は「同名因果」の歴史的展開を以下のように辿っている（「因果同名原理」（一）『東京大学教養学部人文科学科紀要 第一〇三輯』一九九四年、一三七頁から一五四頁）。(1) Platon, *Charmides,* 160d5-161b4. (2) Platon, *Phæd*, 100b1-101c9. (3) Aristoteles, *Analytica Posteriora*, A2, 72a25-b4. (4) Aristoteles, *Metaphysica*, a 1, 993b19-31. (5) Descartes, *Meditationes de prima philosophia*, Meditatio III, AT40-41. (6) Spinoza, *Ethica*, Pars I, Propositio III. (7) Berkeley, *Three Dialogues between Hylas and Philonous*, The Third Dialoque, p. 236.

（32）　« Quid ergo causam ejus inquiro, quod actu non est, quod nuda denominatio & nihil est ? » (*Obj. I,* AT. VII, p. 92).

（33）　原文はそれぞれ以下のとおり。« *esse objective* non aliud significat quam esse in intellectu eo modo quo objecta in illo esse solent», « objective, hoc est eo modo quo objecta in intellectu esse solent ; qui sane essendi modus longe imperfectior est quam ille quo res extra intellectum existunt, sed non idcirco plane nihi est » (*Resp. I*, AT. VII, pp. 102 -103).

(34) このことはまた、観念の在ることが「現実態としての存在 ens actu」ではなく、「理性の存在 ens rationis」に他ならないというカテルスの反論に対するデカルトの答弁、すなわち観念は「知性の外に実在するための原因を要求しない、その点を私は認めるが、だが概念されるための原因はもとより要求するのであり、問題はこの点だけにある causa non indigere ut extra intellectum existat; quod fateor, sed sane indiget causa ut concipiatur, & de hac sola quæstio est」（*Resp. I*, AT. VII, p. 103）にもかかわる。つまり、デカルトは観念が何かを表象しているということの原因を問うている。

文　献　表

A

Anselmus, *Opera Omnia*, Hrsg. F. S. Schmitt, F. Frommann, 1984.

Thomas Aquinas, *Summa Theologiæ*, cum textu ex recensione Leonina, Marietti, 1952.

Thomas Aquinas, *Corpus thomisticum*, http://www.corpusthomisticum.org/index.html, Subsidia studii ab E. Alarcón collecta et edita, Pompaelone ad Universitatis Studiorum Navarrensis aedes ab A. D. MM, 2013.

J.-R. Armogath & J.-L. Marion, *Index des Regulæ ad directionem ingenii de René Descartes*, Ateneo Roma, 1976.

Aristote, *De l'âme*, texte établie par A. Jannone, traduction et notes de E. Barbotin, Les Belles Lettres, 1966.

Aristote, *De l'âme*, traduction nouvelle et notes par J. Tricot, J. Vrin, 1965.

Aristote's, *De Anima, Books II, III*, Translated with Introduction and Notes by D.W. Hamlyn, Oxford, 1958 / 1968.

アリストテレス（中畑正志訳）『魂について』京都大学学術出版会、二〇〇一年。

A. Arnauld, *Œuvres de Messire Antoine Arnauld,* Paris, Sigismond d'Arnay & Compagnie, 1780, t. 38.

B

Y. Belaval, *Leibniz critique de Descartes*, Gallimard, 1960.

J. Benoist, La réalité objective ou le nombre du réel, dans *Descartes et Kant* sous la direction de M. Fichant et J.-L. Marion, PUF, 2006, pp. 179-180.

F. Bouiller, *Histoire de la philosophie cartésienne*, 1868 / Olms 1972.

S. Brown, Leibniz's formative years (1646-76), in S. Brown (ed.), *The Young Leibniz and his Philosophy*, Kluwer Academic Publishers, 2010.

F. De Buzon, La *mathesis* des *Principia*: remarques sur II, 64, dans J.-R. Armogathe, G. Belgioioso, *Principia Philosophiæ* (1644

- 1994), Naples, Vivarium, 1996.

C

D. J. Chalmers, *The Conscious Mind : In Search of a Fundamental Theory*, Oxford University Press, 1996.

J. Clauberg, *Elementa Philosophiæ sive Ontosophia,* Groningen 1647 (par BnF).

J. Clauberg, *Metaphysica de ente, quæ rectius Ontosophia,* dans *Opera Omnia Philosophica*, Amsterdam 1691 / Olms 1968.

J.-F. Courtine, *Suarez et le système de la métaphysique*, PUF, 1990.

J.-F. Courtine, *Les catégories de l'être*, PUF, 2003.

G. Crapulli, « *Mathesis universalis* ». *Genesi di una idea nel XVI seclo*, Dell'Ateneo, 1969.

T. J. Cronin, *Objective Being in Descartes and in Suarez*, Gregorian University Press, 1996.

D

R. Dalbiez, Les sources scolastiques de la théorie cartésienne de l'être objectif, dans *Revue d'Histoire de la philosophie*, 1929 (III), pp. 464-472.

A. R. Damasio, *L'erreur de Descartes, La raison des émotion,* Traduit par M. Blanc, Odile Jacob, 1995.

A. R. Damasio, *Le sentiment même de soi*, traduit par C. Larsonneur et C. Tiercelin, Odile Jacob, 1999 / 2002.

A. R. Damasio, *Spinoza avait raison, Joie et tristesse, le cerveau des émotions*, Traduit par J.-L. Fidel, Odile Jacob, 2003.

R. Deferrari, *Lexicon of St. Thomas Aquinas* based on the summa Theologica and Selected Passages of His Other works, Catholic University of America Press. Inc., 1949.

Gilles Deleuze, *Epirisme et subjectivité*, PUF, 1951.

ジル・ドゥルーズ（木田元・財津理訳）『経験論と主体性』河出書房新社、二〇〇〇年。

G. Deleuze, *Différence et répétition*, PUR, 1968.

ジル・ドゥルーズ（財津理訳）『差異と反復』河出文庫、二〇〇七年。

G. Deleuze, *Spinoza et le problème de l'expression*, Les Éditions de Minuit, 1968.

G. Deleuze, *Logique du sens*, Les Éditions de Minuit, 1969.

G・ドゥルーズ（小泉義之訳）『意味の論理学 上・下』河出書房新社、二〇〇七年。

G. Deleuze, *Le pli: Leibniz et le baroque*, Les Éditions de Minuit, 1988.

G. Deleuze / F. Guattari, *Capitalisme et schizophrénie 1 : L'Anti-Œdipe*, Les Édition de Minuit, 1972/1973 & *Capitalisme et schizophrénie 2 : Mille plateaux*, Les Éditions de Minuit, 1980.

G・ドゥルーズ＋F・ガタリ（宇野邦一訳）『アンチ・オイディプス 上・下』河出文庫、二〇〇六年。

R. Descartes, *Œuvres de Descartes*, publiées par Charles Adam & Paul Tannery, Nouvelle présentation, Vrin 1964-1973.

R. Descartes, *Tutte le Letterere* 1619-1650, A cura di Giulia Belgioioso, Bompiani 2005.

R. Descartes, *L'entretien avec Burman*, Édition, et annotation, par J.-M. Beyssade, PUF, 1981.

R. Descartes, *Les textes des « Meditationes »*, Édition et annotation par Tokoro, Takefumi, Chuo University Press, 1994.

R. Descartes, *Œvres philosophiques (1618-1637)*, t. I, Édition de F. Alquié, Garnier, 1963.

R. Descartes, *Œuvres complètes*, sous la direction de J.-M. Beyssade et D. Kambouchner, t. III, Gallimard, 2009.

R. Descartes, *Règles utiles et claires pour la direction de l'esprit en la recherche de la vérité*, Traduction selon le lexique cartésien, et annotation conceptuelle, par J.-Luc Marion, Nijhoff, 1977.

R. Descartes, *Regulæ ad directionem ingenii,* Texte critique établi par Giovanni Crapulli avec la version Hollandaise du XVIIème siècle, Nijhoff, 1966.

R. Descartes, Les passions de l'âme, Édition de Genebiève Rodis-Lewis / Avant-propos par Denis Kambouchner, Vrin, 1994 / 2010.

S. Dupleix, *La physique ou science des choses naturelles*, 1603 (1640). Texte revu par Roger Ariew, Fayard 1990.

E

アンリ・エランベルジェ（中井久夫編訳）『エランベルジェ著作集2』みすず書房、一九九九年、所収「創造の病という概念」（La notion de Maladie créatrice, *Dialogue: Canadian Philosophical Review*, 1964, pp. 25-41. « The Concept of Creative Illness », *Psychoanalytical Review*, 55, no 3 (1968), pp. 442-456.）一四二頁から一六一頁）。

R. Eucken, *Geschichte der philosophischen Terminologie*, Olms, 1891 / 1964.

Eustachius a Sancto Paulo, *Summa Philosophiæ quadripartita, de rebus Dialecticis, Moralibus, Physicis et Metaphsicis*, Paris 1609.

F

J. G. Fichte, *Erste und zweite Einleitung in die Wissenschaftslehre*, 1797 / Felix Meiner 1967.

P. Fonseca, *Commentariorum in Metaphysicorum Aristotelis Stagiritæ Libros*, 1615 Köln / 1985 Olms.

M. Fichant, *G. W. Leibniz, La réforme de la dynamique*, textes inédits, J. Vrin 1994.

M. Foucault, Les mots et les choses, Gallimaard, 1966.

ミシェル・フーコー（渡辺・佐々木訳）『言葉と物』新潮社、一九七四年。

M. Foucault, *Hisoire de la folie à l'âge classique*, Gallimard, 1972 (Collection Tel).

ミシェル・フーコー（田村俶訳）『狂気の歴史　古典主義時代における』新潮社、一九七五年。

S. Freud, Psychoanalytische Bermerkungen über einen autobiographisch beschriebenen Fall von Paranoia (Dementia Paranoides), in Gesammelte Werke VIII : Werke aus den Jahren 1909-1913, S. Fischer, 1945 / 1996, SS. 239-320.

フロイト（渡辺哲夫訳）「自伝的に記述されたパラノイアの一症例に関する精神分析的考察〔シュレーバー〕」『フロイト全集 11』岩波書店、二〇〇九年／フロイト（小此木啓吾訳）『フロイト著作集 9』人文書院、一九八三年。

G

P. Gassendi, *Disquisitio metaphysicæ*, texte éabli, traduit et annoté par Bernard Rochot, 1962, J. Vrin.

É. Gilson, *Études sur le rôle de la pensée médiévale dans la formation du système cartésien*, J. Vrin, 1930 / 1967.

É. Gilson, *Jean Duns Scot, Introduction à ses positions fondamentales,* J. Vrin, 1952.

R. Goclenius, *Lexicon philosophicum*, Francfort, 1613/ Marburg 1615 / Olms 1980.

H

M. Heidegger, *Kant und das Problem der Metaphysik,* in *Gesamtausgabe*, I, Bd. 3, Vittorio Klostermann, 1991.

廣松渉『身心問題』第三版、青土社、二〇〇八年。

Th. Hobbes, *De corpore elementorum philosophiæ sectio prima*, London 1655 / 68, Édition critique notes, appendices et index par Karl Schuhmann, J. Vrin 1999.

Th. Hobbes, *The English Works of Thomas Hobbes*, Edited by Sir William Molesworth, Bart., (London: Bohn, 1839–45).

E. Husssel, Die Krises der europäischen Wissenschaften und die transzendentale Phänomenologie, Felix Meiner, 2012.

E・フッサール（細谷・木田訳）『ヨーロッパ諸学の危機と超越論的現象学』中公文庫、一九九五年／二〇一一年。

I

今井知正「因果同名原理」（一）『東京大学教養学部人文科学科紀要　第一〇三輯』一九九四年。

石黒ひで『ライプニッツの哲学』岩波書店、二〇〇三年。

K

河本英夫『臨床するオートポイエーシス　体験的世界の変容と再生』青土社、二〇一〇年。

D. Kambouchner, *L'Homme des passions*, Albin Michel, 1995.

D. Kambouchner, « Descartes et le problème de l'imagination empirique », dans *De la phantasia à l'imagination*, sous la direction de Danielle Lories et Laura Rizzerio, Peeters, 2003.

D. Kambouchner, *Les Méditations métaphysiques de Descartes*, PUF, 2005.

D. Kambouchner, La subjectivité cartésienne et l'amour, dans P.-F. Moreau (sous la direction de), *Les passions à l'âge classique*, PUF, 2006, pp. 77-97.

D. Kambouchner, "Les corps sans milieu: Descartes à la lumière d'Arnauld", dans *La voie des idées ? Le statut de la représentation XVIIe – XXe siècles,* sous la direction de Kim Sang Ong-Van-Cung, CNRS Éditions, 2006.

D. Kambouchner, Émotion et raison chez Descartes: l'erreur de Damasio, in *Les émotions*, sous la dir. de J.-C. Goddard et S. Roux, Vrin-Corpus, 2010.

D. Kambouchner, L'éblouissement de l'esprit: sur la fin de la *Méditation III*, 2014.

神崎繁『魂（アニマ）への態度——古代から現代まで』岩波書店、二〇〇八年。

I. Kant, *Kritik der reinen Vernunft*, 1781 / 1787, Felix Meiner, 1956.

カント（熊野純彦訳）『純粋理性批判』作品社、二〇一二年。

小泉・鈴木・檜垣編『ドゥルーズ／ガタリの現在』平凡社、二〇〇八年。
久保元彦『カント研究』創文社、一九八七年。

L

J. Lacan, *Le séminaire livre III: Les psychoses*, Éditions du Seuil, 1981.
ジャック・ラカン（小出・鈴木・川津・笠原訳）『精神病 上・下』岩波書店、一九八七年。
G. W. Leibniz, *Sämtliche Schriften und Briefe,* Deutsche Akademie der Wissenschaften. Darmstadt-Berlin: Akademie Verlag (1923-).
G. W. Leibniz, *Die philosophischen Schriften von Gottfried Wilhelm Leibniz*, éd. par C. J. Gerhardt, Olms 1961.
G.W. Leibniz, Opera philosophica, ed. Erdmann, Berolini G. Eichleri, 1840.（https:/ /archive. org/details/ operaphilosophic00leibuoft）
G. W. Leibniz, *Principes de la nature et de la grâce fondés en raison / Principes de la philosophie ou Monadologie*, publiés par André Robinet, PUF, 1954/1986.
G. W. Leibniz, *Philosophical Papers and Letters*, Edited by Leroy E. Loemker, D. Reidel, 1956 / 1976.
G. W. Leibniz, *Discours de métaphysique suivi de Monadologie et autres textes*, Édition établie, présentée et annotée par M. Fichant, Gallimard, 2004.

M

N. Malebranche, *Œuvres complètes de Malebranche*, Vrin-C.N.R.S.
N. Malebranche, *Œuvres*, t. I & t. II, Édition établie par G. Rodis-Lewis, Pléiade, 1979, 1992.
N. Malebranche, *De la recherceche de la vérité,* édité par G. Rodis-Lewis, *Œuvres complètes*, t. II, J. Vrin, 1974.
J.-L. Marion, *Sur le prisme métaphysique de Descartes*, PUF, 1986.
F. Marrone, Res e realitas in Descartes - Gli antecedenti scolaistci della nozione cartesiana di « realitas objectiva », Università degli Studi di Lecce, 2006.
F. Matenus, *Mathesis*, Texte établi et traduit par P. Monat, Les Belles Lettres, 2002.

松尾雄二『ライプニッツ全著作・書簡のクロノロジー』二〇〇九年（http://justitiacumcaritate.jimdo.com/クロノロジー/）。

三木清『構想力の論理』『三木清全集 第八巻』、岩波書店、一九八六年。

Konrad Moll, Deus sive Harmonia Universalis est ultima ratio rerum: The Conception of God in Leibniz's Early Philosophy, in S. Brown (ed.), *The Young Leibniz and his Philosophy*, Kluwer Academic Publishers, 2010.

村上勝三『観念と存在　デカルト研究1』知泉書館、二〇〇四年。

村上勝三『数学あるいは存在の重み　デカルト研究2』知泉書館、二〇〇五年。

村上勝三『新デカルト的省察』知泉書館、二〇〇六年。

村上勝三『感覚する人とその物理学　デカルト研究3』知泉書館、二〇〇九年。

村上勝三『デカルト形而上学の成立』講談社学術文庫、二〇一二年。

村上勝三「デカルトと近代形而上学」（講談社選書メチエ『西洋哲学史』第三巻、講談社、二〇一二年所収）。

N

中井久夫「意識障害患者に対するサルベージ作業」（『中井久夫著作集 第4巻』岩崎学術出版社、一九九一年／二〇〇四年。

信原幸弘『心の現代哲学』勁草書房、一九九九年。

信原幸弘「脳科学と心の機械化」『哲学』五九号、二〇〇八年、一一二頁。
C. Normore, Meaning and Objective Being: Descartes and His Sources, dans A. O. Rorty (ed. by) *Essays on Descartes' Meditations*, University of Calfornia Press, 1986, pp. 223-241.

O

G・オッカム著（渋谷克美訳註）『スコトゥス「個体化の理論」への批判　『センテンチア註解』L.1, D.2, Q6より』知泉書館、二〇〇四年。

P

大西克智『意志と自由　一つの系譜学　～アウグスティヌス～モリナ&スアレス～デカルト』知泉書館、二〇一四年。

R

D. Pradelle, *Par-delà la révolution copernicienne*: Sujet taranscendantal et faculté chez Kant et Husserl, PUF, 2012.

D. Rabouin, *Mathesis universalis : L'idée de « mathématique universelle » d'Aristote à Descartes*, PUF, 2009.
P.-S. Régis, *Cours entier de Philosophie ou Système générale selon les principes de M. Descartes, contenant La Logique, La Métaphysique, La physique et La Morale*, Amsterdam, 1691.
P.-S. Régis, *L'usage de la raison et de la foy ou L'accord de la foy et de la raison*, Paris, 1704 / Fayard, 1996.

S

酒井潔『ライプニッツ』清水書院、二〇〇八年。
榊原哲也『フッサール現象学の生成』東京大学出版会、二〇〇九年。
J.-P. Sartre, *L'imagination*, PUF, 1936 / 2012.
J.-P. Sartre, *L'imaginaire : Psychologie phénoménologique de l'imagination*, Gallimard, 1940.
D. P. Schreber, *Denkwürdigkeiten eines Nervenkranken*, Kulturverlag Kadmos Berlin, 2003.
D. P. Schreber, *Mémoires d'un névropathe*, traduit de l'allemand par Paul Duquenne et Nicole Sels, Éditions du Seuil, 1975
ダーニエール・パウル・シュレーバー（尾川・金関訳）『シュレーバー回想録　ある神経病患者の手記』平凡社、一九九一年。
L. Schütz, *Thomas-Lexicon*, 3. Auflage von Enrique Alarcón vorbereitet Pamplona, Universität von Navarra, 2006: http://www.corpusthomisticum.org/tl.html.
Duns Scotus, *Ordinatio I*, in *Opera Omnia*, t. 6, praeside P. C. Bali, ć, St. Bonaventure, 1963.
ヨハンネス・ドゥンス・スコトゥス（渋谷克美訳）『命題集註解（オルディナチオ）』第2巻、中世思想原典集成18、後期スコラ哲学、平凡社、一九九八年。
B. Spinoza, *Spinoza Opera,* herausgegeben von C. Gebhardt, 1925.
B. Spinoza, *Œuvres complètes*, Texte tradit, présenté et annoté par R. Caillois, M. Francès et R. Misrahi, Gallimard, 1954.
B. Spinoza, *Traité de l'amendement de l'intellect*, Traduit par B. Pautrat, Édition Allia 1999.
B. Spinoza, *Traité de la réforme de l'entendement*, Introductionm, texte, traduction et commentaire par B. Rousset, J. Vrin, 1992.
B. Spinoza, *Éthique*, Traduit par B. Pautrat, Éditions du Seuil, 1999.

B. Spinoza, *Tractatus theologico-politicus*, dans *Spinoza, Œuvres* III, texte établi par F. Akkerman, traduction et notes par Jacqueline Lagrée et Pierre-François Moreau, PUF, 1999.

F. Suàrez, *Disputationes metaphysicae*, Salamanca 1597 / Paris 1866 / Olms 1965.

T

谷徹『意識の自然　現象学の可能性を拓く』勁草書房、一九九八年。

W

N. J. Wells, Objective Reality of Ideas in Descartes, Caterus, and Suarez, in *Journal of the History of Philosophy*, 28, 1, 1990.

N. J. Wells, Objective Being : Descartes and His Source, dans *The Modern Schoolman*, XLV, 1967.

Y

山口一郎『存在から生成へ　フッサール発生的現象学研究』知泉書館、二〇〇五年。

山本信『ライプニッツ哲学研究』東京大学出版会、一九五三年／一九七五年。

あとがき

いま亡者が人類を呑み込もうとしている。いな、人類だけではない。地球上の生命体を喰らい尽くそうとしている。それだけでもない、地球そのものを破壊しようとしている。亡者と言っても金と権力の亡者である。その亡者はグローバリズムを標榜し、新自由主義を名乗り、金融資本という怪物を手なずけた。亡者は服従規律（コンプライアンス）によって企業統治（コーポレイトガバナンス）を行う。自らは何らの危険に直面することもなく、企業から思いのままに利潤を吸い上げる。企業のなかのごく僅かな者たちが亡者たちの走狗となって、汗を流して働く者たちから、血と力を奪い取る。為すべきことは明らかである。戦争をせず、富の再配分をし、教育の機会を均等に分かち合い、人の能力を超えた核物質を使用しないことである。

為すべきことが明らかであるのに、それが為されない。亡者たちの表向きの言葉と裏向きの言葉は丁度一八〇度違い、矛盾を作り出す。亡者は真面目な人達をたぶらかす。亡者は人々を甘い汁で誘い、媚びる者に投げ銭をし、誠実な者を妬み、疎んじる。この世の中で、人々は誠実に振る舞えば振る舞うほど裏切られる。亡者たちは「痛み」を共有するという経験をもっていない。彼らにとって自分の傷は痛い。しかし、他人の傷は甘い。他人の痛みを痛む理性をもっていない。亡者たちが振り回しているのは相対主義という匕首《あいくち》である。他人と価値を共有するのは自分の利益のためだけである。新自由主義という蜜を塗ったこの匕首は、弱者をいっそう弱くし、強者をいっそう強くする。これが現代というものだ。

現代哲学は超越から逃走し、地面を這いずり回り、星を見ずに、黄金《こがね》を探す。光っていれば、紛い物でも何でもよい。ひととき、生の刹那を歓喜すれば、それでよい。超越を宗教に押しつけて、現代哲学は感情に身を売る。道化師のように人々から好奇な眼差しを受け、追い銭をもらって、彼らの心はなぜか高鳴り、我こそ哲学者とこっそり吠えてみる。超越に背を向けるとは、無限を知らぬままに過ごすことである。無限を知らぬままに過ごしながら、人類とは我独りと、論を張り、いや論を張れずに、威を張る。この現状を覆すためには、周到な戦略を構想し、大胆な戦術を打ち出さなければならない。それもわかっている。しかし、それは、いま、哲学が果たすべき課題ではない。哲学はそれらの礎になる思考を、いま、提起しなければならない。この世の中に真実が伝えられるのが、何年、何十年、何百年先であろうとも。

今日は、六九年前に長崎に原爆が投下された日である。核兵器、核物質に「否」を突きつけるこの日は、強い日射しのもとに夾竹桃の乱れ咲く日でもあった。福島第一原子力発電所の過酷事故以来、さらにこのことは切実さと重要性を増した。しかし、今年のこの日は、逆風に立ち向かわなければならない日になった。

本書の素材となった論考を以下に記す。

第Ⅰ部

第一章・第二章　「知性と創造性」『哲学雑誌』一二九巻八〇一号、有斐閣、二〇一四年一〇月、一頁から三三頁。

第三章・第四章　書き下ろし

第Ⅱ部

第一章・第二章　「ライプニッツはデカルトとどのように対決したのか」酒井・佐々木・長綱編『ライプニッツ読本』法政大学出版局、二〇一二年一〇月、一八四頁から一九五頁。「二つの形而上学——知ることの存在論に向けて（二）」『白山哲学』第六五集、二〇一二年三月、二三頁から四六頁。

第三章・第四章　「デカルト形而上学の方法としての「省察 meditatio」について、あるいは、形而上学は方法をもたないこと」『国際哲学研究』No.3、国際哲学研究センター、二〇一四年三月、一四三から一五五頁（pp.327 - 342）。

第Ⅲ部

第一章　「もう一つの途 alia via」（AT.VII, 40.05）あるいは超越の途（一）」『白山哲学』第六三集、二〇一〇年三月、五九頁から八〇頁。

第二章　「もう一つの途 alia via」（AT.VII, 40.05）あるいは超越の途（二）」『白山哲学』第六四集、二〇一一年三月、五九頁から七九頁。

最後に、本書を編集、出版して下さった、知泉書館の小山光夫さんと齋藤裕之さんに深甚の感謝を捧げたい。単著のうち『デカルト形而上学の成立』以外はすべて知泉書館のお力添えによって日の目を見ることになった。また本書は、日本学術振興会平成二六年度科学研究費助成事業（科学研究費補助金研究成果公開促進費）と平成二六年度井上円了記念研究助成（刊行の助成）の交付を受けて出版したものである。記して感謝を表明したい。

二〇一四年八月九日

村上 勝三（むらかみ・かつぞ）
1944年に生まれる。東京大学大学院博士課程満期退学。東洋大学文学部教授。文学博士。
〔業績〕『デカルト形而上学の成立』（勁草書房，1990年），『観念と存在―デカルト研究1』（2004年），『数学あるいは存在の重み―デカルト研究2』（2005年），『新デカルト的省察』（2006年），『感覚する人とその物理学―デカルト研究3』（2009年，以上，知泉書館），デカルト研究会編『現代デカルト論集Ⅰ，Ⅱ，Ⅲ』（編著，勁草書房，1996年），『真理の探究』（編著，知泉書館，2005年），ほか。

〔知の存在と創造性〕　ISBN978-4-86285-198-7

2014年11月10日　第1刷印刷
2014年11月15日　第1刷発行

著　者　村　上　勝　三
発行者　小　山　光　夫
製　版　ジ　ャ　ッ　ト

発行所　〒113-0033 東京都文京区本郷1-13-2
電話03(3814)6161 振替00120-6-117170
http://www.chisen.co.jp
株式会社　知泉書館

Printed in Japan　印刷・製本／藤原印刷

人名索引

（アルファベット順）

用語索引

（訳語の理解を容易にするためにラテン語ないしフランス語ないしドイツ語を補ったものもある。）

あ　行

亜昏迷　28
欺くもの（deceptor）　137
悪しき守護霊（genius malignus）　137
アトム（atomus）　126
ア・プリオリ　8, 13, 14, 50, 141, 153, 191, 193
誤り　→偽
逸脱　5–7, 9, 10, 17, 18, 47, 51, 54, 60, 61, 73, 75, 76, 86, 225
意志／意志する（voluntas / velle）　6, 7, 12, 29, 47, 48, 55, 67, 70–72, 77, 85–87, 89, 90, 101, 104, 107, 122, 125, 135, 143, 162, 165, 166, 168, 169, 179–82, 184, 185, 222, 237
意識（する）（conscientia / conscius esse / conscience）　9, 12–16, 23, 27, 28, 31, 33, 48, 49, 51, 55, 63, 86, 237, 239
痛い（み）＝不快（dolor）　31, 43, 83, 121, 241
意味論的な乱れ／歪み　39, 60
因果の原理　208, 217–20, 222
因果性　40
疑い／疑う（dubitatio / doute）　16, 53, 135, 136, 138, 167, 174–78, 180, 181, 184, 210, 225
疑いの道　175, 177
宇宙論的眺望　5, 13, 15, 23, 56, 67, 70, 94, 96, 191, 193–95, 222
運動　11, 99, 101, 102, 114–21, 123–25, 127, 146, 150, 158, 160, 162, 186, 187, 210, 225
永遠真理（vérité éternelle）　101, 104, 107, 113, 143, 198, 218
延長　→広がり
延長量　163
思い／思うこと（cogitatio / cotigare）　7–11, 16–19, 22–27, 29, 34, 36–41, 45, 46, 48–56, 59, 61, 64–68, 70, 71, 73–75, 80, 83, 85–87, 89, 90, 94, 104, 105, 107, 114, 120–22, 128, 133, 135, 139, 142, 162–65, 167–69, 177–83, 185, 188, 190, 191, 193–95, 197, 200, 201, 206, 207, 210, 220, 222, 223, 225–27, 241
思いの様態（modus cogitandi）　179, 181, 183, 207, 210, 225
思うもの（res cogitans）　25, 35, 180, 187, 190
驚き系　42
恩寵　104
オントロジア　145, 146

か　行

快　42, 43, 70, 121, 122
外的感覚（sensus externus）　46
外的命名（denominatio extrinseca）　219
外来観念（idea adventitia）　183–86, 189, 199, 220
概念（する）／概念としてもつ（conceptus / concipere）　8, 13, 14, 20, 21, 23–25, 31, 33–38, 47, 51, 56, 60, 66, 68, 70, 75, 82, 87–89, 96, 106, 107, 114, 117–19, 122, 125–27, 129, 133, 139, 140, 143–46, 149, 151, 152, 158, 160, 161, 165, 173, 189, 191–98, 200, 201, 205–08, 211, 213, 214, 216, 224, 225, 227, 228, 230, 233
学知／学問的知識／（学的）知識（scientia）　94, 113, 134, 156, 161–63, 165
確実性／確かさ／確実に　75, 93, 144, 149, 157, 160–62, 165, 184, 187, 190
確実な（certitudo / certus / certe）　93, 138, 167
形（figura）／形象　5, 7–9, 11, 14, 18,

22, 24, 35, 37, 38, 40, 44, 49–55, 60–62, 66, 67, 69–72, 78, 80, 82, 83, 85–90, 93–98, 101, 103–08, 113, 114, 118–21, 123, 124, 126–28, 133–35, 137–39, 141, 142, 145–48, 150, 152, 155–57, 160, 162, 164, 165, 167, 169, 174, 178–82, 185, 186, 188–92, 194–98, 201–03, 207–10, 212–16, 218, 224–29, 237, 242, 243
可能性（的）（possibilitas / possibilis） 15, 23, 28, 31, 52, 54, 65, 66, 76, 78, 85, 87, 89, 113, 118, 155, 158, 175–77, 180, 181, 189–94, 196–98, 201, 202, 208, 239
可能的実在（existentia possibilis） 159, 160, 168, 209, 210, 225
神（的）（Deus / Dieu） 6, 8, 12, 16, 18, 24–27, 29, 33–35, 47, 51, 53, 56, 59–62, 66, 74–83, 86, 93, 96–98, 100–02, 104–07, 109–21, 125–28, 134, 135, 139, 150, 153, 173, 174, 177, 179–82, 186–98, 200, 201, 205–16, 218, 224–27, 234–36, 238
神の実在証明 107, 135, 153, 186, 190, 206, 207, 214
感覚（する／的）／感じる（sensus / sentire / sensibilis / sentir / sensation）／感性 5, 7, 12–16, 18–20, 26, 29, 30, 34–40, 45–47, 50, 51, 54–57, 60–62, 67, 69, 70, 74, 77, 78, 80, 85, 86, 88–90, 110, 120, 153, 154, 158–62, 165, 169, 180–82, 186, 187, 189–91, 201, 206–08, 212, 220, 229, 237
感覚器官 38
感覚知覚 37, 38, 40, 60–62, 85
環境世界 39, 67
還元説 25, 26
感情（affectus / affection） 5, 13, 18, 19, 29, 34, 36, 37, 39–45, 52–56, 61, 62, 67, 70, 74, 78, 80, 85–90, 165, 169, 181, 182, 188, 190, 195, 242
感情表現語 41
感得（sentiment） 39
観念（idea） 11, 12, 16, 26, 34, 35, 47, 88, 98, 100, 106, 108, 113, 119, 148, 174, 178, 181–89, 191, 192, 196, 197, 199–201, 205–16, 218–20, 222–24, 226–30, 237
完成態（entelechia / entelechie） 88, 113, 124–27
完全性／完全な（perfectio / perfectus） 77, 98, 121, 134, 149, 195, 201, 207, 210, 211, 218, 225–27
偽／虚偽／誤り（error / falsitas / erreur / faute） 71, 72, 99, 101, 102, 105, 136, 156, 166, 176–79, 182, 185
記憶（力）（memoria） 33, 34, 163
機械（machinamentum）／機械的 22, 31, 63, 64, 101, 103, 125, 126, 146, 226, 237
機会（occasio / occasion）／機会原因（cause occasionelle） 40, 241
幾何学（geometria / géomètrie） 46, 47, 101, 102, 109, 113–15, 124, 133, 135, 138–45, 148, 149, 153, 155, 158–60, 162, 163, 166
幾何学的想像力（imagination géométrique） 46, 47, 113
起源の作者（originis author） 176–78, 180
基礎概念（notio） 126, 206
狂気 6–11, 16–19, 21–24, 29, 33, 34, 37, 38, 45, 49, 51, 56, 59, 60, 62–65, 67, 68, 71, 73–75, 77, 78, 80, 85, 86, 168, 189, 234
空間（spatium） 10, 18, 29, 33, 34, 44–46, 48, 51, 52, 54, 115, 121, 135, 140, 160–66, 168, 221
空虚 →真空
偶性（accidens） 209
駆動力（impetus） 115, 117, 124, 125
苦 →痛み
経験（する）（experientia / experior） 8–11, 14, 21, 27, 29, 37, 39–41, 43, 44, 46–49, 53, 75, 76, 80, 83, 86, 102, 165, 174, 184, 185, 187, 188, 190, 199, 220, 222, 232, 241
経験的想像力（imagination empérique） 46, 47
傾向（性）（propensio） 108, 125, 127,

151, 164, 215
衝動／駆動力（impetus）　115, 124, 128, 184, 185
形而上学（metaphysica）　5, 14, 37, 55, 82, 90, 93–96, 98, 101, 103–05, 107, 113, 119–21, 123, 126, 128, 133–35, 137–39, 141, 142, 145, 146, 150, 156, 157, 160, 162, 169, 181, 188–92, 197, 198, 201, 203, 237, 242, 243
形相（的）（に）（forma / formalis / formaliter）　22, 35, 40, 78, 106, 114, 124, 127, 165, 192, 196, 197, 207, 212–16, 218, 224, 227
形象化／形象　38, 49, 52–55, 61, 67, 85, 86
欠如（privatio）　75, 115
原因（causa）　12, 30, 40, 47, 102, 116, 173, 186, 187, 195, 217–19, 226, 227, 230
現実的実在（existentia actualis）　159, 168, 209, 210
合一体／合一　16, 25, 29, 34, 37–41, 44–46, 53, 56, 67, 104, 126, 135, 169, 188, 190　→身心合一体
合成体　35
構像力（phantasia / fantasie）　46, 49
コギト／私は思う（cogito / je pense）　14, 97, 107, 157
心（âme）　6, 12, 15–17, 24–31, 33–35, 37–51, 53, 56, 60, 61, 63, 64, 66, 67, 76, 79, 83, 85, 87, 90, 94, 98, 102, 104, 105, 107, 114, 120, 123, 124, 129, 135, 139, 146, 148, 150, 161, 169, 188, 190, 211, 224, 225, 234, 237, 242
コナトゥス（conatus）　94, 106, 113–27, 140, 141, 158, 167
個体／個体化の原理／個体性　22, 30, 63, 74, 104, 106, 107, 113, 117, 127
事理（ことわり）　→理性
個別的な（もの）（particularis）　25, 79, 103, 106, 148, 155, 159, 160, 162, 211

さ　行

座（sedes / siège）　24, 49, 53, 54
差異　5, 7, 10, 19–22, 34, 55, 67, 93–95, 103, 106, 109, 116, 126, 127, 133, 135, 137, 138, 140–42, 158, 160, 162, 181, 191, 192, 208, 209, 211–14, 219, 226, 228, 232
裁決（arbitrium）　101
最始的属性（praecipuum attributum）　227, 228
最始的特性（praecipua proprietas）　227
作為観念（idea me ipso facta）　183
作用的で全体的原因（causa efficiens et totalis）　218
自我論的眺望　5, 6, 13, 56, 67, 70, 94, 191, 222, 223
時間　14, 18, 33, 34, 45, 47, 97, 115, 120, 221
始元的情念（passion primitive）　43
自己評価系　42
自己解放系　42, 43
志向性（Intentionalität）　8, 9, 23, 24, 63
自然／本性／自然本性（natura）　9, 10, 12–15, 19–21, 29, 34, 38, 85, 88, 95, 97, 100, 101, 103–06, 113–15, 121, 123–27, 129, 144, 146, 149, 150, 159, 161, 162, 182, 184, 185, 187, 193–95, 197, 201, 207, 209, 216, 218, 224, 227, 228, 239
自然学／物理学／物理的（physica）　26, 27, 30, 34, 48, 49, 56, 57, 95, 98, 100, 104, 105, 107, 110, 114, 115, 119–22, 126, 127, 141, 146, 147, 149, 150, 153, 154, 156–60, 162, 163, 165, 169, 201, 227, 237
自然法則（lex naturae / loi de la nature）　123
自然の光（lumen naturale）　184, 218
持続　34, 120, 210, 225, 228
実在（する）（existentia / existere）　5, 14, 18, 25, 26, 30, 35, 39, 54, 56, 63, 85, 93, 96, 105, 107, 117, 122, 135, 139, 150,

153, 159, 160, 168, 173, 174, 180, 186–88, 190, 205–11, 214–19, 224, 225, 230
質料（materia）　5–7, 34, 35, 40, 124, 145, 148, 149
実象化（réalisation）　49
実象性（的）（realitas / realis）　22, 173, 174, 191, 197, 205–20, 222, 224–227, 229
実象的区別（distinctio realis）　25, 29, 182, 187, 188
実体（substantia）　22, 25, 26, 30, 35, 93, 106, 107, 113, 123, 124, 126, 127, 186, 187, 195, 206, 208, 209, 212, 213, 215–17, 225, 227–29
実体形相（forma substantialis）　106, 124, 127
事物　→もの
自明／自明性　8, 16, 23, 65, 73, 140, 163, 164, 167, 177
情念／受動（passion）　6, 11, 24, 39, 41–44, 47, 48, 52, 56, 89, 122, 125, 182, 187, 190
情動（emotion）　39–41, 43
衝動（impetus）　184, 185
縮約（contractio）　33, 37, 56, 126, 149, 165, 168
自由（な）（libertas / liber）　49, 74, 76, 77, 101, 104, 107, 169, 237, 241
宗教（religion）　101, 102, 104, 242
順序（ordo）　44, 98, 109, 127, 134, 135, 138–42, 148–50, 153, 162–67, 182, 190, 192, 196, 223
充分な理由の原理／充足理由律／根拠律　104, 109
人格同一性　18
真空／空虚（vacuum）　24, 42, 46, 168
神経（系）（nerf）　59, 77, 80, 83, 238
神経接続　77
身心合一体　16, 25, 29, 37–41, 44–46, 53, 56, 67, 104, 135, 169, 188, 190
身心問題　24–26, 29, 30, 40, 234
身心二元論　25, 28, 45, 107
身体（物体）（的）（corpus / corporalis）　6, 13, 24–29, 33–41, 47–50, 52, 56, 64, 105, 124, 139, 169, 182, 185–88, 190
真理／真／真なる（veritas / verus / vérité / vrai）　14, 43, 46, 47, 55, 67, 71, 72, 80, 83, 87, 95, 99–104, 106, 107, 109, 113, 119, 120, 124, 126, 129, 135–37, 141–43, 146, 148, 155, 159, 160, 163, 164, 166–68, 173–82, 185, 198, 205, 209, 210, 218, 220, 222, 225, 241, 242
数学（的）（matematica / mathématique）　30, 40, 107, 114, 133, 135, 144–49, 151, 153, 155, 157, 159–61, 163, 165, 166, 169, 174–76, 178, 198, 200, 209, 210, 224, 225, 227, 237
数学的意見　174–76, 178
スコラ（的）／スコラ哲学　30, 35, 95, 99, 104–06, 108, 109, 129, 161, 191, 208, 222, 238
ストア的　56
精神的（mens）　26, 51, 76, 126
精気（動物）（spiritus（animalis））　39, 47, 186, 187
ずれ　6, 7, 9, 10, 15, 17–19, 21, 22, 24, 48, 54, 55, 73, 75, 78, 87, 88, 119, 168, 177, 183, 186, 195, 219
腺／松果腺（glans / grans pinaealis）　105, 186
省察（meditatio）　25, 30, 94–96, 99, 109, 133–43, 153, 154, 157, 159–63, 168, 173–76, 178–84, 186–88, 190, 197–99, 201, 205–10, 212–17, 226, 229, 237, 243
想像力／想像する／想像（imaginatio / imaginari）　5, 13, 17–19, 29, 33, 34, 36, 37, 46–55, 57, 61, 62, 67, 70, 74, 85, 86, 88–90, 102, 113, 114, 159, 163, 165, 166, 169, 180, 181, 187, 201
想像的なもの（imaginaire）　48, 49, 51
創造的／創造性　1, 3, 5–7, 17–19, 22–24, 54, 55, 59–62, 83, 85, 87, 168, 242
創造的想像力（imagination créatrice）　54
像（imago / image）　5, 13, 17–19, 29, 33, 34, 36, 37, 46–55, 57, 61, 62, 67, 70, 74,

85–90, 102, 113, 114, 159, 163, 165, 166, 169, 180–83, 187, 190, 201, 224
総合（synthesis）　19, 50, 51, 109, 137, 139, 141, 142, 153, 167
属性（attributum）　26, 75, 79, 106, 210, 214–17, 225, 227, 228
存在／存在するもの／存在する（esse / ens）　1, 5, 7–9, 11–15, 20, 22, 23, 27, 28, 30, 35, 48, 49, 55, 56, 61, 77, 78, 88, 90, 91, 96, 105, 133, 137, 142, 145, 153, 159, 163, 166–69, 177, 191–93, 195, 196, 198, 200, 201, 207–11, 213, 214, 216, 217, 219, 222, 224, 225, 227, 230, 237, 239, 242
存在論（的）　5, 20, 23, 49, 88, 90, 96, 105, 133, 145, 153, 163, 166–68, 195, 208, 209, 213, 214, 216, 242
存在依存性　217

た　行

第一哲学　94, 95, 134, 136, 146, 157
体系／体系性　44, 74, 76, 78–80, 93, 98, 102, 104, 105, 108, 109, 114, 124, 127, 145, 146, 149, 220
対象的（objectivus）　191, 197, 206–08, 210–14, 216, 218–20, 222–24, 226, 227, 229
対象的実象性（realitas objectiva）　191, 197, 206–08, 210, 211, 213, 214, 218, 219, 222, 224, 229
対人評価系　42
脱自　67, 70–72, 74, 86, 87, 168, 179
脱自の虚しい発散　72
単純実体（substance simple）　93, 107, 113, 126
単純本性（natura simplex）　113, 149
智慧（sapientia / sagesse）　192
知解する（intelligere）／知解内容　25, 122, 187, 192, 197, 201, 210, 212, 224, 225
知覚／知覚する（perceptio / percipere）　14–16, 37–40, 47, 60–62, 64, 85, 90, 105, 121, 122, 127, 128, 135, 137, 160, 181, 188, 207, 211, 222, 224
力　5, 13, 18, 19, 29, 30, 33, 34, 36, 37, 46–55, 57, 58, 61–63, 65, 67, 70, 74, 83, 85, 86, 88–90, 94, 101, 107, 113–15, 117, 123–27, 143, 151, 159, 161–63, 165, 166, 168, 169, 176–78, 181, 187, 195, 200, 237, 241–43
知識依存性　214, 217
知性（的）（intellectus / intellectualis），能動知性，受動知性／悟性　3, 5–7, 9, 10, 12, 13, 15, 18, 19, 23, 24, 29, 33, 34, 36–38, 41, 46–52, 54, 55, 61, 67, 75, 78, 86, 87, 89–91, 93, 98, 104, 105, 107, 117, 125, 135, 140, 141, 143, 151, 162, 165, 167, 168, 179, 181, 182, 191–97, 207, 208, 214, 217, 219, 220, 222–24, 226, 230, 242
知的狂気　6–11, 16–19, 22–24, 29, 33, 34, 37, 38, 45, 49, 51, 56, 59, 60, 62, 64, 67, 68, 74, 77, 85, 86, 168, 189
抽象（abstractio）／抽象的　15, 34–36, 116, 120, 121, 144, 145, 157–60
超越（transcendance）　5, 8, 13–16, 19, 21, 48, 50, 51, 56, 78, 80, 94, 96, 145, 154, 173–75, 179, 180, 182, 183, 189–91, 193, 205, 212, 214, 217, 220, 222, 235, 241–43
超越論的　8, 13–16, 19, 21, 48, 50, 51, 80, 154, 235
調和　93, 104, 107, 113, 120–24
哲学　10–14, 26, 30, 31, 35, 46, 48–50, 63, 66, 74, 76–79, 82, 83, 93–109, 113–15, 117, 121, 122, 126, 127, 129, 133, 134, 136, 138, 139, 141, 143–51, 153–55, 157–62, 169, 186, 189–92, 200, 207, 215, 216, 222, 228, 235, 237–39, 241–43
同一説　25, 26
道徳　98, 99, 101, 104, 105, 150, 188
動物（animal）　35, 39, 47, 152, 186, 187
統合失調症　62, 64
特性（proprietas）　59, 213, 214, 216, 225, 227

独一性（singularité） 22, 62

な 行

内的感覚（sentiment intérieur） 46
内在性 63, 78
二元論 25, 28, 45, 107
脳（cerveau） 24, 26, 31, 43–45, 47, 49, 56, 186, 237
能力（facultas / faculté） 48, 50, 51, 53, 83, 86, 126, 143, 151, 161, 162, 176–78, 187, 241
能動感情 41
能動性 50, 86, 89, 90

は 行

排除（exclusio） 13, 29, 34–36, 40, 103, 104, 107
判明な（に）（distinctus / distincte） 35, 80, 100, 119, 135, 136, 140, 152, 167, 187
判断（する）（judicium / judicare） 7, 67, 68, 87, 134, 135, 137, 141, 142, 162, 166, 168, 174–76, 178–83, 186, 220, 222
反復 19–21, 232
パラノイア 59–62, 65, 81, 234
控えの間（vestibulum） 90, 103, 119, 120, 129, 141
引き離し 11, 33, 34, 36–39, 46, 55, 86, 169, 181, 210
微積分学（calucul infinitésimal） 107, 116, 118, 125
必然／必然性／必然的（な／に）(necessitas / necessarius / necesse / necessario) 5, 45, 74, 76, 77, 87, 107, 113, 135, 149, 163, 209, 210, 225
必然的実在（existentia necessaria） 5, 209, 210, 225
否定／否定する（negatio / nagare） 7, 9, 19, 28, 35, 46, 64, 66–68, 70–72, 85, 86, 103, 108, 125, 177, 179–81, 186, 187, 193, 206, 220, 221, 228
広がり／延長（extensio） 11, 20, 33, 34, 48, 51, 52, 100–02, 104, 107, 114, 116–19, 124–26, 160, 163, 187, 205, 208, 212, 214–17, 227, 228
広がる 19, 20, 25, 26, 162, 187, 212, 216, 227
広がる事物／もの 19, 20, 25, 26, 187, 212, 216
不可侵入性（impenetrabilitas） 117, 118
不可能性／不可能な（impossibilitas / impossibilis） 23, 65, 66, 76, 78, 87, 127, 189–94, 196–98, 201, 202
物質的な事物／物質的／質料的（res materialis / materialis） 34, 135, 157, 158, 160, 209
物体（的） →身体（的）
物理学／物理的 26, 27, 30, 34, 48, 49, 56, 57, 95, 98, 100, 104, 105, 107, 110, 114, 115, 119–22, 126, 127, 141, 146, 147, 149, 150, 153, 154, 156–60, 162, 163, 165, 169, 201, 227, 237
自然学（physica） 95, 100, 149, 150
物体の実在証明（物質的なもの） 135, 187, 205, 214, 215
分析（analysis） 12, 13, 44, 53, 59, 60, 62–64, 66, 68, 69, 74, 75, 81, 87, 89, 109, 134, 137, 139, 141, 142, 153, 155, 158, 162, 163, 167, 189, 191, 199, 217, 234
並行論 26, 48
包括的把握の（不）可能（性）／包括的把握（(in) comprehensibilis / (in) comprehensibilitas / comprehendere） 23, 65, 66, 189–98, 201, 202 →了解（不）可能性
方法（méthode） 8, 9, 11, 14, 15, 19, 23, 33, 35–37, 59, 65, 80, 93–96, 99, 101, 103, 109, 118, 119, 127, 128, 133–39, 141–47, 149–52, 154, 157, 158, 160–62, 165, 190, 193, 206, 223, 243
本質（essentia） 22, 25, 26, 35, 39, 48, 49, 51, 66, 75, 101, 102, 109, 146, 147, 163, 187, 193–95, 197, 199, 205, 208, 210–12, 216, 218, 219, 225, 227, 228
本性／自然／自然本性（natura） 9, 10,

12-15, 19-21, 29, 34, 38, 85, 88, 95, 97, 100, 101, 103-06, 113-15, 121, 123-27, 129, 144, 146, 149, 150, 159, 161, 162, 182, 184, 185, 187, 193-95, 197, 201, 207, 209, 216, 218, 224, 227, 228, 239
→自然
本有観念（idea innata） 88, 183
本有性（的） 11

ま　行

マテーシス（mathesis ） 133, 134, 143-51, 153, 155, 157-62, 165, 166, 168, 209
無限（infinitum） 5, 23, 30, 66, 107, 116, 118-22, 125, 127, 129, 158, 173, 177, 180, 186, 189, 191, 192, 195-98, 201, 209, 212, 217, 220-22, 225, 242
無際限（indefinitum） 88, 173, 221
無差別（非決定）（indifferentia） 48, 104
明晰判明な（に）（clarus et distinctus / clare et distincte） 35, 80, 100, 119, 135, 136, 167
明晰な（に／さ）（clarus / clare） 140
明証性（的）（evidentia / evidens） 15, 71, 74, 80, 101, 103, 106, 107, 122, 135-38, 160, 163, 167, 168, 180, 184
妄想 11, 17-19, 24, 29, 33, 34, 37-39, 41, 45, 49, 51-54, 56, 59-62, 64, 65, 67-75, 79, 80, 85, 86, 189
目的因／目的原因 40, 101, 103, 104, 107
モナド（monade） 64, 93, 94, 97, 106, 107, 109, 113, 119, 121-24, 126-28, 140, 141, 157, 167
もの／事物 5-22, 25-28, 34, 35, 37, 43, 44, 46-52, 54-56, 59, 60, 62-67, 69-74, 76, 79, 83, 87-89, 94, 100, 101, 103, 105-09, 113-16, 118, 119, 121, 122, 124-27, 134-37, 139-42, 144, 145, 147-50, 152-55, 157-64, 167-69, 173, 175, 177, 178, 180-98, 201, 205, 207-25, 227, 228, 241, 243
盛り上がりの存在論 88

や　行

有限（的）／有限性（な）（infinitas / infinitus） 5, 23, 30, 66, 77, 173, 186, 191, 192, 195, 196, 201, 206, 209, 212, 215, 217, 220, 222, 229
有限実体（substantia finita） 30, 186, 209, 212, 217
有用（性）(utilis, utilitas） 99
優越的に（eminenter） 197, 212-18, 227
夢（somnium / songe） 17, 23, 185-87
要素的現象 65
様態（modus） 47, 79, 88, 106, 179, 181, 183, 207-10, 214, 215, 217, 219, 225, 227, 228
欲望機械 22, 63, 64
予定調和（harmonie préétablie） 104, 107, 113, 124
四つの準則（quatre préceptes） 134-37, 162

ら　行

力能（のある）（potentia / potens） 49, 125, 200
理拠的区別（distinctio rationis） 228
離散量 160, 163
理性／理由／事理（ratio） 6, 13, 14, 21, 23, 24, 31, 35, 38, 50, 53-57, 59, 65, 77-80, 85, 87, 104, 105, 107, 109, 114, 116, 118-20, 122, 139-42, 145, 147, 158, 162, 163, 165, 175, 176, 178, 182, 184, 185, 187, 189, 191, 195, 206, 217, 220, 226, 230, 235, 241
リビド（Libido） 60-63, 86, 87
了解可能性／了解不可能性 65, 87, 189
→包括的把握の（不）可能性
論理 14, 16, 20, 30, 39, 58, 65, 73, 77, 79, 80, 87-89, 94, 95, 98, 105, 119-22, 127, 133-36, 140, 141, 146, 160, 163, 164, 166, 167, 174, 176, 178, 179, 182, 189-91, 196, 221, 233, 237

わ　行